基金项目支持：
中国农业科学院科技创新工程项目“农业农村现代化理论与政策”（ASTIP-IAED-2019-02）

农业科技国际合作以及主要农产品国际竞争力研究

杨敬华 主编

中国农业科学技术出版社

图书在版编目（CIP）数据

农业科技国际合作以及主要农产品国际竞争力研究／杨敬华主编．—北京：中国农业科学技术出版社，2019．12

ISBN 978-7-5116-4009-3

Ⅰ．①农…　Ⅱ．①杨…　Ⅲ．①农业技术-国际合作-研究-中国②农产品-国际竞争力-研究-中国　Ⅳ．①F323．3②F752．652

中国版本图书馆 CIP 数据核字（2019）第 299447 号

责任编辑　穆玉红
责任校对　贾海霞

出 版 者　中国农业科学技术出版社
北京市中关村南大街 12 号　邮编：100081
电　　话　(010)82106626(编辑室)　(010)82109702(发行部)
(010)82109709(读者服务部)
传　　真　(010)82106650
网　　址　http://www.castp.cn
经 销 者　全国各地新华书店
印 刷 者　北京建宏印刷有限公司
开　　本　710mm×1 000mm　1/16
印　　张　16
字　　数　290 千字
版　　次　2019 年 12 月第 1 版　2019 年 12 月第 1 次印刷
定　　价　45．00 元

《农业科技国际合作以及主要农产品国际竞争力研究》

编写委员会

主　编： 杨敬华

副主编： 胡志全　侯丽薇　刘建安

参与编写人员：

辛　岭　吴永常　朱晓峰　黄德林
崔奇峰　李　芸　高　芸　陈学渊
钱静斐　韦文姗　刘　佳　杨　芳
李柯逾　邸　菲　李　治　王一杰
熊偲皓　安晓宁　关　昕　何　蕾
瞿若频　于　琳　刘　衡　任雅静
方钧頡

目　　录

1　研究背景

实施农业“走出去”是在全球经济一体化的新形势下，统筹利用国际国内两种资源、两个市场的重大举措，对强化农业基础地位、促进农民持续增收和提升中国的国际资源掌控能力以及国际农产品市场影响力具有重要意义。农业“走出去”是中国缓解国内资源环境制约、保障粮食安全和拓宽产业发展空间的需要。近年来，中国充分发挥农业科技、人才、资金等比较优势，在全球五大洲开展了农业对外直接投资、农业对外援助与合作等推动农业“走出去”活动，已涵盖粮油、园艺作物种植、畜禽产品养殖加工、仓储与物流、农村能源与生物质能源、林业、渔业等多个行业和领域。

在农业“走出去”浪潮涌起的背后，是中国日益提升的农产品国际竞争力。农产品贸易是推动农业“走出去”的核心要件，在国家实施“一带一路”倡议和创新驱动发展战略的背景下，发挥好农产品贸易在农业“走出去”的重要支撑作用，引进国际先进技术、促进农业科技国际合作以及提升主要农产品的国际竞争力，不仅是中国农业发展的现实需求，也是服务中国整体外交战略和经济发展的战略要求，对于开拓农产品国际市场、促进区域内农业科技创新要素跨境流动具有积极作用。自 20 世纪 80 年代以来，在改革开放大好形势的推动下，中国的农产品贸易获得了前所未有的发展。在符合国家整体利益和中国农业安全的前提下，适时地、有条件地推动中国农产品走向世界，对提高中国农产品国际竞争力具有重要作用。同时，通过走出国门，在国外建立能够有效宣传和展示中国优质农产品的基地或窗口，对国外尤其是发展中国家更好地了解中国，从而使中国农产品的国外影响得以高效扩大，增强世界对中国农产品贸易发展的了解并由此产生潜在需求，将具有重要意义。

2 概念和评价方法

2.1 农产品竞争力的概念

农产品国际竞争力是一个国家或地区在公平、自由的条件下能够生产满足国际市场需要的农产品，并且在相当长的一段时期内能够保持农产品在国际市场的占有率，以及保持持续盈利的能力。

农产品国际竞争力的衡量指标，可分为三种：①竞争力潜力，用来衡量竞争力绩效来源，其重要衡量指标分为生产成本和部分生产力指标。②竞争力实现，表现为竞争潜力向竞争力绩效转换的机制，大多数为定性衡量。③竞争力绩效，用以衡量竞争力表现，其主导指标分为可盈利性、市场份额两个主要内容。基于竞争力绩效的衡量，经济学家们发展了一系列以进出口数据为基础的国际竞争力评价指标，笔者在研究农产品国际竞争力时，用到了以下几种常用指标。

2.2 农产品竞争力评价方法

2.2.1 市场占有率

市场占有率是指一国或地区某种产品销售量占该类产品整个市场销售总量的比例。市场占有率可用于衡量国际竞争力的强弱，市场占有率越高表明该产品的国际竞争力越强，反之则越弱。通常可从以下两个角度计算：

（1）国际市场占有率

国际市场占有率是指一国或地区某类产品的出口总额占世界同类产品出口总额的百分比，其计算公式为：

$$M_i\ (\%) = (X_i / X_w) \times 100 \tag{1}$$

其中，M_i表示一国或地区第 i 类产品的国际市场占有率；X_i表示一国或地区第 i 类产品的出口额；X_w表示世界第 i 类产品的出口总额。一般认为，一国或地区某产品的国际市场占有率越高，产品的国际竞争力越强，反之则越弱。

通常若 M≥20%，则说明产品具有很强的国际竞争力；若 10%≤M<20%，则产品具有较强的国际竞争力；若 5%≤M<10%，则产品的国际竞争力一般；若 M<5%，则产品的国际竞争力很弱。

（2）国内市场占有率

当前，我国已融入国际市场，国内市场上占有的产品的份额对该产品的国际市场具有重要影响，某大类产品的出口结构状况一般通过比较该大类出口产品中各个细分类产品出口的比重进行判断。计算公式如下：

$$DMS_{ia}=X_{ia}/X_{da} \quad (2)$$

其中，DMS_{ia}为国家或地区 i 的产品 a 的国内市场占有率，X_{da}是国家或地区 i 产品 a 的销售额，X_{da}为整个国家市场上产品 a 的销售总额。

2.2.2 净出口指数

净出口指数是指一国或地区某类产品的出口额与进口额之差。其计算公式为：

$$NE_{ia}=X_{ia}-M_{ia} \quad (3)$$

式（3）中，NE_{ia}为国家或地区 i 产品 a 的净出口指数；X_{ia}为国家或地区 i 产品 a 的出口额；M_{ia}为国家或地区 i 产品 a 的进口额。NE 指数能够反映一国或地区在国际贸易中取得的净收入。一般而言，NE>0，说明该产品在国际市场上具有竞争力；NE<0，则说明该产品在国际市场上缺乏竞争力。

2.2.3 贸易竞争力指数

根据国内相关研究，贸易竞争力指数一般是指某一产业或产品的净出口与其进出口总额之比，公式如下：

$$TC_{it}=(X_{it}-M_{it})/(X_{it}+M_{it}) \quad (4)$$

式（4）中，TC_{it}表示国家或地区 t 产品 i 的贸易竞争力指数，X、M 分别表示出口额和进口额。该指标用以说明一个国家或地区某类产品是净进口抑或为净出口，其优势是在剔除通货膨胀、经济膨胀等宏观总量方面波动的影响下，可以作为一个与贸易总量的相对值存在，即任取一个进出口的绝对量，它均介于-1 和 1 之间，因此不同时期、不同国家或地区之间具有可比性。当-1<TCit<0 时，表示该产品生产效率处于国际水平以下，具有比较劣势且竞争力较差，越接近-1，比较优势和竞争力就越弱；当 TCit=-1 时，表明该产品只进口不出口，即不存在竞争力；当 0<TCit<1，表示该产品生产效率处于国际水平以

上，具有比较优势和较强的竞争力，越接近1，越具有比较优势和竞争力；当TCit=1时，表示该产品只出口不进口，表明该产品具有最强的国际竞争力。

2.2.4 显示性比较优势指数

显示性比较优势指数（RCA），是指一个国家或地区出口的某一产品占世界该产品出口总额的比重与该国或地区所有商品出口占全世界所有商品出口总额比重之间的比值。若比值大于1，则说明在国际贸易中，该国的某种农产品具有比较优势：

$$RCA_{ia}=（X_{ia}/X_{wa}）/（X_{i}/X_{w}） \quad (5)$$

式（5）中，RCA_{ia}表示国家或地区i产品a的显示性比较优势指数，Xia表示国家或地区i产品a的出口额，X_{it}为t时期国家或地区i的出口总额，X_{wa}为世界市场上产品a的出口总额，X_{wa}为t时期世界市场上所有产品的出口总额。这一指标是一个国家或地区某一产品的出口与世界平均出口水平的相对优势的体现。一般认为，当RCAia≥1，该国家或地区产品a具有显示性比较优势，随着数值的增加，优势也就越为明显；当RCAia<1，该国或地区产品a不具有显示性比较优势，随着数值的减小，比较劣势也就越大。由于该指标能够在剔除国家和总量波动的影响下较好反映该产品的相对优势，因此自20世纪80代开以来被广泛采用。将上式稍做变换可得：

$$RCA_{ia}=（X_{ia}/X_{it}）/（X_{wa}/X_{wt}） \quad (6)$$

式（6）用于衡量某国或地区某产品的出口比较优势，也可以通过计算该国或地区该产品出口额占其该国或地区出口总额的比例与世界该种产品的出口额占世界出口总额的比例之商求得。其应用价值是突破了区域规模的限制，可以将世界范围换为某个地区或某几个国家范围内来进行显示性比较优势的比较。

2.2.5 质量升级指数

质量升级指数指报告期某类产品的出口单价与基期出口单价之比。该指数大于1，则表示以出口价格反映的质量上升；该指数小于1，则表示质量下降。用公式表示为：

$$QC=（E^{t}/N^{t}）/（E^{0}/N^{0}） \quad (7)$$

式（7）中：E^{t}表示报告期玉米的出口金额，N^{t}表示报告期玉米的出口数量，E^{0}表示基期玉米的出口金额，N^{0}表示基期玉米的出口数量。

也可以用 $$QC_{i}=\frac{E_{i}^{t}/N_{i}^{t}}{E_{i}^{0}/N_{i}^{0}}$$

式中 QC_i 表示 i 产品的质量变化，E_i^t 表示报告期 i 产品的出口金额由于本章讨论的是玉米，故 i 可以略去。

2.3 农产品国际竞争力评价

2.3.1 小麦

(1) 国际市场占有率

从 FAOSTAT 数据来看，中国小麦国际市场占有率较低，2013 年世界排名第 63 位，2001—2013 年分别为 0.32%、0.46%、1.66%、0.58%、0.21%、0.79%、1.58%、0.07%、0.01%，2010 年后甚至不足 0.01%，由此可以看出，中国虽然是小麦生产大国，但绝非贸易强国，主要用于自给。

(2) 显示性比较指数

2001—2007 年中国显示性指数均在 0.01 之上，但始终未超过 0.02，2008 年以后，中国的小麦的显示性指数均在 0.01 以下，贸易竞争力变弱。

(3) 贸易竞争力指数

中国除 2007 年以外，其他年份贸易竞争力指数均为负，代表该国为小麦净进口国，但该数值相对较小，特别是 2009 年以后，小麦贸易竞争力指数接近-1，说明中国小麦贸易竞争力较差。

(4) 单产量

中国小麦单产量持续增长，由 2001 年的 3 806.1千克/公顷增长至 2016 年的 5 408.8千克/公顷，年均增长 2.8%，2016 年单产水平是同期世界水平的 1.59 倍。可以看出，近年来，中国小麦单产取得了较好成绩，但与小麦高产国家相比，仍有可以进步的空间。

2.3.2 水稻

(1) 国际市场占有率

中国水稻的国际市场占有率较低，2004—2016 年最高也仅有 4%，2010 年开始更是稳定在 2%左右。由此可见，我国水稻生产大而不强，国际市场占有率低的事实在短期内难以改变。

(2) 显示性比较指数

2004—2016 年中国水稻的显示性比较优势指数始终低于 1，2014—2016 年更是首次低于 0.5，其国际竞争力远低于巴基斯坦、泰国、印度和越南。

(3) 贸易竞争力指数

2001—2011 年中国水稻的贸易竞争力指数虽不高却始终是正值，2012—

2016 年中国水稻的贸易竞争力指数开始为负数，代表中国已经从水稻的净出口国转为净进口国，说明中国的水稻生产已经不具备出口竞争力。

（4）生产者价格

中国水稻的生产者价格相对较高，2003—2006 年其生产者价格高于其他五个水稻出口大国，除 2014 年外，2012—2015 年中国水稻的生产者价格也高于其他五个水稻生产大国，说明中国水稻与其他五个水稻出口大国相比不具有价格优势。

（5）单产

整体而言，中国水稻单产在 20 个国家中位居第 11 位，处于中下水平，水稻单产具有较大的提升空间。

2.3.3 玉米

（1）国际市场占有率

2000—2013 年的 14 年，中国玉米国际市场占有率发生了很大变化。从总体上看，近十年来中国玉米的出口竞争力非常弱。

（2）显示性比较优势指数

2004 年以来，中国玉米国际竞争力一路下跌，显示性比较优势指数均低于 0.5，特别是 2008 年以来，该指数均低于 0.1，说明 2006 年以来，中国玉米没有显示性比较优势，竞争力较差。

（3）贸易竞争力指数

2000—2015 年，中国玉米贸易竞争力指数变化幅度较大，2010—2015 年处于明显的竞争劣势。说明，2010 年以来，中国玉米进口量比较大，不具备出口竞争力。

（4）质量升级指数

中国玉米的出口质量升级指数总体呈现波动上升趋势。自 2003 年以来，中国出口玉米的质量在逐步提升，质量方面的竞争力逐渐增强。

2.3.4 大豆

（1）国际市场占有率

中国大豆国际市场占有率在更低的水平上，10 年平均占比世界排名第 6 位，但占有率仅有 0.31%，并且占有率呈现下降的趋势，2006 年中国大豆的市场占有率还为 0.06%，在 2014 年以后下降到 0.01%。由此可以看出，中国虽然是大豆生产大国，但绝非强国，国际市场占有率极低的现状在短时间较难改变，也远谈不上国际竞争力。

（2）显示性比较指数

2007—2009 年中国大豆的显示性指数呈上升趋势，但始终未超过 0.6，2009 年以后，中国的大豆的显示性指数在波动中呈现出下滑的态势，贸易竞争力在较弱水平，与大豆贸易大国差距不断拉大。

（3）贸易竞争力指数

从中国大豆贸易竞争力来看，整个 2006—2015 年，中国大豆的国际贸易竞争力指数均小于-0.9，该数据表明大豆生产极不具有生产效率，在国际市场中竞争力较差。

2.3.5 棉花

（1）国际市场占有率

2000—2006 年中国的棉花国际市场占有率排名第二，但于 2006 年开始被印度超越，成为国际市场占有率排名第三的国家，2002—2010 年中国的国际市场占有率在 10%以上，2011 年开始只有不到 10%，说明中国棉花的国际竞争力稍有下降。

（2）显示性比较指数

2015 年，中国的显示性比较优势指数虽低于巴基斯坦、印度和越南，却超越了美国和巴西，成为棉花的国际贸易竞争力第四强的国家，且近几年中国的显示性比较优势指数始终稳定在 2 左右，说明中国棉花的国际贸易竞争力已经开始趋于稳定。

（3）贸易竞争力指数

中国棉花的贸易竞争力系数为负数，代表该国是棉花净进口国，但是中国的贸易竞争力指数绝对值从 2011 年开始逐渐变小，说明中国的棉花国际贸易竞争力虽然较差但仍然在不断上升。

2.3.6 马铃薯

（1）显示性比较优势指数

中国马铃薯 RCA 指数一直处于 0.8 以下，表明我国马铃薯的国际竞争力较弱，同其他国家相比，差距较为明显。改革开放以来，中国对外开放的窗口不断扩大，出口贸易量不断增加，贸易结构持续优化，成品出口比例较高，相比较而言，马铃薯的出口地位明显偏弱，也就造成了与马铃薯生产大国地位不相称的局面。

（2）贸易竞争力指数

根据 FAO 统计数据，对 2000—2013 年中国马铃薯的贸易竞争力指数进行了测算，结果表明，以 2001 年为转折点，中国马铃薯从具有国际竞争劣势转变为具有国际竞争优势且不断增强，2002 年中国马铃薯 TC 指数达到并保持在 0.5 以上，已足以表明中国马铃薯具有较强的竞争优势。

2.3.7 生猪

(1) 净出口指数

中国是唯一出现贸易逆差的国家，这说明中国的猪肉进出口贸易处于劣势地位。

(2) 国际市场占有率

中国猪肉的国际市场占有率低于 8%。从纵向看，中国猪肉的国际市场占有率在 2006 年以前是增加的，在 2006 年之后开始下降。

(3) 竞争力指数

中国猪肉的贸易竞争力指数是负数，中国猪肉相较而言是缺乏竞争力的产品。

(4) 显示性比较优势指数

中国猪肉显示性比较优势指数近几年均小于 0.8，而且数值呈下降趋势，说明中国猪肉处于比较劣势状态，且劣势越来越大。

2.3.8 肉牛

(1) 国际市场占有率

中国牛肉国际市场占有率较低，2000—2004 年市场占有率在 0.44%~0.65%，2005—2008 年市场占有率在 0.61%~0.70%，2009—2013 年市场占有率在 0.73%~0.79%，由此可以看出，中国虽然是牛肉生产大国，但绝非强国，国际市场占有率在短时间较难改变。

(2) 显示性比较指数

中国自 2005 年来的显示性比较指数始终低于 0.1，且不断下滑，贸易竞争力变弱，与牛肉贸易大国的差距不断扩大。

(3) 贸易竞争力指数

中国的牛肉贸易竞争力指数一直为负且绝对值大于 0.5，代表中国长期以来一直都是牛肉净进口国且进口数额较大，牛肉生产极不具有生产效率，在国际市场中竞争力较差。

(4) 生产者价格

从生产者价格来看，不论是肉牛还是水牛，中国生产者价格均处于高位且差距有不断扩大的趋势，与牛肉出口大国相比不具有价格优势。

(5) 生产竞争力评价

中国肉牛胴体重量在世界处于中下水平，肉牛胴体重量具有较大的提升空间。

2.3.9 肉羊

（1）生产者价格

从整体而言，中国羊肉生产者价格均处于较高位置，与羊肉出口大国相比不具有价格优势。

（2）国际市场占有率

中国羊肉国际市场占有率明显偏低，世界排名处在第11位，200—2010年分别为1.24%、1.03%、0.85%和1.28%，市场占有率在2011—2016年均不足0.85%，且呈现逐年下降的趋势。由此可以看出，中国在羊肉生产上虽然是生产大国但远非强国，国际市场占有率低的事实在短期内难以改变。

(.3）显示性比较优势指数

在2007—2016年，中国羊肉产品显示性比较优势指数在2007年达到最高，为0.14，2012年以后，中国羊肉的显示性比较指数持续下降，贸易竞争力变弱，与羊肉贸易大国差距进一步拉大。

（4）贸易竞争力指数

中国羊肉贸易竞争力较弱，在2007—2016年该指数均为负值，该数据表明中国羊肉生产严重缺乏生产效率，在国际市场中竞争力明显偏低。

2.3.10 肉鸡

（1）肉鸡国际市场占有率

从FAOSTAT数据来看，中国肉鸡国际市场占有率较低，2013年世界排名第63位，2006—2016年分别为2.77%、2.41%、1.96%、1.40%、1.32%、1.22%、1.30%、1.18%、0.74%、0.68%、0.66%，近年来持续走低，2014年后甚至不足1%。由此可以看出，中国虽然是肉鸡生产大国，但绝非贸易强国，主要用于自给。

（2）显示性比较指数

2006—2009年中国显示性指数均在0.1之上，2010年以后，中国的肉鸡的显示性指数均在0.1以下，且持续走低，贸易竞争力变弱。

（3）贸易竞争力指数

中国2006—2016年贸易竞争力指数均为负，代表该国为肉鸡净进口国，近年来肉鸡贸易竞争力指数持续接近-1，说明中国肉鸡贸易竞争力较差。

3 十大重点农产品国际竞争力分析

3.1 小麦

21 世纪以来，中国小麦产业持续稳定发展，小麦产量由世界小麦产量的 0.36%（2000 年）增长至 0.45%（2016 年）。小麦产量虽在不断增长，但在世界小麦出口贸易中占据较小比重（2015 年为 0.04%），同期，中国小麦进口额占世界小麦贸易额的 2.13%，加拿大、澳大利亚、美国是中国进口小麦的主要来源国，占比达到 92%。随着“一带一路”倡议和中澳自由贸易区的实施和推进，中国小麦产品将面对更加激烈的国际竞争。基于此背景分析中国小麦生产、贸易现状及国际竞争力影响因素，探讨中国小麦产业发展及提高小麦产业国际竞争力具有十分重要的政策意义。

本文拟从世界小麦产业生产与贸易着手，通过具体数据分析国际小麦产业国际竞争力的实际状况，然后设计多个指标对中国小麦产业的国际竞争实力进行评价，分析中国小麦产业国际竞争力影响因素，并提出相应的对策建议。

3.1.1 世界小麦生产及贸易情况

3.1.1.1 世界小麦生产情况

（1）世界小麦产量

1961—1969 年世界小麦年均总产量为 27 466.88万吨，2010—2016 年世界小麦年均总产量达到 70 595.50万吨，是 1961—1969 年的 2.57 倍，而就各洲小麦生产情况而言则存在较大差异。从现有数据看，1961—1969 年亚洲和非洲小麦总产量分别为 5 924.43万吨和 682.33 万吨，2010—2016 年两大洲的小麦总产量分别达到 31 220.99万吨和 2 541.62万吨，分别是 1961—1969 年的 5.27 倍和 3.72 倍，在世界份额中的占比也分别由 22.57%% 和 2.48% 提升到了 44.23%和 3.60%；大洋洲小麦总产量变动较为稳定，1961—1969 年其年均小麦总产量为 994. 29 万吨，2010—2016 年其年均总产量为 2 519. 65万吨，是 1961—1969 年的 2. 53 倍；1961—1969 年欧洲和美洲的小麦总产量分别为 13 419. 80万吨和 6 446. 03万吨，此时在世界份额中占比为 48. 86%和 23. 47%，到 2010—2016 年，两者的小麦总产量分别增长至 22 908. 9万吨和 11 405. 14万吨，是 1961—1969 年的 1. 71 倍和 1. 76 倍，在世界份额中的占比分别下滑到 32. 45%和 16. 16%（表 3. 1. 1，图 3. 1. 1）。

表 3. 1. 1　各大洲小麦总产量（万吨）

地区	1961—1969	1970—1979	1980—1989	1990—1999	2000—2009	2010—2016
世界	27 466. 88	37 542. 23	49 406. 27	57 130. 03	61 635. 2	70 595. 5
亚洲	5 924. 43	10 328. 91	16 858. 14	23 830. 55	26 554. 32	31 220. 99
非洲	682. 33	896. 47	1 073. 08	1570. 83	2 029. 54	2 541. 62
欧洲	13 419. 8	17 137. 07	19 135. 68	18 770. 69	20 451. 37	22 908. 09
大洋洲	994. 29	1 169. 99	1 522. 37	1 745. 81	2 008. 84	2 519. 65
美洲	6 446. 03	8 009. 79	10 817	11 212. 15	10 591. 13	11 405. 14

数据来源：根据 FAOSTAT 数据整理.

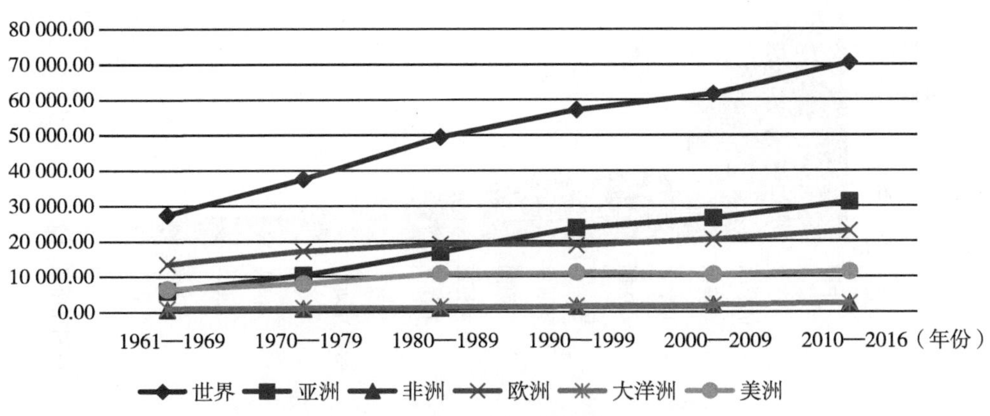

图 3. 1. 1　各大洲小麦总产量（万吨）

数据来源：根据 FAOSTAT 数据整理.

从分国别小麦生产情况来看，选取 2016 年全球小麦总产量排名前 20 位的国家作为分析对象，以 2010—2016 年各国小麦年均总产量为序，依次是中国、印度、美国、俄罗斯、法国、加拿大、澳大利亚、巴基斯坦、德国、乌克兰、土耳其、英国、哈萨克斯坦、阿根廷、伊朗、波兰、埃及、意大利、罗马尼亚、乌兹别克斯坦，其 2010—2016 年均总产量分别为 12 338. 07万吨、9 027. 82万吨、5 830. 13万吨、5 462. 14万吨、3 742. 03万吨、2 868. 9万吨、2 476. 07万吨、2 475. 43万吨、2 468. 46万吨、2 199. 45万吨、2 083. 2万吨、1 467. 86万吨、1 398. 32万吨、1 316. 78万吨、1 030. 57万吨、1 003. 64万吨、881. 82 万吨、729. 03 万吨、707. 37万吨、679. 82 万吨。除俄罗斯、乌克兰、哈萨克斯坦、乌兹别克斯坦四国外，其他 16 国 2010—2016 年均小麦总产量依次分别是其 1961—1969 年均总产量的 5. 44 倍、7. 19 倍、1. 62 倍、2. 87 倍、1. 71 倍、2. 57 倍、5. 30 倍、3. 69 倍、2. 26 倍、4. 15 倍、1. 85 倍、2. 99 倍、2. 86 倍、6. 17 倍、0. 80 倍、1. 53 倍，16 国中除意大利外小麦年均总产量均有所增长，其中，中国、印度、巴基斯坦、埃及增长明显。图 3. 1. 2 列示了排名前 20 的小麦生产大国，1961—1969 年均 20 国小麦总产量为 16 410. 64万吨，而 2010—2016 年均总产量达到 60 186. 90万吨，是其 3. 67 倍，各国合计占世界份额由 1961—1969 年的 59. 75%上升到 2010—2016 年的 85. 26%，其中，中国的贡献由 8. 26%上升至 17. 48%（表 3. 1. 2）。

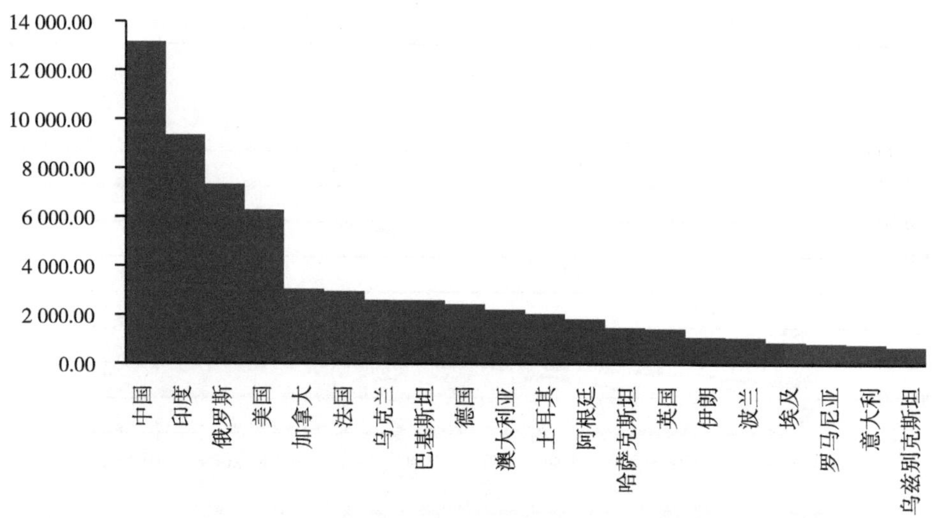

图 3. 1. 2　2016 年全球小麦总产量排名前 20 位的国家（万吨）

数据来源：根据 FAOSTAT 数据整理.

表 3. 1. 2　世界小麦生产大国生产情况（万吨）

地区	1961—1969	1970—1979	1980—1989	1990—1999	2000—2009	2010—2016
中国	2 268. 7	4 271. 95	7 905. 35	1 0611. 5	10 050. 3	12 338. 07
印度	1 254. 82	2 660. 66	4 295. 87	6 125. 71	7 297. 81	9 027. 82

（续表）

地区	1961—1969	1970—1979	1980—1989	1990—1999	2000—2009	2010—2016
美国	3 593.07	4 964.18	6 373.15	6 445.26	5 705.04	5 830.13
俄罗斯	—	—	—	3612.72	4 789.96	5 462.14
法国	1 305.43	1 718.45	2 741.57	3 373.11	3 603.64	3 742.03
加拿大	1 682.56	1 662.72	2 407.46	2 742.29	2 376.44	2 868.9
澳大利亚	963.39	1 138.6	1 459.16	1 720.97	1 976.46	2 476.07
巴基斯坦	467.2	795.57	1 216.68	1 630.46	2 081.88	2 475.43
德国	669.63	994.45	1 330.58	1 759.57	2 280.94	2 468.46
乌克兰	—	—	—	1 649.27	1 743.66	2 199.45
土耳其	921.59	1 395.71	1 765.58	1 923.72	1 966.26	2 083.2
英国	353.47	532.52	1 169.2	1 444.08	1 481.53	1 467.86
哈萨克斯坦	—	—	—	975.42	1 266.71	1 398.32
阿根廷	711.46	733.82	1 034.85	1 155.66	1 426.81	1 316.78
伊朗	344.93	505.61	653.84	1 005.01	1 219.56	1 030.57
波兰	351.44	539.02	619.78	855.9	880.53	1 003.64
埃及	142.9	181.72	220.44	523.85	737.6	881.82
意大利	916.91	903.21	880.38	816.57	737.52	729.03
罗马尼亚	463.16	541.79	648	552.28	551.77	707.37
乌兹别克斯坦	—	—	—	242.29	549.78	679.82
20 国合计	16 410.64	23 539.97	34 721.88	49 165.64	52 724.18	60 186.90
世界	27 466.88	37 542.23	49 406.27	57 130.03	61 635.2	70 595.5
20 国占比（%）	59.75	67.7	70.28	86.06	85.54	85.26
中国占比（%）	8.26	11.38	16	18.57	16.31	17.48

数据来源：根据 FAOSTAT 数据整理.

（2）世界小麦单产量

1961—1969 年世界小麦年均单产量为 100.889千克/公顷，2010—2016 年世界小麦年均单产量达到 2 214.614千克/公顷，是 1961—1969 年的 2.21 倍，而就各洲小麦生产情况而言则存在较大差异。从现有数据看，1961—1969 年亚洲和美洲小麦单产量分别为 740.656千克/公顷和 1 224.911千克/公顷，2010—2016 年两大洲的小麦产量分别达到 2 274.143千克/公顷和 2 670.386千克/公顷，分别是 1961—1969 年的 3.07 倍和 2.18 倍，与世界小麦单产量相比也分别由 74.00%和 122.38%提升到了 102.69%和 120.58%，与世界小麦单产量基本持平；大洋洲小麦单产量变动较为明显，1961—1969 年其年均小麦单产量为 1 499.722千克/公顷，2010—2016 年其年均单产量为 5 155.557千克/公顷，是 1961—1969 年的 3.43 倍；1961—1969 年欧洲和非洲的小麦单产量分别为 2 052.022千克/公顷和 708.644千克/公顷，分别是世界小麦单产量的 205.01%和 70.80%，到 2010—2016 年，两者的小麦单产量分别增长至 3 180.386千克/公顷和 982.4千克/公顷，分别是 1961—1969 年小麦单产量的 1.55 倍和 1.39 倍，相比世界小麦单产量分别下滑到 143.61%和 44.36%（表 3.1.3）。

表 3.1.3　各大洲小麦单产量（千克/公顷）

地区	1961—1969	1970—1979	1980—1989	1990—1999	2000—2009	2010—2016
世界	1 000.889	1 126.4	1 451.5	1 618.13	1 943.43	2 214.614
亚洲	740.656	927.2	1 328.12	1 623.31	2 009.55	2 274.143
非洲	708.644	778.62	977.14	973.65	963.44	982.4
欧洲	2 052.022	2 683.8	2 657.11	2 967.73	3 147.46	3 180.386
大洋洲	1 499.722	2 207.13	3 186.03	3 492.75	4 417.84	5 155.557
美洲	1 224.911	1 098.29	1 360.25	1 705.37	2 223.77	2 670.386

数据来源：根据 FAOSTAT 数据整理.

从分国别小麦生产情况来看，选取 2016 年全球小麦总产量排名前 20 位的国家作为分析对象，以 2010—2016 年各国小麦年均单产量为序，依次是英国、德国、法国、埃及、中国、乌兹别克斯坦、波兰、意大利、乌克兰、罗马尼亚、美国、加拿大、印度、阿根廷、巴基斯坦、土耳其、俄罗斯、澳大利亚、伊朗、哈萨克斯坦，其单产量分别 7 843.843千克/公顷、7 701.886千克/公顷、6 938.786千克/公顷、6 435.214千克/公顷、5 096.029千克/公顷、4 714.743千克/公顷、4 461.8 千克/公顷、3 927.243 千克/公顷、3 474.943 千克/公顷、3 405.271千克/公顷、3 376.114千克/公顷、3 071.471千克/公顷、3 021.1千克/公顷、3 010.9千克/公顷、2 755.571千克/公顷、2 668.271千克/公顷、2 250.5千克/公顷、1 916.086千克/公顷、1 672.986千克/公顷、1 107.557千克/公顷。除俄罗斯、乌克兰、哈萨克斯坦、乌兹别克斯坦四国外，其他 16 国 2010—2016 年均小麦单产量依次分别是其 1961—1969 年均总产量的 1.98 倍、2.19 倍、2.21 倍、2.50 倍、5.55 倍、2.10 倍、1.84 倍、2.15 倍、1.90 倍、2.07 倍、3.33 倍、2.20 倍、3.15 倍、2.35 倍、1.58 倍、2.16 倍，16 国小麦年均

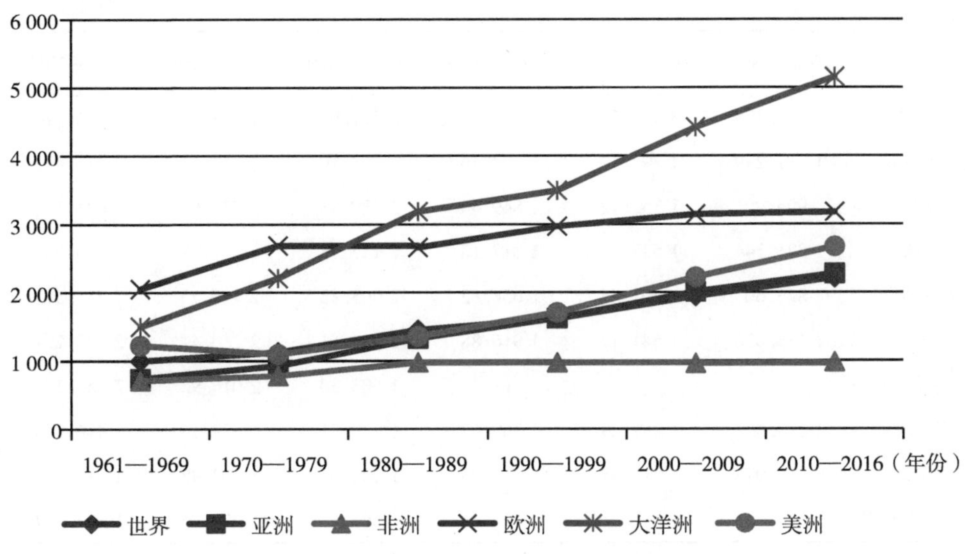

图 3.1.3 各大洲小麦单产量（千克/公顷）

数据来源：根据 FAOSTAT 数据整理.

单产量均有所增长，其中，中国、印度、巴基斯坦单产增幅明显，中国小麦单产量在过去 50 多年增长了近 5 倍，其 2010—2016 年均小麦单产量是世界同期单产的 2.3 倍（表 3.1.4）。

表 3.1.4 世界小麦生产大国单产情况（千克/公顷）

地区	1961—1969	1970—1979	1980—1989	1990—1999	2000—2009	2010—2016
英国	3 967.989	4 572.80	6 425.61	7 453.40	7 807.94	7 843.843
德国	3 524.278	4 343.37	5 560.86	6 859.44	7 426.43	7 701.886
法国	3 140.289	4 263.48	5 652.10	6 781.53	6 954.26	6 938.786
埃及	2 579.10	3 249.30	3 914.77	5 456.34	6 446.80	6 435.214
中国	917.967	1 549.87	2 719.38	3 558.01	4 248.20	5 096.029
乌兹别克斯坦	—	—	—	2 027.55	3 966.16	4 714.743
波兰	2 124.478	2 845.78	3 370.68	3 472.76	3 768.15	4 461.80
意大利	2 132.333	2 508.73	2 779.35	3 321.70	3 379.05	3 927.243
乌克兰	—	—	—	2 875.025	2 869.81	3 474.943
罗马尼亚	1 582.622	2 305.16	2 811.64	2 610.40	2 587.19	3 405.271

（续表）

地区	1961—1969	1970—1979	1980—1989	1990—1999	2000—2009	2010—2016
美国	1 775. 378	3 133. 264	2 408. 14	2 597. 95	2 788. 96	3 376. 114
加拿大	1 481. 289	1 797. 17	1 833. 16	2 268. 10	2 444. 62	3 071. 471
印度	906. 90	1 352. 12	1 849. 44	2 429. 88	2 720. 95	3 021. 10
阿根廷	1 371. 344	1 537. 96	1 817. 18	2 157. 98	2 437. 98	3 010. 90
巴基斯坦	875. 60	1 291. 44	1 658. 82	2 005. 72	2 476. 75	2 755. 571
土耳其	1 135. 456	1 541. 77	1 916. 88	2 038. 51	2 260. 41	2 668. 271
俄罗斯	—	—	—	1 603. 50	2 016. 92	2 250. 50
澳大利亚	1 213. 00	1 287. 29	1 369. 63	1 770. 71	1 589. 15	1 916. 086
伊朗	775. 978	910. 98	1 051. 85	1 606. 01	1 912. 98	1 672. 986
哈萨克斯坦	—	—	—	863. 65	1 058. 75	1 107. 557

数据来源：根据 FAOSTAT 数据整理.

3. 1. 1. 2　世界小麦进口情况

从世界总体水平来看，世界小麦进口呈现不断上升的趋势，由 1961—1969 年进口均值 3 363. 56百万美元增长到 2010—2013 年的 48 888. 76百万美元，2010—2013 年世界小麦进口均值是 1961—1969 年进口均值的 14. 53 倍。从进口的地区来看，亚洲、非洲是主要的小麦进口地区，1961—1969 年亚洲、非洲小麦进口额为 1 601. 73百万美元，占世界小麦总进口的 47. 62%，2010—2013 年亚洲、非洲小麦进口额为 31 673. 70 百万美元，占世界小麦总进口的 64. 79%。其中，非洲小麦进口额占世界进口额的比重上升明显，从 6. 59%上升至 26. 20%；美洲小麦进口额占世界进口额的比重略有上升，从 10. 20%上升至 14. 77%；欧洲小麦进口额占世界进口额的比重下降明显，从 41. 92%下降至 19. 91%；亚洲和大洋洲小麦进口额占世界比重相对稳定。具体见表 3. 1. 5。

表 3. 1. 5　各大洲小麦进口额（百万美元）

地区	1961—1969	1970—1979	1980—1989	1990—1999	2000—2009	2010—2013
世界	3 363. 56	8 880. 08	16 970. 78	17 857. 99	25 439. 13	48 888. 76
非洲	221. 54	1 030. 18	2 346. 76	2 714. 07	6 049. 23	12 810. 04
美洲	342. 92	1 027. 38	1 797. 41	2 461. 05	3 977. 59	7 221. 80

（续表）

地区	1961—1969	1970—1979	1980—1989	1990—1999	2000—2009	2010—2013
亚洲	1 380. 18	3 557. 19	6 388. 75	7 463. 21	9 472. 55	18 863. 66
欧洲	1 409. 96	3 252. 11	6 400. 59	5 145. 11	5 796. 56	9 735. 20
大洋洲	8. 96	13. 22	37. 28	74. 55	143. 20	258. 05

数据来源：根据 FAOSTAT 数据整理.

表 3. 1. 6 数据显示，选取 2013 年全球小麦进口额排名前 20 位的国家作为分析对象，以 2010—2013 年各国小麦年均进口额为序。世界小麦进口前 20 个国家小麦进口总量维持在 50%~60%，进口额占世界总额比例相对稳定，其中，埃及小麦进口额逐年增长，2010—2013 年均小麦进口额是 1961—1969 年均小麦进口额的 37 倍，而且占世界小麦进口总额的比例也由 1961—1969 年的 2. 40%增长至 2010—2013 年的 6. 24%，日本、意大利、印尼、阿尔及利亚的小麦进口额占世界比例紧随其后，分别达到 4. 50%、4. 35%、4. 25%、4. 23%。值得一提的是，中国、英国、德国、日本、巴西 2010—2013 年小麦进口额占比相比 1961—1969 年占比有所下降，对小麦国际市场依存度有所下降，特别是中国和英国 2010—2013 年小麦进口额占比相比 1961—1969 年占比分别下降了 8. 84 个百分点和 7. 60 个百分点。

表 3. 1. 6　世界小麦进口情况（百万美元）

地区	1961—1969	1970—1979	1980—1989	1990—1999	2000—2009	2010—2013
埃及	80. 85	354. 26	468. 02	779. 75	1 264. 44	3 050. 61
日本	251. 53	774. 01	1 077. 05	1 205. 57	1 443. 39	2 201. 91
意大利	83. 63	370. 22	903. 82	1 266. 51	664. 91	2 128. 34
印尼	0. 00	53. 59	236. 12	573. 89	903. 59	2 078. 03
阿尔及利亚	37. 64	182. 22	419. 43	529. 30	1 280. 51	2 070. 17
巴西	167. 17	372. 50	609. 31	813. 32	1 083. 60	1 926. 62
韩国	47. 68	225. 43	415. 13	597. 86	718. 73	1 484. 50
中国	393. 96	906. 80	2 092. 66	1 360. 19	597. 95	1 404. 91
尼日利亚	9. 60	94. 67	210. 16	115. 04	552. 80	1 393. 45
西班牙	19. 00	14. 10	71. 48	430. 47	852. 84	1 279. 61
墨西哥	0. 15	66. 22	89. 24	237. 69	656. 08	1 251. 39
土耳其	27. 66	47. 01	91. 27	227. 70	385. 48	1 173. 34

（续表）

地区	1961—1969	1970—1979	1980—1989	1990—1999	2000—2009	2010—2013
德国	244.57	423.12	501.78	260.33	377.20	1 142.65
荷兰	64.37	238.90	318.68	443.25	670.24	1 106.58
比利时	0.00	0.00	0.00	0.00	518.83	1051.12
也门	4.10	33.66	101.89	134.42	409.25	1 004.64
伊朗	13.08	134.53	398.95	555.02	518.10	927.33
孟加拉国	44.69	181.11	216.24	189.53	312.17	921.13
美国	4.86	3.12	25.70	235.23	397.21	790.39
英国	295.82	492.51	338.07	230.78	287.09	586.23
合计	1 790.37	4 967.99	8 585.02	10 185.85	13 894.41	28 972.94
世界	3 363.56	8 880.08	16 970.78	17 857.99	25 439.13	48 888.76
占比	53.23%	55.95%	50.59%	57.04%	54.62%	59.26%

数据来源：根据 FAOSTAT 数据整理.

3.1.1.3　世界小麦出口情况

从世界总体水平来看，世界小麦出口呈现不断上升的趋势，由 1961—1969 年出口均值 2 999.76百万美元增长到 2010—2013 年的 44 465.66百万美元，2010—2013 年世界小麦出口均值是 1961—1969 年出口均值的 14.82 倍。从出口的地区来看，欧洲、美洲是主要的小麦出口地区，1961—1969 年欧洲、美洲小麦出口额分别为 637.14 百万美元、2 012.34百万美元，占世界小麦总出口的 67.08%、21.24%，2010—2013 年欧洲、美洲小麦出口额分别为 18 538.28百万美元、17 914.40百万美元，占世界小麦总出口的 41.69%、40.29%，两洲小麦出口量合计占世界小麦出口量的 80%以上。其中，欧洲小麦出口额占世界出口额的比重上升明显，从 21.24%上升至 41.69%；美洲小麦出口额占世界出口额的比重有所下降，从 67.08%下降至 40.29%；非洲、亚洲和大洋洲小麦出口额占世界比重相对稳定。具体见表 3.1.7。

表 3.1.7　各大洲小麦出口额（百万美元）

地区	1961—1969	1970—1979	1980—1989	1990—1999	2000—2009	2010—2013
世界	2 999.76	7 988.51	15 393.22	16 047.60	22 358.19	44 465.66
非洲	8.82	20.28	24.92	16.35	50.74	68.15
美洲	2 012.34	5 113.26	9 218.99	8 248.89	10 419.20	17 914.40

（续表）

地区	1961—1969	1970—1979	1980—1989	1990—1999	2000—2009	2010—2013
亚洲	18.75	76.98	170.95	544.95	1151.55	2 390.36
欧洲	637.14	1 968.57	4 177.49	5 297.31	8 376.95	18 538.28
大洋洲	322.70	809.42	1 800.86	1 940.10	2 359.75	5 554.47

数据来源：根据 FAOSTAT 数据整理.

表 3.1.8 数据显示，选取 2013 年全球小麦出口额排名前 20 位的国家作为分析对象，以 2010—2013 年各国小麦年均出口额为序。世界小麦出口前 20 个国家小麦进口总量维持在 85%~93%，进口额占世界总额比例相对稳定，2000 年以来前 20 国的小麦出口额占到世界小麦出口总额的 90%以上。其中，美国、加拿大、法国、澳大利亚、俄罗斯五国 2010—2013 年小麦出口额占世界总额分别为 20.58%、12.92%、12.70%、12.49%、7.73%，合计达到 66.41%。相比 1961—1969 年小麦出口额占比情况，2010—2013 年美国、加拿大占比分别下降 12.97 个百分点、10.98 个百分点，法国、澳大利亚占比分别上升 5.59 个百分点、1.74 个百分点。

表 3.1.8 世界小麦出口情况（百万美元）

地区	1961—1969	1970—1979	1980—1989	1990—1999	2000—2009	2010—2013
美国	1 096.49	3 334.86	5 406.68	4 370.63	5 317.96	9 150.32
加拿大	716.88	1 479.12	3 034.75	2 946.07	3 354.39	5 744.32
法国	213.27	897.88	2 267.31	2 686.59	2 835.02	5 646.44
澳大利亚	322.59	808.88	1 800.05	1 940.02	2 359.55	5 553.91
俄罗斯	—	—	—	76.29	1 400.30	3 436.74
德国	12.97	103.18	297.77	697.28	1 115.76	2 212.16
阿根廷	183.28	291.65	758.82	881.39	1 424.08	1 768.42
乌克兰	—	—	—	159.25	613.26	1 520.61
哈萨克斯坦	—	—	—	323.62	601.46	1 088.75
印度	0.01	27.71	12.87	40.37	172.09	851.91
罗马尼亚	38.79	119.14	44.43	51.51	128.01	732.91
保加利亚	12.23	39.65	84.50	38.22	144.59	680.47
巴西	—	—	—	0.12	59.29	473.32
匈牙利	6.99	94.21	181.41	112.86	252.78	461.35
立陶宛	—	—	—	10.84	112.85	417.85

（续表）

地区	1961—1969	1970—1979	1980—1989	1990—1999	2000—2009	2010—2013
捷克	—	—	—	32. 21	134. 83	385. 55
乌拉圭	2. 34	2. 69	9. 23	13. 04	44. 22	335. 59
波兰	0. 01	0. 78	2. 00	14. 61	92. 04	317. 60
拉脱维亚	—	—	—	1. 03	71. 02	293. 73
塞尔维亚	—	—	—	—	37. 24	137. 09
合计	2 605. 85	7 199. 74	13 899. 91	14 395. 94	20 270. 73	41 209. 05
世界	2 999. 76	7 988. 51	15 393. 22	16 047. 60	22 358. 19	44 465. 66
占比	86. 87%	90. 13%	90. 30%	89. 71%	90. 66%	92. 68%

数据来源：根据 FAOSTAT 数据整理.

3. 1. 1. 4　世界小麦生产与贸易特征

(1) 世界小麦生产特征

如图 3. 1. 4 所示，世界小麦生产地区主要集中在亚洲、欧洲、美洲，占世界小麦总产量比例稳定在 90%以上，但内部变化地区间变化明显。20 世纪 60 年代世界小麦产于欧洲、美洲、亚洲，其中，欧洲产量超过美洲、亚洲之和，占世界产量近一半。20 世纪 90 年代开始，亚洲小麦产量开始超过欧洲，并逐渐扩大差距，2000 年以来，亚洲小麦产量占比稳定在 40%以上。

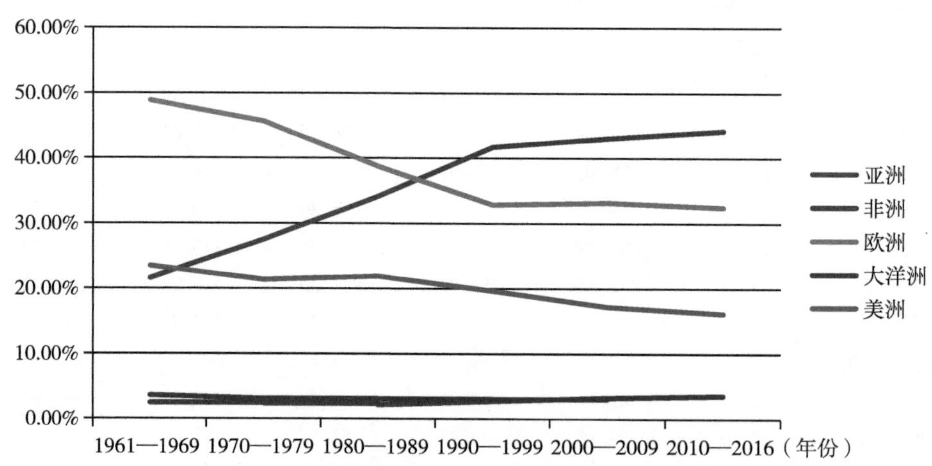

图 3. 1. 4　各大洲小麦产量占世界总产量比例

数据来源：根据 FAOSTAT 数据整理.

中国、印度、和美国小麦生产占据重要地位。自 1961 年以来，中国小麦中国产量不断增长，由最初的 2 268.7万吨增长至 12 338.07万吨，世界份额占比由当年的 8.26%增长至 17.48%，在小麦生产中一枝独秀；印度小麦生产情况与中国相似，产量呈稳定增长态势，其 1961—1969 年产量均值为 1254.82 万吨，2010—2016 年产量均值为 9 027.82万吨，基本与中国持平；美国小麦产量在 1990—1999 年达到峰值 6 445.26万吨，2000 年以来有所回落（5 830.13万吨），其占世界比例也由 1961—1969 年的 13.08%降至 2010—2016 年的 8.26%。

（2）世界小麦贸易特征

世界小麦出口来源地较为集中。贸易额在 5 000百万美元以上的地区有 4 个地区，分别是美国、加拿大、法国、澳大利亚，出口额分别为 9 150.32百万美元、5 744.32百万美元、5 646.44百万美元和 5 553.91百万美元，其中美国小麦出口额是其他三国的近两倍，地区间出口额存在较大差距；从地区分布情况来看，这些地区位于北美洲、欧洲和大洋洲草原较为广阔的平原地区，

世界小麦进口地相对分散，小麦进口金额在 1 000百万美元以上的地区共有 16 个，分别是埃及、日本、意大利、印尼、阿尔及利亚、巴西、韩国、中国、尼日利亚、西班牙、墨西哥、土耳其、德国、荷兰、比利时、也门，遍及亚洲、非洲、欧洲，既有发达国家，也有发展中国家；既有人口大国，也有人口小国。

3.1.2 中国小麦生产及贸易情况

3.1.2.1 小麦生产情况

从整体来看，中国小麦产量呈现先下降后上升趋势。2001—2003 年小麦产量持续下降，年均下降在 4%以上；2004 年以后，小麦产量呈现稳步增长态势，2006 年小麦产量增长明显，增速达到 11.31%，产量首次超过 1 亿吨，此后小麦产量增速明显放缓，2016 年小麦产量相比 2006 年增长了 21.42%，年均增长 2.14%（图 3.1.5）。

3.1.2.2 中国小麦贸易情况

（1）中国小麦出口情况

从图 3.1.6 可以看到，中国小麦出口量先增长后下降：2012—2014 年小麦出口量持续增加，于 2014 年达到 39 204.40万美元；2015—2016 年持续下降，2016 年小麦出口量达到 26 839.43万美元，相比 2014 年，年均下降 15.77%。

就出口地区而言，中国香港是中国小麦第一出口地区，但其在中国出口市场中所占的绝对量和份额均逐年下降，从 2012 年的 76.54 百万美元、25.61%降至 2016 年的 50.23 百万美元、18.72%；挪威、荷兰、韩国在中国小麦出口

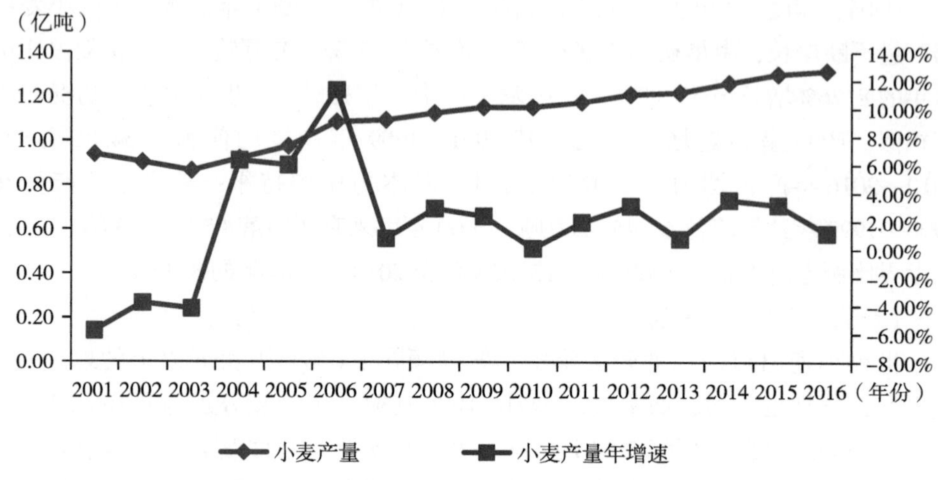

图 3.1.5　中国 2001—2016 年小麦产量及年增速

数据来源：根据 FAOSTAT 数据整理.

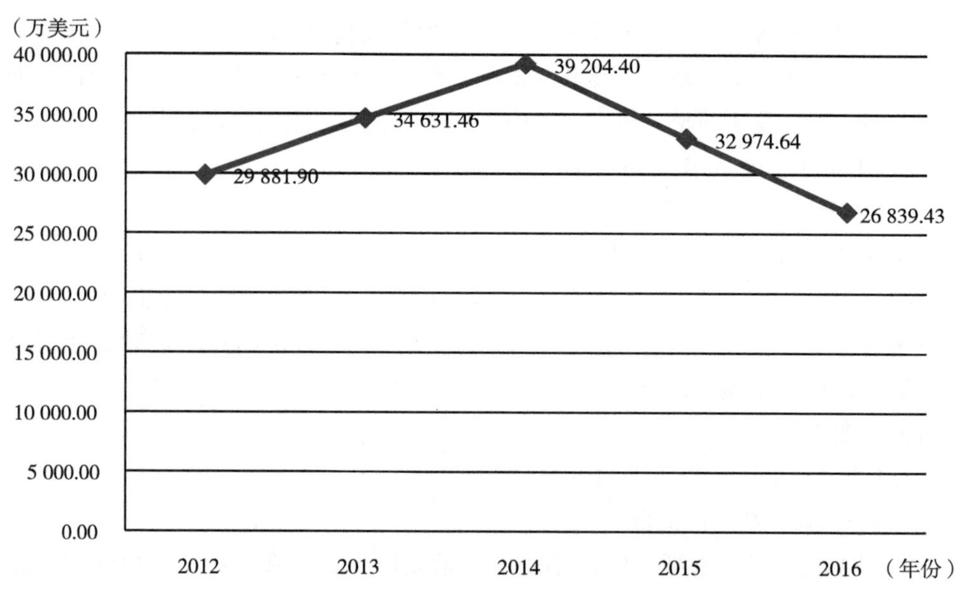

图 3.1.6　中国 2012—2016 年小麦出口量

数据来源：根据 RESOURCETRADE 数据整理.

市场中也占据重要位置，但所占份额有下降的趋势；此外，值得注意的是近年来中国小麦出口额呈现下滑态势。

表 3.1.9 2012—2016 年中国小麦出口市场结构（百万美元）

年 份	进口地区	贸易额	占 比	年 份	进口地区	贸易额	占 比
2012	中国香港	76.54	25.61%	2013 年	中国香港	72.51	20.94%
	韩国	64.31	21.52%		韩国	71.91	20.76%
	挪威	31.39	10.50%		挪威	32.86	9.49%
	其他地区	126.58	42.36%		其他地区	169.04	48.81%
2014	伊拉克	69.70	17.78%	2015	挪威	76.14	23.09%
	中国香港	66.40	16.94%		中国香港	61.73	18.72%
	挪威	55.91	14.26%		荷兰	40.16	12.18%
	其他地区	200.00	51.02%		其他地区	151.71	46.01%
2016	中国香港	50.23	18.72%				
	挪威	32.39	12.07%				
	荷兰	22.72	8.47%				
	其他地区	163.05	60.75%				

数据来源：根据 RESOURCETRADE 数据整理.

（2）中国小麦进口情况

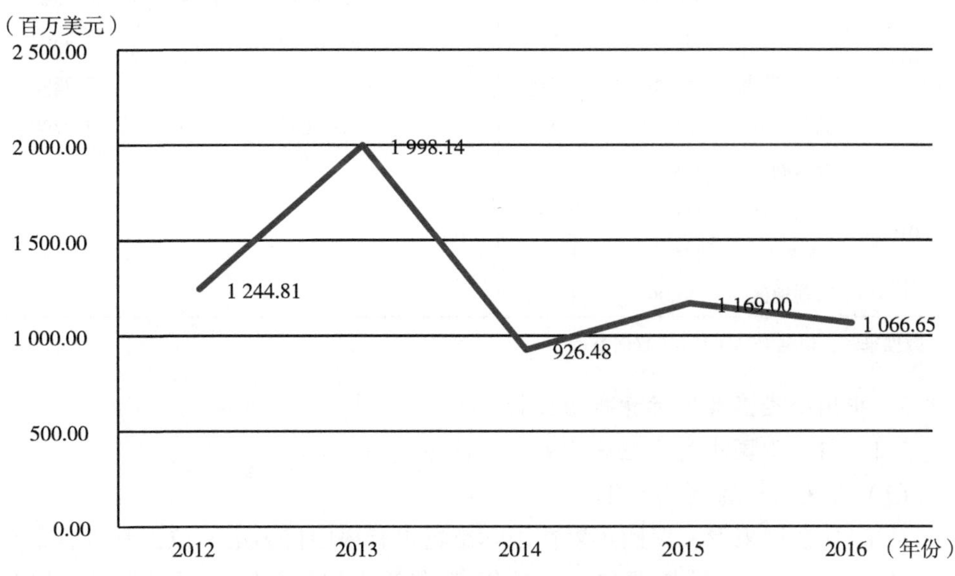

图 3.1.7 中国 2012—2016 年小麦出口量

数据来源：根据 RESOURCETRADE 数据整理.

从图 3. 1. 7 可以看出，中国小麦进口量基本保持稳定：2012—201 年小麦出口量基本在 1000 百万美元上下浮动，除 2013 年达到 1998. 14 百万美元之外；就以往进口情况来看，中国小麦进口将保持一定的惯性，较为稳定进口反映出近年来中国市场对小麦需求的变化不大。

从小麦进口来源地来看，澳大利亚、美国、加拿大是中国小麦主要进口来源地，三国合计占比超过 90%，哈萨克斯坦等其他国家在中国进口市场中所占份额不到 10%；近 5 年进口市场结构没有发生明显变化澳大利亚、美国、加拿大为中国小麦进口主要来源地，中短期内这种市场结构将不会发生改变（表 3. 1. 10）。

表 3. 1. 10　2012—2016 年中国小麦进口市场结构（百万美元）

年　份	进口国家和地区	贸易额	占　比	年　份	进口国家和地区	贸易额	占　比
2012	澳大利亚	623. 57	50. 09%	2013	美国	1 206. 13	60. 36%
	加拿大	326. 36	26. 22%		加拿大	460. 34	23. 04%
	美国	223. 32	17. 94%		澳大利亚	234. 57	11. 74%
	其他地区	71. 56	5. 75%		其他地区	97. 09	4. 86%
2014	澳大利亚	449. 89	48. 56%	2015	加拿大	473. 99	40. 55%
	美国	284. 39	30. 70%		澳大利亚	379. 44	32. 46%
	哈萨克斯坦	68. 64	7. 41%		美国	230. 56	19. 72%
	其他地区	123. 57	13. 34%		其他地区	85. 02	7. 27%
2016	澳大利亚	363. 06	34. 04%				
	美国	317. 27	29. 74%				
	加拿大	294. 47	27. 61%				
	其他地区	91. 84	8. 61%				

数据来源：根据 COMTRADE 数据整理.

3. 1. 3　中国小麦产业国际竞争力分析

3. 1. 3. 1　中国小麦产业国际竞争力的绩效指标

（1）小麦国际市场占有率

从 FAO 数据来看，美国小麦在国际市场占有率中排名第一位，其占有率在 20%以上，处于绝对领先地位，但近年来其市场占有率呈现下滑趋势；加拿大、法国、澳大利亚小麦在国际市场占有率中排名第二、第三、第四位，市场占有率在 10%以上，俄罗斯位居第五，其市场占有率为 7%左右，略低于前四位国家。从 FAOSTAT 数据来看，中国小麦国际市场占有率较低，2013 年世界排名第 63 位，2001—2013 年分别为 0.32%、0.46%、1.66%、0.58%、0.21%、0.79%、1.58%、0.07%、0.01%，2010 年后甚至不足 0.01%，由此可以看出，中国虽然是小麦生产大国，但绝非贸易强国，主要用于自给（图 3.1.8）。

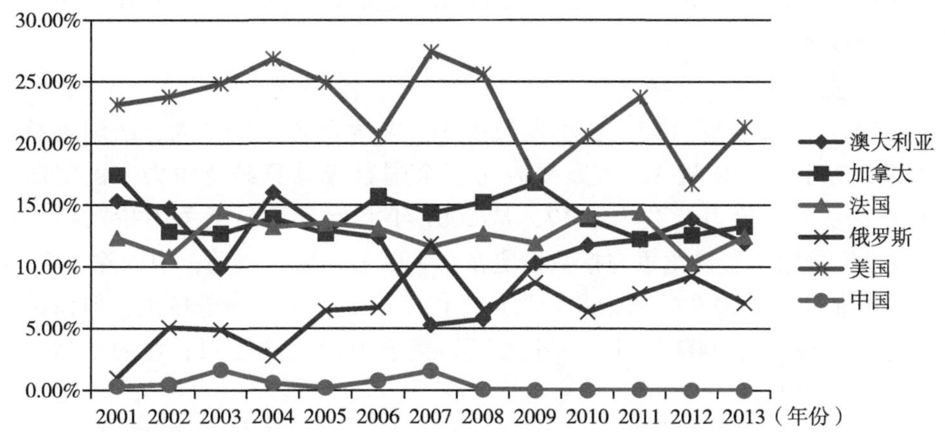

图 3.1.8　中国与世界前 5 小麦出口大国国际市场占情况

数据来源：根据 FAOSTAT 数据整理.

（2）显示性比较指数

表 3.1.11　中国与世界小麦出口大国显示性比较指数

年　份	澳大利亚	加拿大	法　国	俄罗斯	美　国	中　国
2001	15.181	4.108	2.341	0.598	1.938	0.034
2002	14.397	3.282	2.102	3.048	2.207	0.045
2003	9.856	3.498	2.780	2.414	2.578	0.153
2004	18.138	4.004	2.665	1.380	2.988	0.051
2005	13.875	3.656	3.025	2.742	2.856	0.017
2006	12.867	4.836	3.188	2.623	2.371	0.062
2007	5.219	4.759	2.945	4.676	3.297	0.122
2008	4.961	5.388	3.321	2.220	3.210	0.005
2009	8.380	6.653	3.083	3.606	2.024	0.001
2010	8.445	5.466	4.147	2.413	2.466	0.000
2011	8.244	4.959	4.411	2.746	2.937	0.003
2012	9.927	5.084	3.335	3.216	1.989	0.000
2013	8.892	5.444	4.046	2.536	2.543	0.000

根据 FAOSTAT 整理所得.

从表 3.1.11 可以看到，在小麦国际市场中，澳大利亚小麦最具国际竞争力，2001—2013 年该国的显示性比较指数均在 8 以上；加拿大位居第二，该国显示性比较指数分布在 5 左右，由此可以看出加拿大小麦贸易竞争力较强；法国、俄罗斯、美国显示性比较指数虽远低于澳大利亚和加拿大，但其显示性比较指数远远高于同期中国，2001—2007 年中国显示性指数均在 0.01 之上，但始终未超过 0.02，2008 年以后，中国的小麦的显示性指数均在 0.01 以下，贸易竞争力变弱。

（3）贸易竞争力指数

由表 3.1.12 数据可知，在小麦贸易中，澳大利亚、加拿大、法国贸易竞争力指数等于或者接近 1，该数据表明三个国家极具贸易竞争力；俄罗斯在 2001 年的贸易竞争力指数为 0.17，从 2007 年开始其贸易竞争力指数稳定在 0.9 以上；美国的贸易竞争力指数稳定在 0.8 以上，略有波动；中国除 2007 年以外，其他年份贸易竞争力指数均为负，代表该国为小麦净进口国，但该数值相对较小，特别是 2009 年以后，小麦贸易竞争力指数接近-1，说明中国小麦贸易竞争力较差。

表 3.1.12　中国与世界小麦出口大国贸易竞争力指数

年　份	澳大利亚	加拿大	法　国	俄罗斯	美　国	中　国
2001	1.00	0.99	0.91	0.17	0.84	-0.75
2002	1.00	1.00	0.92	0.94	0.86	-0.62
2003	0.96	0.99	0.96	0.84	0.93	-0.07
2004	1.00	1.00	0.96	0.44	0.94	-0.89
2005	1.00	1.00	0.97	0.89	0.92	-0.93
2006	1.00	1.00	0.97	0.79	0.86	-0.35
2007	1.00	1.00	0.95	0.96	0.88	0.09
2008	1.00	1.00	0.95	0.96	0.82	-0.88
2009	1.00	0.99	0.94	0.98	0.76	-0.99
2010	1.00	0.99	0.92	0.99	0.84	-1.00
2011	1.00	0.99	0.95	0.98	0.89	-0.97
2012	1.00	0.99	0.96	0.96	0.82	-1.00
2013	1.00	0.99	0.96	0.87	0.81	-1.00

根据 FAOSTAT 整理所得.

3.1.3.2 中国小麦产业国际竞争力实力评价

从小麦单产量来看（图 3.1.9，表 3.1.13），英国、德国、法国的小麦单产较高，2001—2016 年的小麦单产基本稳定在 7 000.0千克/公顷；埃及的小麦单产较高，2001—2016 年的小麦单产基本稳定在 6 500.0千克/公顷；中国小麦单产量持续增长，由 2001 年的 3 806.1千克/公顷增长至 2016 年的 5 408.8千克/公顷，年均增长 2.8%，2016 年单产水平是同期世界水平的 1.59 倍。可以看出，近年来，中国小麦单产取得了较好成绩，但与小麦高产国家相比，仍有进步的空间。

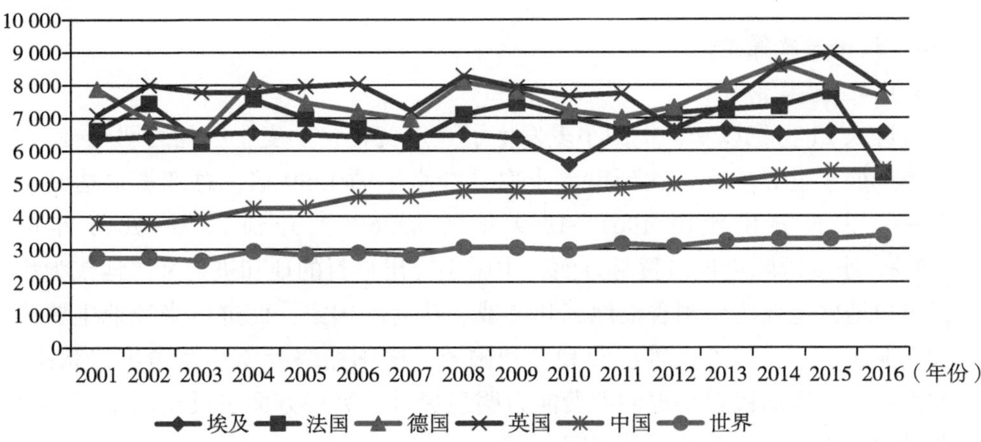

图 3.1.9 世界小麦生产大国单产情况（千克/公顷）

数据来源：根据 FAOSTAT 数据整理.

表 3.1.13 世界小麦生产大国单产情况（千克/公顷）

年 份	埃 及	法 国	德 国	英 国	中 国	世 界
2001	6 358.0	6 616.9	7 882.7	7 082.7	3 806.1	2 741.8
2002	6 434.5	7 445.5	6 905.6	8 002.8	3 776.6	2 754.8
2003	6 500.1	6 250.0	6 498.5	7 779.8	3 931.8	2 652.1
2004	6 556.7	7 578.8	8 171.6	7 775.4	4 251.9	2 942.8
2005	6 492.9	6 988.7	7 465.1	7 960.9	4 275.3	2 828.7
2006	6 430.3	6 741.4	7 200.7	8 036.1	4 593.5	2 890.6
2007	6 467.3	6 254.2	6 961.1	7 224.4	4 607.6	2 815.2
2008	6 503.1	7 101.8	8 087.3	8 281.4	4 762.0	3 062.0
2009	6 382.9	7 447.8	7 809.1	7 928.4	4 739.0	3 036.7
2010	5 574.1	7 040.5	7 212.0	7 674.6	4 748.4	2 971.4

（续表）

年　份	埃　及	法　国	德　国	英　国	中　国	世　界
2011	6 542.8	6 656.3	7 013.9	7 747.1	4 837.4	3 164.3
2012	6 582.3	7 151.2	7 331.2	6 657.1	4 986.8	3 089.1
2013	6 668.2	7 265.6	7 997.9	7 383.8	5 055.3	3 250.3
2014	6 511.9	7 353.0	8 629.6	8 578.6	5 243.3	3 315.2
2015	6 591.9	7 800.8	8 087.7	8 976.0	5 392.2	3 317.4
2016	6 575.3	5 304.1	7 640.9	7 889.7	5 408.8	3 405.0

数据来源：FAOSTAT.

3.1.4 结论与政策建议

3.1.4.1 结论

自进入21世纪以来，中国小麦发生了一定变化，小麦生产能力明显提升，小麦单产处于世界前列，达到世界小麦单产水平的1.59倍，总产量也达到世界第一，占世界份额由1961—1969年的8.26%上升到2010—2016年的17.48%。小麦国际进出口贸易方面，中国小麦出口目的地和进口来源地较为稳定，出口地区主要为中国香港地区和挪威、荷兰等国家，而进口来源地主要为澳大利亚、美国、加拿大等澳洲和美洲国家。中国始终处于小麦净出口状态，一方面说明中国居民对小麦的消费能力明显提升，另一方面也反映出中国小麦产业供给能力具有一定的提升空间。

3.1.4.2 政策建议

针对中国小麦出现的以上问题，本研究认为可以采取以下措施。

第一，继续在小麦主产区实行最低收购价政策。综合考虑粮食生产成本、市场供求、国内外市场价格和产业发展等各方面因素，继续在小麦主产区实行最低收购价政策，激发种粮农户生产积极性。

第二，继续加大技术投入。通过育种、施肥、灌溉、收获环节的技术投入和技术改进，缩小中国小麦单产与欧洲国家存在的较大差距。

第三，完善优质小麦生产基地建设。改变现有的小规模、分散的生产经营方式，通过成方连片种植、标准化和产业化等方式，推动小麦主产区优质小麦生产基地建设，进一步完善小麦生产的区域产业布局，增强小麦产品的成本和价格竞争优势。

第四，大力发展小麦精深加工业。积极落实农业供给侧结构性改革，从小麦深加工入手，按市场需求生产，通过农村一二三产业融合发展，延长小麦产业链、价值链，提升中国小麦产品国际市场竞争力。

3.2　水稻

水稻是中国的第一大粮食作物，在三大粮食作物中，水稻的产量一般占到40%左右，2017 年水稻产量达到了 2.11 亿吨。全国大约有 65%的人口以稻米为主食。从近些年消费的情况来看，中国水稻的消费量保持低速增长，几乎稳定在 2.0 亿吨左右，全国水稻供给充足。中国水稻的贸易总体上呈现出口下降、进口增长的态势，其中 2012 年出现水稻进口激增的现象，随后仍然保持了较大增长的势头。2016 年中国水稻进口额达到了 15.8 亿美元的规模。如何在乡村振兴战略下，适应中国农业和农村经济结构的调整，保持和增强中国水稻的生产能力，提高水稻的国际竞争力，确保中国水稻生产贸易大国地位，已成为当前的一个重大课题。基于此背景下分析中国水稻生产状况、贸易现状及国际竞争力影响因素，对探讨中国水稻产业发展及提高水稻产业国际竞争力具有十分重要的政策意义。

本文拟从世界产业生产与贸易着手，通过具体数据分析国际上水稻产业国际竞争力的实际状况，然后设计多个指标对中国水稻产业的国际竞争实力进行评价，分析中国水稻产业国际竞争力影响因素，找到制约中国水稻生产的瓶颈，并提出相应的对策建议。

3.2.1　世界水稻生产与贸易情况

3.2.1.1　世界水稻生产情况

1967 年世界水稻产量为 2.77 亿万吨，在 2016 年世界水稻产量达到了 7.41 亿吨，增长了 167.5%，年均增长率为 2.03%。以 10 年年均的数据对比来看，1967—1976 年世界水稻年均产量为 3.17 亿吨，2007—2016 年世界水稻年均产量达到 7.16 亿吨，增长翻了 1 倍多（图 3.2.1）。

从 1967—2016 年的统计数据来看，各大洲水稻产量存在较大差异。亚洲水稻的产量长期占到全球产量的 90% 以上，占比仍略微呈现减少的趋势；其中，1967—1976 年亚洲年均水稻产量为 2.9 亿吨，占全球比重为 91.45%，2007—2016 年亚洲的年均水稻产量达到 6.48 亿吨，占全球比重为 90.51%，产量翻了 2.2 倍。美洲水稻产量也较稳定快速的增加，1967—1976 年其年均水稻产量为 1 629.7万吨，在 2007—2016 年达到了 3 629.9万吨，产量翻了一倍，占比维持在 5% 以上，且略有增加。非洲水稻产量从 736.55 万吨增加到了 2 701.1万吨，占全球的比重也从 2.32%上升到了 3.77%。欧洲水稻种植的数

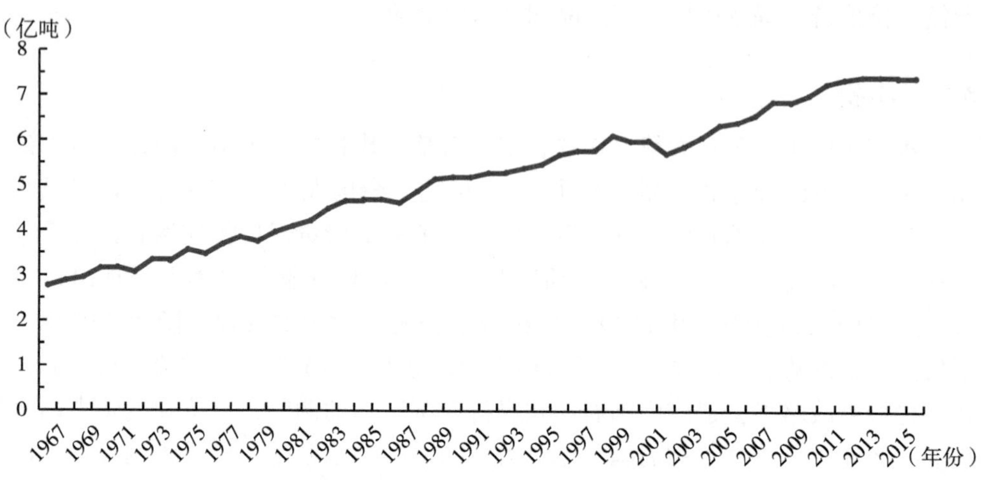

图 3.2.1 1967—2016 年世界水稻产量情况

数据来源：根据 FAOSTAT 数据整理.

量相对较少，年均为 370 万吨左右，产量缓慢增加，平均占比为 0.77%，占比呈现下降趋势。大洋洲仅有极少量的水稻生产（表 3.2.1）。

表 3.2.1 1967—2016 年五大洲水稻产量情况（万吨）

区 域	1967—1976	1977—1986	1987—1996	1997—2006	2007—2016
亚洲	29 029.47	38 503.81	47 678.26	54 593.00	64 794.36
美洲	1 629.69	2 207.39	2 635.14	3 225.83	3 629.90
非洲	736.55	887.64	1 342.90	1 812.76	2 701.13
欧洲	316.69	422.07	373.28	325.97	407.84
大洋洲	32.52	69.45	93.38	105.50	51.44

数据来源：根据 FAOSTAT 数据整理.

按分国的水稻生产情况来看，水稻生产情况也存在较大的差异。1967—1976 年世界水稻产量排名前几位的国家依次是中国（1.15 亿吨）、印度（6 256.43万吨）、印度尼西亚（1 969.22万吨）、孟加拉国（1 700.88万吨）、泰国（1 356.78万吨）和越南（1 020.07万吨），而 2007—2016 年世界水稻产量排名前几位的国家仍然为这些国家，从排名上看越南超过泰国成为第 5 大水稻生产国；在产量上该 6 个国家都有一个大幅度的上升。中国始终是水稻生产的第一大国，且领先优势明显，但水稻生产占世界的比例在下降，1967—1976 年中国年均水稻生产量占比为 36.22%，随着其他国家的追赶，在 2007—2016 年中国水稻产量占比仅为28.18%，份额下降了1/4。印度是水稻生产增长量最多的国家，占比由19.71%增长到了21.23%，占比与中国的差距在缩小。印度尼西亚的水稻生产也实现飞速发展，2007—2016的年均产量达6 779.11万吨，是1967—1976的3倍多，占比由6.2%增加到了9.47%。孟加拉国的水稻产量翻了接近3倍；越南水稻产量翻了4倍；泰国水稻的产量翻了2倍多；越南在20世纪90年代水稻产量超过泰国成为第5大水稻生产国。在表3.2.2列示了排名前6的水稻生产大国（地区），1967—1976年该6国（地区）水稻年均总产量为3 966.7万吨，而2007—2016年均产量达到9 101.0万吨，增长率为129.44%，总量占世界份额由75%上升到76.3%，可以说明这6国（地区）在水稻生产上有极其重要的地位。

表3.2.2 世界水稻生产大国的水稻生产情况（万吨）

年 份	中 国	印 度	印度尼西亚	孟加拉国	泰 国	越 南
1967—1976	11 496.63	6 256.43	1 969.22	1 700.88	1 356.78	1 020.07
1977—1986	15 725.09	8 182.54	3 236.10	2 100.95	1 777.56	1 323.29
1987—1996	18 386.93	11 155.59	4 602.55	2 612.47	2 017.08	2 092.62
1997—2006	18 573.66	12 966.59	5 181.61	3 589.48	2 733.48	3 298.11
2007—2016	20 175.91	15 196.39	6 779.11	4 969.80	3 311.56	4 173.20

数据来源：FAOSTAT数据库.

3.2.1.2 世界水稻贸易情况

(1) 世界水稻进口

从世界总体水平来看，世界水稻进口量呈现不断上升的趋势，由2001年世界年均水稻进口量2 390.09万吨，高速增长到了2016年的年均进口量4 047.25万吨，增长了近70%。从进口的地区来看，亚洲是主要的水稻进口地区，这主要与亚洲人日常生活中对大米及其产品的喜好有关（表3.2.3）。

从2001—2016年数据来看，伊朗和科特迪瓦进口水稻数量全部排在前10名，平均占比分别3.42%为3.26%；科特迪瓦在2016年进口水稻129.02万吨，占比为3.19%。沙特阿拉伯除2002年外，其他年份均排名全球水稻进口前10名，平均占比为3.36%。尼日利亚是世界水稻进口大国，是2001—2016年水稻进口最多的国家，在2001—2016年，有11年进口量排在水稻进口量前10名，平均占比为5.25%，其中2001、2003年等5年中水稻进口量排在第一位，占比分别为7.4%和7.34%，在2012年进口水稻量为247.07万吨，占比为5.95%。印度尼西亚是世界水稻进口大国，在2001—2016年，有9年进口量排在水稻进口量前10名，平均水稻占比为4.53%，其中2002和2011年进口量排在第一位，占比分别为7.4%和7.34%。中国进口水稻在2012年之前进口量相对较少，仅在2004年进口77.07万吨水稻，排在水稻进口国的第十位；在2012年中国进口水稻数量跃升到284.15万吨，排在全球水稻进口的第一位，占世界进口水稻的6.85%；之后中国连续5年都维持在水稻进口的第一位，进口量也从一路攀升，在2016年达到了352.82万吨，占比达到了8.71%。

西非的贝宁近几年的水稻进口量增长较快，在近9年里有6年进口量排在前十名，6年中进口占比平均为3.85%；2014和2016年水稻进口量仅次于中国，排名世界第二，数量分别达到171.65万吨和222.11万吨，占比为3.95%和5.48%，是进口增长较快的国家。中东地区的阿联酋伊拉克也进口了大量的水稻，进口排名前10的年份平均占比分别为：3.22%、3.12%。整体而言，非洲和中东国家进口水稻的量较大，进口国家较多。

表3.2.3 世界主要水稻进口国进口情况

年份	进口国	进口额（百万美元）	进口量（万吨）	进口占比	年份	进口国	进口额（百万美元）	进口量（万吨）	进口占比
2001	尼日利亚	292.27	156.51	6.55%	2002	印度尼西亚	430.09	204.92	7.40%
	科特迪瓦	166.88	97.92	4.10%		尼日利亚	282.53	142.65	5.15%
	沙特阿拉伯	369.40	81.37	3.40%		菲律宾	275.37	108.06	3.90%
	塞内加尔	154.46	81.27	3.40%		科特迪瓦	171.33	102.33	3.69%
	伊朗	205.93	79.81	3.34%		伊拉克	322.45	95.51	3.45%
2003	尼日利亚	212.50	160.30	5.53%	2004	沙特阿拉伯	579.29	117.74	4.07%
	印度尼西亚	378.78	158.27	5.46%		尼日利亚	282.03	114.20	3.95%
	巴西	320.26	136.46	4.71%		伊朗	297.35	101.36	3.51%
	科特迪瓦	187.71	104.21	3.59%		南非	258.45	97.92	3.39%
	伊朗	253.40	91.87	3.17%		巴西	227.38	88.80	3.07%
2005	尼日利亚	357.37	131.65	4.23%	2006	尼日利亚	423.62	182.22	5.39%
	塞内加尔	369.33	130.19	4.19%		菲律宾	511.37	175.87	5.20%
	菲律宾	518.59	129.96	4.18%		伊朗	411.20	126.54	3.74%
	伊朗	450.32	126.06	4.05%		伊拉克	391.65	124.08	3.67%
	沙特阿拉伯	577.98	110.09	3.54%		科特迪瓦	346.08	122.64	3.63%

（续表）

年　份	进口国	进口额（百万美元）	进口量（万吨）	进口占比	年　份	进口国	进口额（百万美元）	进口量（万吨）	进口占比
2007	菲律宾	649.63	191.18	5.54%	2008	菲律宾	1 863.19	245.65	7.33%
	印度尼西亚	505.09	153.55	4.45%		孟加拉国	564.60	152.97	4.57%
	孟加拉国	419.53	143.11	4.15%		伊朗	1 144.27	121.61	3.63%
	科特迪瓦	404.86	117.77	3.41%		沙特阿拉伯	1 357.48	120.93	3.61%
	伊朗	444.60	110.76	3.21%		阿联酋	1 333.42	117.40	3.50%
2009	菲律宾	1 038.34	185.76	5.88%	2010	尼日利亚	1 034.77	236.55	6.66%
	尼日利亚	1 060.76	161.98	5.13%		菲律宾	1 510.00	231.09	6.51%
	沙特阿拉伯	1 236.72	126.11	3.99%		阿联酋	1 044.61	127.87	3.60%
	科特迪瓦	610.80	119.02	3.77%		伊朗	1 047.93	127.64	3.60%
	阿联酋	955.75	102.24	3.24%		沙特阿拉伯	1 095.60	127.04	3.58%
2011	印度尼西亚	1 568.37	286.34	7.34%	2012	中国	1 394.04	284.15	6.85%
	尼日利亚	1 483.76	241.00	6.18%		尼日利亚	1 608.30	247.07	5.95%
	孟加拉国	739.79	142.01	3.64%		印度尼西亚	941.28	185.30	4.47%
	伊朗	1 163.60	138.91	3.56%		科特迪瓦	803.78	160.58	3.87%
	阿联酋	1 172.15	134.40	3.45%		伊拉克	840.55	138.49	3.34%
2013	中国	1 193.18	257.43	6.34%	2014	中国	1 389.28	294.70	6.77%
	伊朗	2 504.64	222.74	5.49%		贝宁	955.72	171.65	3.95%
	贝宁	884.20	188.63	4.65%		沙特阿拉伯	1 753.94	146.38	3.37%
	沙特阿拉伯	1 443.40	135.19	3.33%		菲律宾	613.25	140.63	3.23%
	伊拉克	853.94	131.93	3.25%		塞内加尔	422.06	121.66	2.80%
2015	中国	1 612.80	371.95	8.65%	2016	中国	1 583.78	352.82	8.71%
	沙特阿拉伯	1 490.65	161.19	3.75%		贝宁	987.07	222.11	5.48%
	菲律宾	630.42	154.96	3.60%		印度尼西亚	532.66	131.54	3.25%
	贝宁	606.16	144.47	3.36%		科特迪瓦	458.98	129.02	3.19%
	伊朗	1 147.16	129.69	3.02%		阿联酋	848.28	123.52	3.05%

数据来源：根据 FAOSTAT 数据整理.

从水稻出口国别来看（表 3.2.4），在 2001—2011 年，泰国一直保持世界第一的水稻出口额，12 年年均出口水稻 838.9 万吨，出口占比平均为 26.56%。2012 年泰国的水稻出口大幅下降到 651.45 万吨，随后几年大起大落，2012—

1016 年的水稻出口占比为 19.63%，稳定在水稻出口国的第二位。2012—2016 年，印度超过泰国成为全球第一大水稻出口国，该 5 年间年均水稻出口量为 1071.75 万吨，年均占比为 25.63%。在 2001—2011 年的 12 年，印度的水稻出口也一直排在前 5 名，该 12 年的水稻年均水稻出口量为 425.77 万吨，平均占比为 13.42%。巴基斯坦在 2001—2016 年这 17 年，水稻的出口量保持在全球的前 10 名，且排名由全球第 7 名上升至第 3 名，出口量由 108.41 万吨上升到 425.47 万吨，出口占比由 4.54%上升到 10.51%。美国在这 17 年间，水稻的出口量始终排在全球前 5 名，年均水稻出口量为 386.8 万吨，出口量整体较为稳定，但由于世界水稻出口量的增加，出口占比由 13.35%下降至 9.38%。越南也是水稻的出口大国，在 2008—2012 年水稻的出口量连续 5 年保持在第二位的出口地位。越南水稻的出口存在较大的波动性，整体呈先增加后减少的趋势，最高的 2012 年出口量曾达到 730.27 万吨，最少的 2001 年仅有 234.20 万吨，在 2016 年为 3 642.42万吨，平均占比为 13.18%。

中国出口的水稻也较多，年均约为 122.04 万吨，但近几年水稻的出口量明显的下降，出口占比也下降明显，在最高的 2001 年水稻出口占比为 8.49%，而在 2014 年仅有 1.65%，在 2015 和 2016 年更是跌出了水稻出口的前 10 名。

表 3.2.4 世界主要水稻出口国出口情况

年份	出口国	出口额（百万美元）	出口量（万吨）	出口占比	年份	出口国	出口额（百万美元）	出口量（万吨）	出口占比
2001	泰国	1 654.14	664.68	27.81%	2002	泰国	1 643.01	686.42	24.78%
	美国	838.85	319.14	13.35%		印度	1 338.99	514.75	18.58%
	越南	697.64	234.20	9.80%		美国	828.67	377.28	13.62%
	中国	423.98	202.98	8.49%		越南	784.27	238.54	8.61%
	印度	739.80	181.92	7.61%		中国	460.22	225.83	8.15%
2003	泰国	1 943.79	720.89	24.86%	2004	泰国	2 899.14	998.10	34.54%
	印度	1 294.04	480.58	16.57%		印度	1 369.89	373.35	12.92%
	美国	1 135.66	480.08	16.55%		美国	1 266.95	370.99	12.84%
	越南	802.76	250.43	8.64%		越南	1 105.09	282.62	9.78%
	中国	530.95	246.65	8.51%		巴基斯坦	727.25	194.82	6.74%

（续表）

年　份	出口国	出口额（百万美元）	出口量（万吨）	出口占比	年　份	出口国	出口额（百万美元）	出口量（万吨）	出口占比
2005	泰国	2 495.93	749.83	24.11%	2006	泰国	2 680.36	777.92	23.02%
	印度	1 812.38	507.83	16.33%		印度	1 837.95	512.96	15.18%
	美国	1 341.07	441.13	14.18%		越南	1 437.32	504.81	14.94%
	越南	1 441.02	353.98	11.38%		美国	1 474.97	427.89	12.66%
	巴基斯坦	1 145.27	338.65	10.89%		巴基斯坦	1 233.50	353.67	10.46%
2007	泰国	3 486.21	857.59	24.86%	2008	泰国	6 432.79	998.62	29.81%
	印度	2 754.48	654.63	18.97%		越南	3 003.26	463.63	13.84%
	越南	1 498.21	441.68	12.80%		印度	3 674.87	426.86	12.74%
	美国	1 539.59	376.23	10.91%		美国	2 324.17	385.13	11.50%
	巴基斯坦	1 222.05	278.25	8.07%		巴基斯坦	2 592.79	313.67	9.36%
2009	泰国	5 131.46	843.62	26.70%	2010	泰国	5 399.03	862.07	24.28%
	越南	2 717.73	574.00	18.16%		越南	3 204.83	635.63	17.90%
	美国	2 302.53	354.35	11.21%		美国	2 414.49	439.70	12.39%
	巴基斯坦	1 816.11	312.56	9.89%		巴基斯坦	2 502.16	437.75	12.33%
	印度	2 974.82	267.21	8.46%		印度	2 630.22	282.06	7.95%
2011	泰国	6 637.08	1 068.16	27.39%	2012	印度	6 339.48	1001.67	24.14%
	越南	3 449.57	662.03	16.98%		越南	3 476.19	730.27	17.60%
	印度	4 117.56	481.30	12.34%		泰国	4 687.29	651.45	15.70%
	美国	2 270.20	386.91	9.92%		美国	2 090.67	365.62	8.81%
	巴基斯坦	2 225.45	361.01	9.26%		巴基斯坦	2 006.80	352.04	8.48%
2013	印度	8 131.62	1091.27	26.88%	2014	印度	8 383.75	1 109.65	25.51%
	泰国	4 273.16	614.25	15.13%		泰国	5 325.62	1 009.90	23.22%
	越南	2 775.20	601.01	14.80%		越南	2 636.74	559.22	12.86%
	巴基斯坦	2 192.42	390.19	9.61%		巴基斯坦	2 376.04	399.94	9.19%
	美国	2 207.48	366.75	9.03%		美国	1 999.91	332.57	7.65%
2015	印度	7 015.89	1 140.74	26.53%	2016	印度	5 628.59	1 015.42	25.07%
	泰国	4 379.94	878.64	20.43%		泰国	4 549.06	959.37	23.69%
	越南	2 575.39	593.83	13.81%		巴基斯坦	1 835.99	425.47	10.51%
	巴基斯坦	2 039.83	417.31	9.70%		美国	1 817.50	380.06	9.38%
	美国	2 064.64	384.31	8.94%		越南	1 625.36	362.42	8.95%

数据来源：根据美国农业部数据整理.

3.2.1.3 世界水稻生产与贸易特征

(1) 世界水稻生产特征

世界水稻生产量在过去50年间呈现了较快的增长趋势，从1967年的2.77亿吨增长到2016年的7.41亿吨，增长了167.5%，年均增长率为2.03%。

从世界水稻的生产区域来看较为集中的分布在亚洲。其生产的水稻约占全球比重的90%，深刻说明水稻的生产呈现出更高程度的集中，占比在近些年略有下降。美洲水稻产量也较稳定快速的增加，50年间产量翻了一番，占全球的比重有一个大的上升。

中国、印度和印度尼西亚等国为重要的水稻生产国，该3个国家的水稻生产量占世界水稻产量已经超过80%。中国和印度水稻的产量都增长更为快速。孟加拉国、泰国和越南等国的水稻产量也达到了千万吨级。

(2) 世界水稻贸易特征

世界水稻出口过较为集中。泰国、印度和巴基斯坦3国的水稻出口大约占到世界水稻出口的60%，从2007—2016年的平均数据来看，印度的年均出口量为5 628.6万吨，占到了25.1%，自2012年渐渐超过泰国成为第一水稻出口国。泰国的年均出口率为23.7%，是个绝对的重量级水稻出口国；从近些年的数据来看，印度美国、越南等国的水稻出口量也较大。

世界水稻进口量较大的国家多在亚洲、非洲和中东地区。中国自2012年水稻进口量稳居全球第一，占比在8%左右。2016年以贝宁和科特迪瓦为代表的非洲国家进口量分别为222.11万吨和129.02万吨，合计占比为8.6%；伊朗、伊拉克和沙特阿拉伯合计进口水稻占比超过10%。印度尼西亚也进口超过世界3%的水稻。

3.2.2 中国水稻生产与贸易情况

3.2.2.1 中国水稻生产情况

从整体来看，中国水稻数量呈现不断增长趋势。2000—2003年水稻产量有所下滑，2000年、2001年、2002年和2003年水稻产量分别减少5.28%、5.54%、1.65%和7.96%，此后中国水稻产量开始持续增长，仅在2013年水稻产量下滑0.36%。值得注意的是，中国水稻产量除2004年增长11.22%以外，2005—2016年水稻产量增速均不足4%，增长速度明显放缓且渐趋稳定（图3.2.2）。

3.2.2.2 中国水稻贸易情况

(1) 中国水稻出口情况

从图3.2.3可以看出，中国水稻出口额先增长后下降，2016年又出现了增

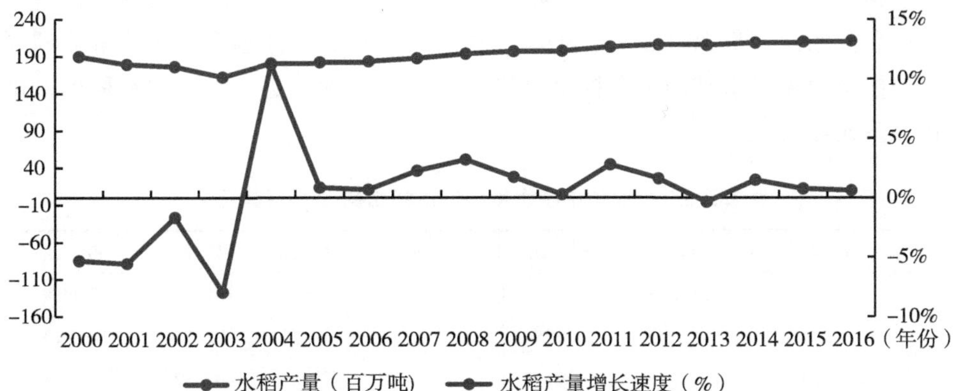

图 3.2.2 中国水稻的生产情况

数据来源：根据 FAOSTAT 数据整理.

长的趋势，水稻出口额高达 4.06 亿美元，与 2015 年相比增长了 22.93%。2013 年，中国水稻出口额增长 20.13%，且达到近五年的峰值（6.43 亿美元），此后出现了短暂的下降，2014 年和 2015 年中国水稻出口额分别下降了 21.22%和 34.85%，并于 2015 年达到近五年的最低值（3.30 亿美元）。

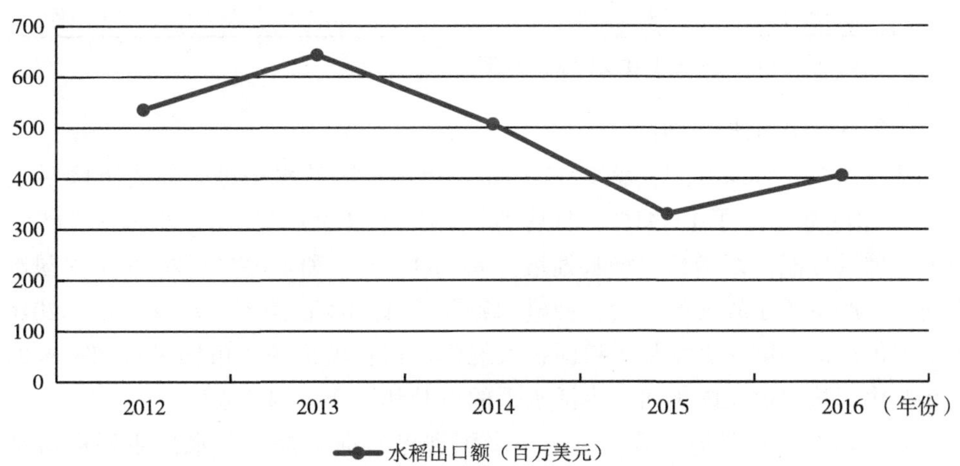

图 3.2.3 2012—2016 年中国水稻出口额

数据来源：根据 RESOURCETRADE. EARTH 数据整理.

就出口地区而言，韩国是中国水稻第一出口地区，除 2012 年中国销往韩国的水稻占中国水稻出口总额的14.15%以外，其他年份销往韩国的水稻占水稻出口总额的比例都超过35%；朝鲜、越南、日本等亚洲国家和南非等非洲国家在中国水稻出口市场中也占据重要位置。值得注意的是，中国的水稻出口市场正在多元化（表3.2.5）。

表3.2.5 近6年中国水稻出口市场结构（百万美元）

年 份	出口目的地	出口额	占 比	年 份	出口目的地	出口额	占 比
2011	韩国	213.23	41.75%	2014	韩国	191.04	37.69%
	朝鲜	55.05	10.78%		伊拉克	92.57	18.26%
	越南	46.03	9.01%		朝鲜	37.32	7.36%
	其他地区	196.42	38.46%		其他地区	185.92	36.68%
2012	南非	222.33	41.51%	2015	韩国	149.88	45.39%
	韩国	75.78	14.15%		日本	46.85	14.19%
	日本	53.14	9.92%		越南	22.74	6.89%
	其他地区	184.31	34.41%		其他地区	110.73	33.53%
2013	韩国	273.20	42.46%	2016	韩国	146.28	36.04%
	南非	169.87	26.40%		日本	36.06	8.88%
	越南	34.62	5.38%		巴基斯坦	33.06	8.15%
	其他地区	165.69	25.75%		其他地区	190.52	46.94%

数据来源：根据RESOURCETRADE.EARTH数据整理.

（2）中国水稻进口情况

从图3.2.4可以看到，就2012—2016年，中国的水稻进口额先下降后上升，于2013年下降了14.41%，且达到了最小值11.93亿美元；2014—2015年中国水稻进口额持续增长，增长速度分别为16.44%和16.9%；2016年中国水稻进口额产生了小幅度的下滑，使进口额降至15.84亿美元。尽管如此，2016年中国仍是世界第一大水稻进口国，大规模进口反映出中国市场对水稻需求的刚性变化，从侧面反映出居民生活水平的提升和消费结构的改变。

从水稻进口来源地来看，越南、泰国和巴基斯坦是中国水稻主要进口来源地，三地区合计占比超过60%，其中2012—2016年仅来自越南的水稻进口就占中国水稻进口的40%以上；乌拉圭等其他地区在中国进口市场中所占份额不足4%；近6年中国的水稻进口市场结构没有发生明显变化，越南、泰国和巴基斯坦为中国水稻进口主要来源地，中短期内这种市场结构将不会

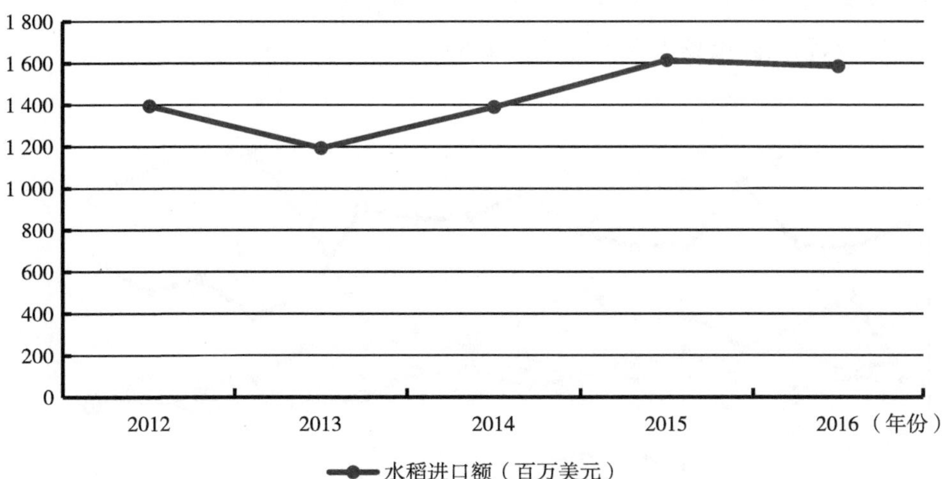

图 3.2.4　2012—2016 年中国水稻进口额

数据来源：根据 RESOURCETRADE. EARTH 数据整理.

发生改变（表 3.2.6）。

表 3.2.6　近 6 年来中国水稻进口市场结构　　（单位：百万美元）

年　份	进口来源地	进口额	占　比	年　份	进口来源地	进口额	占　比
2011	泰国	245.33	60.95%	2014	越南	757.28	54.51%
	越南	142.13	35.31%		泰国	392.39	28.24%
	巴基斯坦	7.70	1.91%		巴基斯坦	147.70	10.63%
	其他地区	7.33	1.82%		其他地区	91.92	6.62%
2012	越南	789.09	56.60%	2015	越南	804.59	49.89%
	巴基斯坦	262.57	18.83%		泰国	473.53	29.36%
	缅甸	165.39	11.86%		巴基斯坦	166.80	10.34%
	其他地区	176.99	12.70%		其他地区	167.88	10.41%
2013	越南	761.28	63.80%	2016	越南	733.93	46.34%
	泰国	242.08	20.29%		泰国	469.07	29.62%
	巴基斯坦	158.45	13.28%		巴基斯坦	235.87	14.89%
	其他地区	31.37	2.63%		其他地区	144.90	9.15%

数据来源：根据 RESOURCETRADE. EARTH 数据整理.

3.2.3 中国水稻产业国际竞争力分析

3.2.3.1 中国水稻产业国际竞争力的绩效指标

（1）水稻国际市场占有率（图 3.2.5）

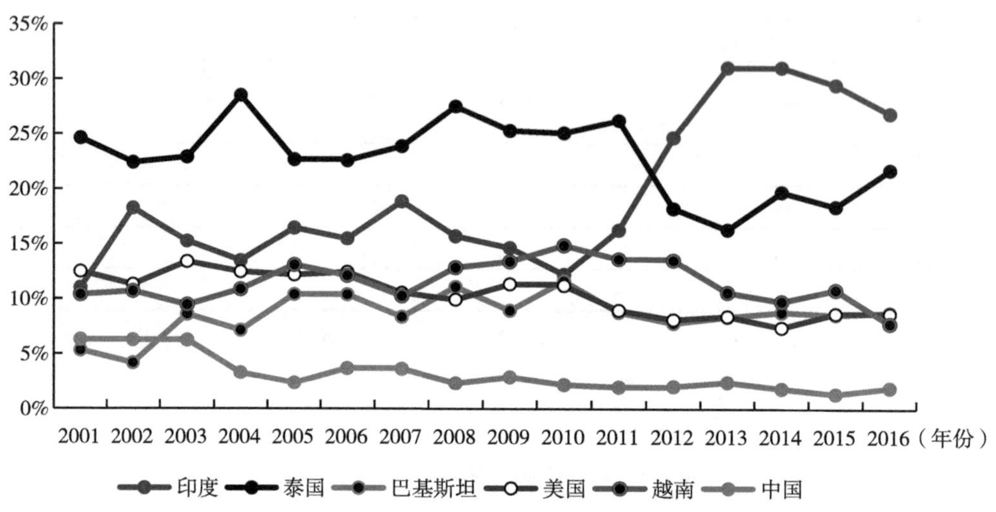

图 3.2.5 各国水稻市场占有率

数据来源：根据 RESOURCETRADE. EARTH 数据整理.

从现有数据来看，2011 年以前，泰国水稻在国际市场占有率中排名第一位，其占有率在 20%以上，虽然 2011 年开始其市场占有率有所下降，但 2015 年和 2016 年又出现了上升趋势；与此形成对比的是，2012 年开始印度超越泰国成为国际水稻市场占有率排名第一的国家，且 2013—2014 年其市场占有率高达 31%，但 2015—2016 年其市场占有率又出现了下降的趋势；2016 年越南水稻的国际市场占有率稍有下降，且首次低于 10%；2011 年开始美国和巴基斯坦水稻的国际市场占有率也稍有下降，但一直稳定在 7%～10%；与这些国家相比，中国水稻的国际市场占有率较低，2004—2016 年最高也仅有 4%，2010 年开始更是稳定在 2%左右。由此可以看出，中国虽然是水稻生产大国，但绝非强国，国际市场占有率在短时间较难改变。

（2）显示性比较指数（表 3.2.7）

表 3.2.7 中国与世界水稻出口大国显示性比较指数

年 份	印 度	泰 国	巴基斯坦	美 国	越 南	中 国
2001	5.34	10.89	9.03	1.00	10.13	1.58

（续表）

年 份	印 度	泰 国	巴基斯坦	美 国	越 南	中 国
2002	8.62	10.59	8.11	0.95	10.61	1.49
2003	8.14	10.05	14.72	1.16	9.65	1.43
2004	6.66	12.63	13.43	1.17	10.58	0.83
2005	8.45	10.81	16.85	1.20	11.55	0.56
2006	7.02	9.65	16.73	1.22	9.53	0.86
2007	8.12	10.42	15.29	0.98	8.00	0.91
2008	6.14	11.44	19.11	0.87	9.46	0.70
2009	6.85	10.71	15.39	1.07	9.30	0.77
2010	4.78	9.37	18.17	1.05	9.73	0.56
2011	5.52	8.69	12.91	0.85	8.58	0.52
2012	7.09	7.18	12.44	0.77	8.20	0.55
2013	8.30	7.04	12.43	0.83	6.86	0.63
2014	9.01	8.86	14.09	0.71	5.61	0.47
2015	9.33	8.41	13.98	0.84	5.68	0.33
2016	8.66	9.87	16.90	0.83	4.32	0.43

数据来源：根据 RESOURCETRADE. EARTH 数据整理.

从表 3.2.7 可以看到在水稻国际市场中，巴基斯坦水稻最具国际竞争力，2003—2016 年该国的显示性比较优势指数均在 12 以上；泰国和印度的国际竞争力稍逊于巴基斯坦，二者的显示性比较优势指数均小于 10，但 2012—2016 年始终稳定在 7～10；越南水稻的国际竞争力排名第四，且 2010—2016 年该国水稻的显示性比较优势指数持续下降，由 2010 年的 9.73 下降到了 2016 年的 4.32，年均降幅高达 9.27%；美国水稻的国际竞争力也有下降的趋势，2011—2016 年美国水稻的显示性比较优势指数均不足 1，但仍稳定在 0.7～1.0；2004—2016 年中国水稻的显示性比较优势指数始终低于 1，2014—2016 年更是首次低于 0.5，其国际竞争力远低于巴基斯坦、泰国、印度和越南；值得注意的是，美国水稻的显示性比较优势指数虽远低于巴基斯坦、泰国、印度和越南，但其显示性比较优势指数仍然高于同期中国。

(3) 贸易竞争力指数

表 3.2.8 中国与世界水稻出口大国贸易竞争力指数

年 份	印 度	泰 国	巴基斯坦	美 国	越 南	中 国
2001	0.99	1.00	1.00	0.61	0.95	0.63
2002	1.00	1.00	1.00	0.63	0.96	0.66
2003	1.00	1.00	0.98	0.65	0.96	0.68
2004	1.00	1.00	0.99	0.64	0.96	0.13
2005	1.00	1.00	1.00	0.66	0.96	0.11
2006	0.99	1.00	1.00	0.60	0.95	0.19
2007	0.99	1.00	0.99	0.57	0.97	0.40
2008	1.00	0.99	0.99	0.63	0.97	0.51
2009	1.00	0.99	0.99	0.58	0.96	0.47
2010	1.00	0.99	0.97	0.61	0.97	0.27
2011	1.00	1.00	0.94	0.52	0.97	0.12
2012	0.99	0.99	0.93	0.49	0.97	-0.44
2013	1.00	0.99	0.94	0.47	0.97	-0.30
2014	0.99	0.99	0.97	0.41	0.97	-0.47
2015	1.00	0.99	0.98	0.46	0.97	-0.66
2016	0.99	0.95	0.96	0.44	0.95	-0.59

数据来源：根据 RESOURCETRADE. EARTH 数据整理.

从表 3.2.8 数据可知，在水稻贸易中，泰国和印度贸易竞争力指数等于或者接近 1，该数据表明两个国家的水稻极具国际竞争力；巴基斯坦和越南的贸易竞争力指数虽低于泰国和印度，但也稳定在 0.93～1.00，说明其水稻具有较强的国际竞争力；美国水稻的贸易竞争力指数有下降的态势，2001—2011 年其水稻的贸易竞争力指数稳定在 0.5～0.7，2012—2016 年则稳定在 0.4～0.5，尽管美国水稻的国际竞争力相对泰国、印度、巴基斯坦和越南而言较低，但与中国相比仍具很大的优势；2001—2011 年中国水稻的贸易竞争力指数虽不高却始终是正值，2012—2016 年中国水稻的贸易竞争力指数开始为负数，代表中国已经从水稻的净出口国转为净进口国，说明中国的水稻生产已经不具备竞争力。

3.2.3.2 中国水稻产业国际竞争力实力评价

(1) 生产者价格

从生产者价格来看，巴基斯坦水稻的生产者价格变动较大，2007—2011 年该国是水稻出口大国中生产者价格最低的国家，2009 年其生产者价格甚至低至 183.00 美元/吨，远远低于同期其他国家的水稻生产者价格，但 2009—2014 年该国水稻的生产者价格持续上涨，2014 年更是达到 563.30 美元/吨，年均涨幅高达 41.56%，但 2015 年该国的水稻生产者价格大幅回落至 340.30 美元/吨；印度水稻的生产者价格相对而言也较高，2007—2011 年其水稻生产者价格高于其他五个水稻出口大国，但于 2011 年（477.30 美元/吨）后开始回落，2012—2016 年其水稻生产者价格始终低于中国；2011—2015 年泰国水稻的生产者价格持续下降，从 2011 年的 335.40 美元/吨降至 2015 年的 224.90 美元/吨，年均降幅达 8.24%，且根据 2011—2015 年的趋势，泰国的水稻生产者价格仍有下降的趋势，说明泰国水稻的价格优势将进一步增强；美国和越南水稻的生产者价格始终处于中低端位置，说明两国的水稻生产具有相对较强的价格优势，且根据美国 2013—2015 年和越南 2014—2015 年的趋势，两国的水稻生产者价格仍有继续下降的趋势；中国水稻的生产者价格相对较高，2003—2006 年其生产者价格高于其他五个水稻出口大国，除 2014 年外，2012—2015 年中国水稻的生产者价格也高于其他五个水稻生产大国，说明中国水稻与其他五个水稻出口大国相比不具有价格优势（图 3.2.6）。

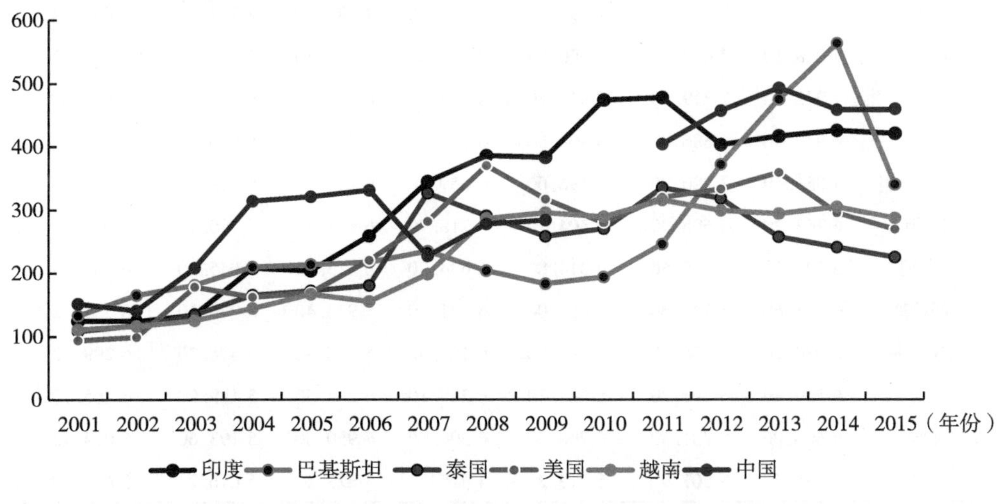

图 3.2.6 水稻生产者价格（美元/吨）

数据来源：FAOSTAT；中国 2010 年数据缺失.

（2）水稻单产

水稻单产可以看出地区水稻生产的生产力水平，水稻单产受多种因素的影响，其中较为重要的影响因素包括水稻品种资源、投入要素状况、种植技术等。

从表3.2.9来看，就2011—2016年水稻单产的均值而言，世界水稻单产最高的国家澳大利亚、埃及和美国的水稻单产分别为中国水稻单产的1.46倍、1.40倍和1.20倍。整体而言，中国水稻单产在20个国家中位居第11位，处于中下水平，水稻单产具有较大的提升空间。值得注意的是，泰国、越南、印度和巴基斯坦等国家的水稻单产都没有达到全球排名前20位。

表3.2.9　世界水稻单产变化（千克/公顷）

地　区	2016年	2015年	2014年	2013年	2012年	2011年	均　值
澳大利亚	10 288.90	9 910.30	10 682.70	10 217.70	8 909.80	9 544.10	9 925.58
埃及	9 366.90	9 431.20	9 530.00	9 586.50	9 529.60	9 567.00	9 501.87
美国	8 112.10	8 372.20	8 491.90	8 623.20	8 365.10	7 920.90	8 314.23
乌拉圭	8 569.00	8 089.60	8 054.40	7 881.20	7 851.30	8 382.70	8 138.03
希腊	7 729.90	7 709.30	8 465.90	8 396.40	7 492.60	8 108.60	7 983.78
土耳其	7 927.20	7 940.90	7 485.60	8 138.00	7 353.90	9 055.90	7 983.58
西班牙	7 827.70	7 750.30	7 798.50	7 790.20	7 973.90	7 580.00	7 786.77
秘鲁	7 545.30	7 888.40	7 595.30	7 711.20	7 785.10	7 298.00	7 637.22
摩洛哥	7 088.10	7 617.30	7 500.00	7 543.30	7 601.50	7 023.60	7 395.63
韩国	7 222.80	7 219.70	6 913.10	6 763.80	6 365.20	6 577.40	6 843.67
中国	6 932.40	6 886.40	6 809.50	6 709.90	6 774.70	6 686.20	6 799.85
塔吉克斯坦	7 053.40	7 290.90	7 196.00	6 659.20	6 251.70	5 818.60	6 711.63
阿根廷	6 763.20	6 698.90	6 504.20	6 718.70	6 661.70	6 790.10	6 689.47
意大利	6 779.70	6 678.50	6 314.80	6 634.20	6 813.30	6 045.20	6 544.28
洪都拉斯	6 971.60	6 738.60	6 453.00	6 121.40	5 973.40	5 776.10	6 339.02
萨尔瓦多	6 930.20	6 398.60	5 893.50	6 161.50	6 396.80	5 478.30	6 209.82
智利	6 556.40	6 897.20	6 022.10	6 205.10	6 243.50	5 189.90	6 185.70
乌拉圭	6 600.00	6 701.30	6 700.00	6 300.00	4 950.00	5 193.60	6 074.15
墨西哥	6 134.6	5 807.9	5 712.2	5 425.2	5 623.1	5 096.2	5 633.20

数据来源：FAOSTAT.

3.2.4　结论与政策建议

3.2.4.1　结论

自进入21世纪以来，中国水稻产业发生了巨大变化，水稻生产能力明显提升，中国国产水稻在世界中占据较大比例，水稻进出口发生较大变化，一方面中国出口水稻，另一方面在大量进口水稻，中国水稻出口目的地和进口来源地较为稳定，出口地区主要为韩国、朝鲜、越南等亚洲国家和南非等非洲国家；进口地区主要为泰国、越南和巴基斯坦等亚洲国家，相对而言，进口市场较出口市场更为集中。

中国水稻产量持续增加，但 2012—2016 年却一直处于水稻净进口状态，一方面说明中国居民对水稻的消费能力明显提升，另一方面也反映出中国水稻产业供给能力具有较大的提升空间，面对日益上涨的水稻生产价格，国内水稻产业面临较大的下行压力。

3.2.4.2 政策建议

针对中国水稻出现的以上问题，本研究认为可以采取以下措施。

第一，大力推广和使用现代农业机械，提高农业生产率。与澳大利亚、埃及和美国等国家相比，中国水稻单产仍存在很大的提升空间，因此，要大力推广和使用现代农业机械，在整地、施肥、打药、收获、运输和加工等全部环节实施机械化。与此同时，要在农机购买补贴政策基础上，充分运用《农业协议》中的绿箱、黄箱等政策，加大投入，支持更多农民购买和使用现代农业机械，提高农业生产率，增强农产品竞争力

第二，大力发展水稻加工业，实施农业工业化战略。发展水稻加工业是提升水稻国际竞争力的重大举措和重要途径，因此，要加大对水稻加工的政策扶持力度，形成大、中、小企业并举，分工协作的水稻加工产业组织结构，转变“优先发展工业”的经济发展旧思路，在落实工业反哺农业政策的基础上，制定工业、农业“两个轮子一起转”的经济发展战略，促进农业与工业、城市与农村的和谐发展。

第三，转变水稻生产经营思路，积极开拓国际市场。在过去相当长的时间里，中国面临着粮食短缺问题，因此为了满足国内需求而生产、为解决积压而出口的思路是无可厚非的。但随着中国水稻生产率的极大提高，水稻供需基本平衡，自给率不断提升，必须转变经营思路，即变单纯为满足国内需求而生产，为满足国内外市场需求而生产，使中国水稻生产优势转化为国际竞争优势，让低效水稻生产成为高效创汇产业，实施”走出去”，积极开拓国际市场。

第四，扩大农村公共教育的投入，提升劳动者素质。劳动者素质的高低，直接影响农业生产的效益。目前，中国农民的文化和科技水平还不高。

有不少农民还是文盲，科技知识也不够。中国农民素质和美国农民的素质相比，至少存在一代人以上的差距。中国要追赶世界发达国家，必须正视中国农民素质低的现实，切实提高公共教育经费支出占国内生产总值的比重，坚定不移地实施九年义务教育制，加强农民职业培训，提高中国劳动者的素质。

第五，促进农地流转，适度规模经营。农产品国际贸易的经验表明，要想在国际农产品贸易竞争中立于不败之地，就必须具有较高的农业生产效益。高的农业生产效益又来自于好的管理和适度规模经营。中国农村大部分地区农业经营规模还很小，管理水平还不高，生产效益很低。为了增强中国水稻的国际竞争力，中国应当借鉴国外的先进经验，进行制度创新，走适度规模经营、提高效益的路子。在继续稳定家庭联产承包责任制的前提下，创新农地使用权流转制度，规范农地使用权进入市场的条件、交易的工具和交易方式。

3.3 玉米

玉米是全球产量最大的谷类粮食作物，可用作物粮食、饲料、工业原料等多种用途，2000 年以来全球玉米生产规模不断扩大，单产水平、产量显著提高。玉米生产的全球集中度较高，美国、中国、巴西、阿根廷、乌克兰等国是全球重要的玉米生产大国。中国是亚洲最大的玉米生产国，在全球玉米生产体系中占据重要一席。但与世界主要玉米生产国相比，中国的单产水平仍然较低，还有较大的提升空间。

3.3.1 中国玉米的生产及国际贸易现状

玉米是中国主要的粮食作物。2000 年以来，中国玉米的播种面积、产量稳定增加，单产保持增长趋势但波动较大。中国玉米的播种面积由 2000 年的 2 305万公顷增加到 2014 年的3 712万公顷，增加了 61%。中国玉米产量从 2000 年的10 599万吨增加到 2014 年的 21 564万吨，翻了一番。中国玉米的单产从 2000 年的4 597千克/公顷增加至 2014 年的5 808千克/公顷，增长了 26%。

多年来，随着中国玉米生产的不断发展，玉米的进出口贸易也得到了较快的发展，中国玉米的国际贸易情况如表 3. 3. 1 所示。2000 年以来，中国玉米的出口量及出口额不断下降，2000—2007 年，玉米出口量在 230 万~1 600万吨，波动较大，但总体呈下降趋势，进口量最多的年份是 2003 年，为1 639. 95万吨；2008—2012 年，玉米年出口量在 12 万~25 万吨，2013 年以来中国玉米进口量降至 10 万吨以下，出口金额降至1 000千万美元以下。

表 3.3.1 中国玉米进口量及金额（2000—2015 年）

年 份	出口量（万吨）	出口金额（万美元）	进口量（万吨）	进口额（万美元）
2000	1 046.56	105 169.8	0.03	35.4
2001	599.80	62 560.1	3.61	497.2
2002	1 167.35	116 726.1	0.63	161.7
2003	1 639.95	176 683	0.01	38.4
2004	231.82	32 425.9	0.24	83.7
2005	861.10	109 654.6	0.40	137.9
2006	307.05	41 216.3	6.52	1 192.7
2007	491.64	87 425.7	3.52	673.3
2008	25.25	7 347.2	4.92	1 242.1
2009	12.95	3 168.9	8.36	2 048.2
2010	12.73	3 332.8	157.24	36 722.1
2011	13.60	4 653.6	175.28	57 754.2
2012	25.73	10 113.2	520.71	168 868.3
2013	7.76	3 317.1	326.49	93 653.2
2014	2.01	769.07	259.89	72 976.83
2015	1.11	489.9	473.00	110 851.8

注：2000—2013 年数据来自《中国海关统计年鉴》；2014—2015 年数据来自中国产业信息网.

2000—2009 年，中国玉米的进口量较少，增长较慢，从 307 万吨增长到 8.36 万吨。2010 年以来，中国玉米进口量有较大幅度的增长，2012 年玉米进口量达到 520.71 万吨，为 2000 年以来的最高峰，进口金额达到 16.8 亿美元。

2000 年至今，中国玉米国际贸易可以分两个阶段。第一阶段（2000—2009 年），为净出口阶段。玉米生产除了满足国内消费之外，每年还有一定数量的出口，平均年玉米净出口量在 600 万吨以上，但呈逐年下降趋势；2000 年、2002 年和 2003 年的玉米净出口量均超过了1 000万吨。第二个阶段（2010 年至今），为净进口阶段。2010 年起玉米进口量大幅增长，同期玉米出口量锐减，2010 年玉米净进口量达到 144.5 万吨，2012 年玉米净进口量达到 495 万吨，近几年玉米的净进口量都在 200 万吨以上。玉米消费的持续增加、国内外价格的严重倒挂是中国玉米出口量下降、进口量增加的主要推动因素。

3.3.2 中国玉米国际竞争力评价

根据农产品国际竞争力理论，一般从竞争力绩效、竞争力潜力和竞争力实现等方面分析一个国家的产品国际竞争能力。比较常用的评价方法有市场占有率、显性比较优势指数、贸易竞争力指数等。本文将主要利用上述评价方法对中国玉米国际竞争力进行评价。

（1）国际市场占有率

根据国际市场占有率指数计算公式，利用联合国粮农组织（FAO）国际玉米贸易数据计算得出中国玉米国际市场占有率（图 3.3.1）。

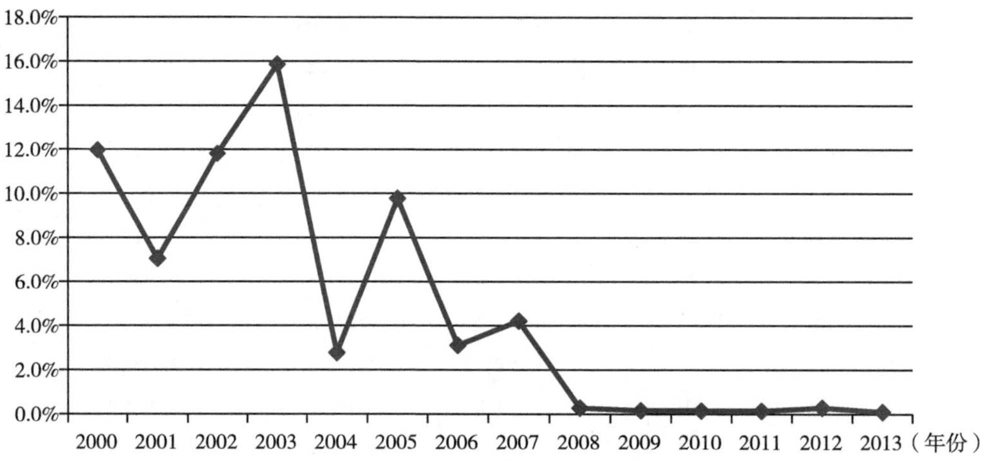

图 3.3.1　2000—2013 年中国玉米国际市场占有率

如图 3.3.1 所示，2000—2013 年，中国玉米国际市场占有率发生了很大变化。以 2003 年为分界点，从 2000—2003 年，中国玉米国际市场占有率呈波动上升态势，从 12%提高到 16%，到 2003 年达到历史最高，这一时期，中国玉米具有较强的国际竞争力。2003 年后，中国玉米国际市场占有率大幅下降。2004 年中国玉米国际市场占有率下降到 2.8%，2005 年虽有所回升，但是上升幅度不大，2008 年中国玉米国际市场占有率减少到 1%以下，2008—2013 年，中国玉米国际市场占有率平均仅为 0.2%。从总体上看，近十年来中国玉米的出口竞争力非常弱。

（2）显示性比较优势指数

根据显示性比较优势指数计算公式，利用联合国粮农组织（FAO）国际玉米贸易数据、世界贸易组织（WTO）商品贸易数据，计算得出中国玉米显示性比较优势指数（图 3.3.2）。

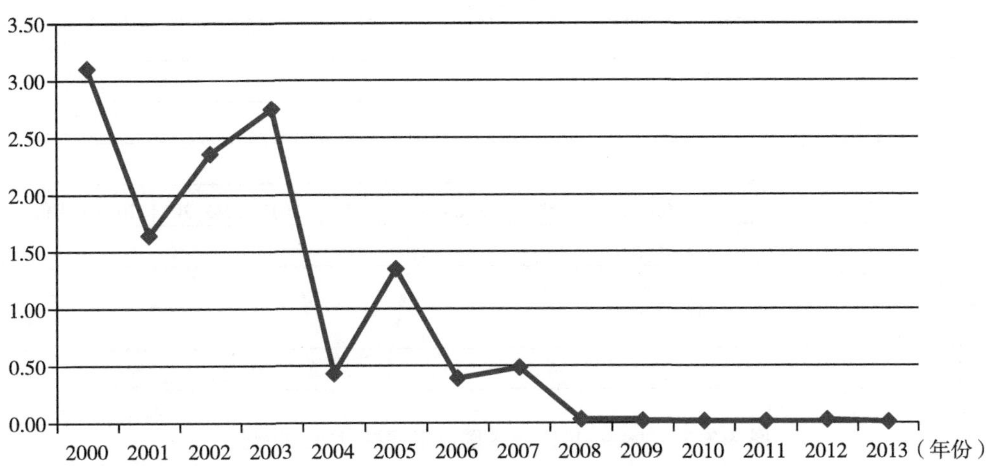

图 3.3.2　2000—2013 年中国玉米显示性比较优势指数

如图 3.3.2 所示，2000—2013 年，中国玉米显示性比较优势指数有 5 年大于 1，即 2000—2003 年及 2005 年，说明这些年份中国玉米在国际市场上具有较强的竞争力。2004 年及 2006 年以来，中国玉米国际竞争力一路下跌，显示性比较优势指数均低于 0.5，特别是 2008 年以来，该指数均低于 0.1，说明 2006 年以来，中国玉米没有显示性比较优势，竞争力较差。

（3）贸易竞争力指数

根据贸易竞争力指数计算公式，利用中国玉米贸易数据，计算得出中国玉米贸易竞争力指数（图 3.3.3）。

如图 3.3.3 所示，2000—2015 年，中国玉米贸易竞争力指数变化幅度较大，16 年中有 10 年大于 0，有 6 年小于 0，即 2000—2009 年具有竞争优势，但 2010—2015 年处于明显的竞争劣势。具体而言，2000—2007 年，中国玉米贸易竞争力指数平均为 0.988，表明这一时期中国玉米的出口竞争力非常强。2008 年起，中国玉米贸易竞争力指数直线下降，2009 年下降到 0.215，此时中国玉米的国际竞争优势已经不明显了。到 2010 年，中国玉米竞争力指数首次降至 0 以下，为-0.8。2010—2015 年竞争力指数不断下降，到 2015 年达到-0.99。说明 2010 年以来，中国玉米进口量比较大，不具备出口竞争力。

（4）质量升级指数

根据玉米质量升级指数计算公式，利用玉米出口数据，以 2000 年为基期，

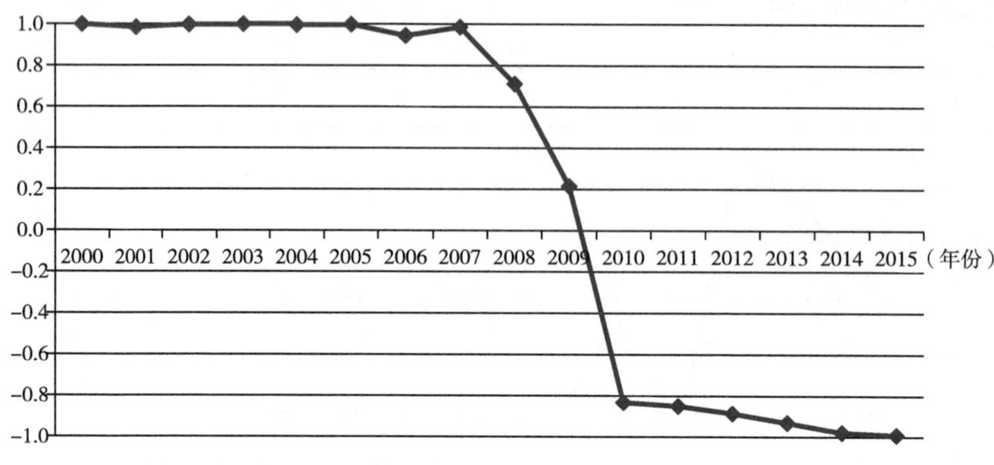

图 3.3.3 2000—2015 年中国玉米贸易竞争力指数

计算出中国玉米质量升级指数（图 3.3.4）。

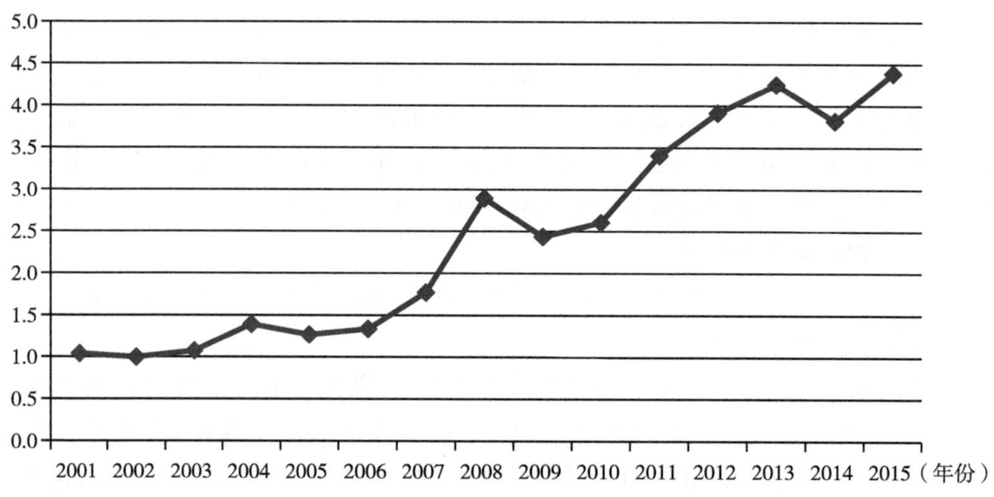

图 3.3.4 2001—2015 年中国玉米出口质量升级指数

如图 3.3.4 所示，中国玉米的出口质量升级指数总体呈现波动上升趋势。以 2000 年为基期，2001 年、2002 年质量升级指数均为 1，从 2003 年开始质量升级指数超过 1，并逐年提高，到 2008 年提高到 2.9，2009—2010 两年有所回落，2011 年后有恢复上升态势，到 2015 年质量升级指数达到 4.4。说明，自 2003 年以来，中国出口玉米的质量在逐步提升，质量方面的竞争力逐渐增强。

3.4 大豆

中国已经从有着几千年历史的大豆原产国变为88%的大豆依靠进口的大豆进口国。2016年中国国产大豆约1 100万吨，为了满足国内9 700万吨的消费量，需要从国外进口8 600万吨的大豆来满足国内需求。近年来，中国大豆种植面积、单位产量、技术进步均没有明显提升，但国内大豆的需求量却随着人们生活水平的提高及畜牧业规模的扩大而显著增加，借中国入世后取消大豆贸易配额之机，国外转基因大豆凭借其低廉的价格迅速挤占了中国大豆市场，使国内大量大豆加工企业纷纷倒闭或被外资收购，中国大豆生产与供给陷入困境。基于此背景下分析中国大豆生产状况、贸易现状及国际竞争力影响因素，对探讨中国大豆产业发展及提高大豆产业国际竞争力具有十分重要的政策意义。

本文拟从世界产业生产与贸易着手，通过具体数据分析国际上大豆产业国际竞争力的实际状况，然后设计多个指标对中国大豆产业的国际竞争实力进行评价，分析中国大豆产业国际竞争力影响因素，找到制约中国大豆生产的瓶颈，并提出相应的对策建议。

3.4.1 世界大豆生产与贸易情况

3.4.1.1 世界大豆生产情况

1968年世界大豆年产量仅为4 142.05万吨，在2015年世界大豆产量达到了32 320.47万吨，近50年间翻了8倍，几乎达到了5年翻一倍的速度，年均增长率高达4.0%多。以多年年均的数据对比来看，1968—1977年世界大豆年均产量为5 273.71万吨，2008—2015年世界大豆年均产量达到32 320.47万吨，增长了4倍多（图3.4.1）。

从1968—2015年的统计数据来看，各大洲大豆生产存在较大差异。美洲大豆的产量长期占到全球产量的80%以上，并且占比仍呈现增加的态势；其中，1968—1977年，美洲年均大豆产量为4 273.138万吨，占全球比重为81.02%，2008—2015年，美洲的年均大豆产量达到23 070.63万吨，占全球比重为86.69%，产量增长高达500%多。亚洲大豆产量也较稳定快速的增加，1968—1977年，年均大豆产量为910.14万吨，在2008—2017年达到了2 769.4万吨，增长率为104.28%。而亚洲大豆产量占全球的比重，呈现下了下降的趋势，总体从17.26%下降到了10.41%，下降了近一半。欧洲大豆种植的数量相对较少，产量缓慢增加，直到近5年左右，开始较大增加，在2015年达到了951.39万吨的最高产量。2008—2015年，欧洲年均大豆产量为577.80万吨，

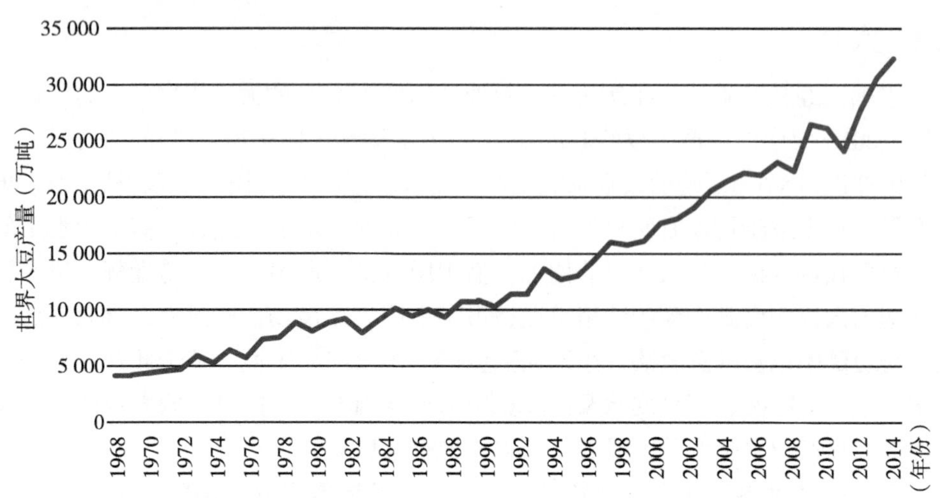

图 3.4.1　1968—2015 年世界大豆产量情况（万吨）

数据来源：根据 FAOSTAT 数据整理.

占全球比重为 2.17%。非洲和大洋洲的大豆产量较少，50 年间占比均在 1%以下，非洲从 1968—1977 年均产量为 12.63 万吨，增长到了 2008—2015 年均大豆产量 189.31 万吨，数量上也有较大增加；大洋洲在 1978—1987 年平均产量为 7.66 万吨，为历史最高峰，之后逐渐下降。相比于 1968—1977 的大豆产量，2008—2015 的年均产量业增长了 101.53%（表 3.4.1）。

表 3.4.1　1968—2015 年五大洲大豆产量情况（万吨）

地区	1968—1977	1978—1987	1988—1997	1998—2007	2008—2015
美洲	4 273.14	7 494.95	9 527.18	16 010.84	23 070.63
亚洲	910.14	1 224.70	1 951.59	2 519.95	2 769.40
欧洲	74.54	152.96	242.40	243.16	577.80
非洲	12.63	36.45	63.23	112.77	189.31
大洋洲	3.26	8.55	6.76	5.69	6.57

数据来源：根据 FAOSTAT 数据整理.

按分国别的大豆生产情况来看，大豆生产情况也存在较大的差异。1968—1977 年世界大豆产量排名前五位的国家依次是美国（3 587.57 万吨）、中国（764.2 万吨）、巴西（95.41 万吨）、加拿大（32.89 万吨）和阿根廷（27 万吨)，而2008—2017年世界大豆产量排名前五位的国家变更为美国(9 680.98万吨)、巴西(8 520万吨)、阿根廷(5 114万吨)、中国(1 357.24万吨)、印度(1 011.4万吨)；实际上大豆生产大国发生了1个国别的变化，但在产量上都实现了大幅度上升。美国始终是大豆生产的第一大国，但领先优势已经被后来国家渐渐接近，1968—1977年美国年均大豆生产量占比为74.66%，随着其他国家的追赶，在2008—2017年美国大豆产量占比仅为33.88%，份额下降了一半多。巴西是大豆生产增长量最多增长速最快的国家，占比由2%增长到了29.82%，份额已经非常接近美国。阿根廷和印度大豆生产也实现飞速发展，2008—2017的年均产量已分别是1968—1977的189倍和187倍，是大豆生产大国中的后起之秀。在表3.4.2列示了排名前10的大豆生产大国（地区），1968—1977年该10国（地区）大豆年均总产量为4 513.93万吨，而2008—2017年年均产量达到26 928.63万吨，增长率为496.57%，世界份额占比由93.94%上升到94.24%，可以说明这10国（地区）对大豆生产具有垄断性地位（表3.4.2）。

表3.4.2　世界大豆生产大国的大豆生产情况（万吨）

地区	1968—1977	1978—1987	1988—1997	1998—2007	2008—2017
美国	3 587.57	5 329.43	5 770.59	5 770.59	9 680.98
巴西	95.41	1 514.2	2 360.4	2 360.4	8 520
阿根廷	27	572	1 195.3	1 195.3	5 114
中国	764.2	950.82	1 256.42	1 256.42	1 357.24
印度	5.39	63.48	327.15	327.15	1 011.4
加拿大	32.89	82.12	178.47	178.47	536.44
乌克兰	0	0.85	6.8	6.8	276.97
俄罗斯	0	5.41	50.26	50.26	195.57
欧盟27国	0	0	0	0	152.91
南非	1.47	3.88	9.6	9.6	83.12
合计占比	93.94%	94.05%	92.83%	92.83%	94.24%

数据来源：根据美国农业部数据整理.

3.4.1.2　世界大豆库存情况

从图3.4.2中数据可以看出，全球大豆的库存量在波动中呈现了较快的增长。2017年的全球大豆库存量为9 222.3万吨，接近1968年的952.5万吨的10

倍，其中1972年全球大豆的库存量跌至了最低点，仅有249.8万吨。20世纪90年代中期之前，大豆库存量增长相对较慢，在这之后进入高速增长阶段，2000年后曾出现了几次大豆库存量较大幅度的波动。

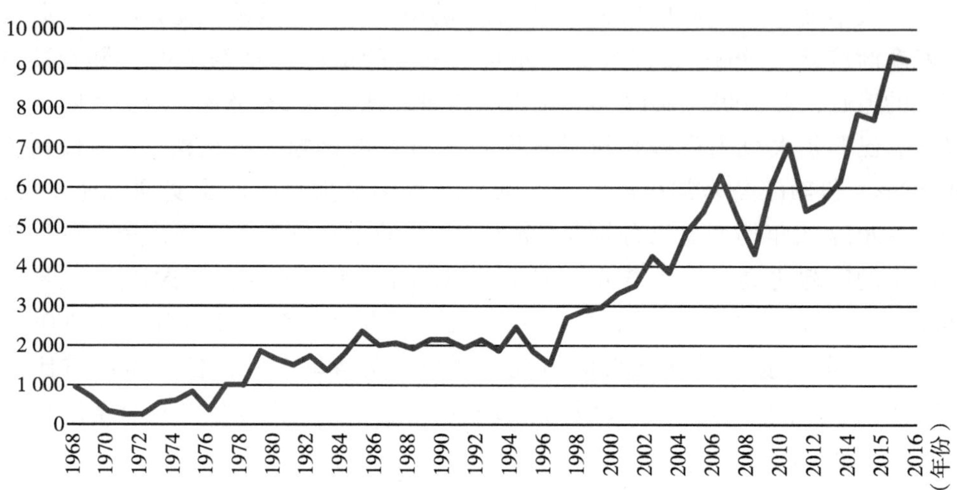

图 3.4.2　1968—2017年世界大豆的库存量情况（万吨）

数据来源：根据美国农业部数据整理.

在过去50年间，世界大豆库存量不断增长的同时，各大洲大豆库存量也呈现出明显的差异。1968—2017年，美洲的大豆库存量增长量最大，增长速度最快。1968—1977年美洲年均大豆库存量为505.95万吨，而2008—2017年美洲年均大豆库存量达到了4 992.85万吨，增长了接近9倍；从美洲大豆库存量的占比来看，在1968—1977年均库存量占世界比重为86.22%，在1978—1987年均库存量占比达到峰值89.51%，之后逐渐下降，在2008—2017年均库存量占比为72.57%。亚洲是第二大大豆库存洲，1968—1977年年均大豆库存量46.04万吨增长到2008—2017年年均大豆库存量1 662.32万吨，增长约35倍，特别是近10年间，增长速率格外快。占世界大豆库存的份额由1968—1977年均的7.85%增加2008—2017年均大豆库存的24.16%。欧洲、非洲和大洋洲的大豆库存量较少，3个洲合计大豆库存占比在1997年之前的平均占比低于1%，在1998—2007年间年均大豆库存占比最多也仅为2.14%，2008—2017年均大豆库存占比仅为1.83%；其中，欧洲从无到有，在2008—2017年均大豆库存占比仅为1.46%（表3.4.3）。

表 3. 4. 3 1968—2017 年五大洲大豆的平均库存情况（万吨）

地区	1968—1977	1978—1987	1988—1997	1998—2007	2008—2017
美洲	505. 95	1 552. 34	1 810. 86	3 663. 75	4 992. 85
亚洲	46. 04	114. 08	171. 95	460. 67	1 662. 32
欧洲	0	0	3. 18	80. 52	100. 45
非洲	0. 07	0. 51	0. 3	8. 28	25. 35
大洋洲	1. 77	0. 5	0. 1	2. 25	0. 25

数据来源：根据美国农业部数据整理.

从大豆库存量分国别上看，2008—2017 年，世界大豆库存前 10 国占世界大豆库存量的 96. 96%，相对于 1968—1977 年年均大豆占比 92. 62%有了进一步的提升，可以说该 10 国的大豆存量可以代表世界大豆的库存量。阿根廷是世界上大豆库存最多的国家，大豆库存从 1968—1977 年的 6. 28 万吨增加到 2008—2017 年的2 491. 73万吨，增长了 900 多倍。另外，巴西和中国的大豆库存量也增长较快，增长量分别达到了1 810. 12万吨和1 462. 55万吨，增长速度接近。美国大豆库存的增长率为 35. 31%，增长率并不是特别大，但是由于基数的原因，大豆库存量相对仍然较大。其余国家的大豆库存量在过去 50 年间均有一定程度的增加，但数量都不是很大，在 2008—2017 年，它们的大豆库存量均少于 100 万吨，印度、土耳其等国家在其中相对较多些（表 3. 4. 4）。

表 3. 4. 4 1968—2017 世界大豆主要生产大国的平均大豆库存量情况（万吨）

地区	1968—1977	1978—1987	1988—1997	1998—2007	2008—2017
世界	586. 82	1734. 18	2 070. 02	4 258. 4	6 880. 26
阿根廷	6. 28	186. 63	504. 14	1 359. 32	2 491. 73
巴西	36. 65	454. 12	626. 14	1 472. 11	1 846. 77
中国	0	0	40. 08	321. 98	1 462. 55
美国	450. 4	874. 27	647. 72	780. 85	609. 44
印度	0	0	2. 19	24. 36	75. 07
欧盟 27 国	0	0	0	76. 86	72. 11
土耳其	0	0. 23	1. 1	17. 52	38. 94
加拿大	7. 17	14. 57	16. 09	36. 09	32. 26
日本	31. 27	73. 71	70. 94	40. 25	21. 85

数据来源：根据 FAOSTAT 数据整理.

3.4.1.3 世界大豆贸易情况

(1) 世界大豆进口

从世界总体水平来看，世界大豆进口量呈现不断上升的趋势，由1968—1977年世界年均大豆进口量仅为1 652.74万吨，高速增长到了2008—2017年的年均进口量10 996.43万吨，增长了5.6倍。从进口的地区来看，亚洲是主要的大豆进口地区，这主要与亚洲人日常生活中对豆油和豆制品的喜好有关。大洋洲和非洲大豆进口量占世界比重相对稳定。具体见表3.4.5。

表3.4.5 1968—2017年五大洲大豆进口量年均进口量情况（万吨）

地　区	1968—1977	1978—1987	1988—1997	1998—2007	2008—2017
亚洲	437.54	756.67	1 062.88	3 307.47	8 269.3
欧洲	0	6.25	19.08	1 422.08	1 499.14
美洲	119.9	189.04	321.07	645.71	606.37
非洲	2.3	7.47	21.02	93.11	211.47
大洋洲	1.07	3.24	5.55	1.54	0.1

数据来源：根据美国农业部数据整理.

表3.4.6数据显示，从50年的数据来看，大豆进口量的渐渐向一些进口大国集中，以排名前10名（2008—2017年均）的国家为例，在1968—1977年均大豆进口量为446.0万吨，占世界进口量的27.0%；1978—1987年均大豆进口量占比达到28.49%，1988—1997年均大豆进口量占比为36.35%，在此期间增长的还较为缓慢；1998—2007年均大豆进口量的占比为83.4%，所占比重增长的十分迅速；2008—2017年该10国的大豆进口量增加到9 961.0万吨，进口占比已经高达90.58%。

从近10年世界大豆进口前10国来看，进口量占世界比重既高又稳定。特别是中国的年均大豆进口量占比达到了61.54%，且数量有持续增加的趋势。欧盟年均大豆进口的比重也达到了12.2%，其余国家的大豆进口量占比在1%~4%不等。

表3.4.6 世界各地的大豆进口情况（万吨）

地　区	1968—1977	1978—1987	1988—1997	1998—2007	2008—2017
全球	1 652.74	2 729.25	3 014.73	5 833.77	10 996.43
中国	13.78	28.49	66.1	1 965.91	6 768.15

（续表）

地　区	1968—1977	1978—1987	1988—1997	1998—2007	2008—2017
欧盟 27 国	0	0	0	1 412. 79	1 342. 96
墨西哥	18. 58	105. 08	204. 67	394. 88	376. 5
日本	341. 12	457. 15	472. 5	456. 44	308. 87
中国台湾地区	67. 31	141. 28	245	233. 47	238. 91
泰国	0. 15	0. 5	19. 95	144. 39	218. 4
印尼	4. 09	34. 5	59. 93	118. 74	201. 49
埃及	0. 97	5. 06	7. 59	55. 38	185. 77
土耳其	0	1. 21	10. 19	74. 72	167. 69
俄罗斯	0	4. 25	9. 78	8. 85	152. 26
合计占比	26. 99%	28. 49%	36. 35%	83. 40%	90. 58%

数据来源：根据美国农业部数据整理.

（2）世界大豆出口

从世界大豆出口的整体情况来看，美洲是大豆出口的绝对主力。1968—1977 年美洲的大豆出口量年均为1 345. 21万吨，到 2008—2017 年，这一数量增长达到了10 194. 48万吨，增长近 8 倍。从占比来看，美洲由 96. 6%上升到了 97. 7%，几乎处于垄断地位。另外欧洲的大豆出口 2008 年以后，开始出现大幅的增加，但由于基数较小，其占比仍然极低。其他几大洲的大豆出口，数量极少（表 3. 4. 7）。

表 3. 4. 7　世界各大洲的年均大豆出口量情况（万吨）

地　区	1968—1977	1978—1987	1988—1997	1998—2007	2008—2017
美洲	1 345. 21	2 551. 93	2 733. 55	5 460. 07	10 194. 48
欧洲	0	0	2. 70	15. 24	192. 88
亚洲	32. 49	74. 83	71. 89	37. 03	40. 65
非洲	0. 19	0. 02	0. 25	2. 05	4. 99
大洋洲	0. 4	0	0	0. 41	0. 38

数据来源：根据美国农业部数据整理.

从大豆出口国别来看，世界前 10 位（2008—2017 年均）大豆出口国年均大豆出口量达到10 419. 96万吨，占世界大豆出口的比重为 93. 21%，这些国家主要是以美洲国家为主，特别是美国和巴西，出口量分别为4 512. 86万吨和

4 444.01万吨，占世界大豆出口量的比重分别为40.37%和39.76%，可以说该两国的大豆出口对全球具有基础性的作用，拥有绝对的话语权。同为美洲的阿根廷10年间平均大豆出口量也达到了883.24万吨，占全球比重为7.90%，另外还有加拿大和乌克兰的年均大豆出口量也超过了100万吨（表3.4.8）。

表3.4.8 1968—2017年均世界大豆出口情况（万吨）

地　区	1968—1977	1978—1987	1988—1997	1998—2007	2008—2017
全球	1 400.17	2 724.09	3 010.51	5 858.22	11 178.45
美国	1 314.18	2 126.8	1 959.11	2 744.01	4 512.86
巴西	8.3	180.14	488.2	1 849.49	4 444.01
阿根廷	19.72	233.21	245.91	760.31	883.24
加拿大	3	11.78	40.18	106	353.67
乌克兰	0	0	0	9.65	159.42
中国	31.05	74.26	70.73	31.52	20.87
俄罗斯	0	0	2.7	1.72	16.82
印度	0	0	0	3.47	12.43
欧盟27国	0	0	0	3.82	10.55
塞尔维亚	0	0	0	0.05	6.09
合计占比	98.29%	96.41%	93.23%	94.06%	93.21%

数据来源：根据美国农业部数据整理.

3.4.1.4 世界大豆生产与贸易特征

(1) 世界大豆生产特征

世界大豆生产量在过去50多年间呈现了较快的增长趋势，从1968年的4 061.1万吨增长到2017年的34 467.1万吨，增长量高达7.5倍，特别在2008年之后增长速度格外显眼。

从世界大豆的生产区域来看较为集中的分布在美洲。在1668—1977年的平均来看，美洲生产的大豆约占全球比重的81.1%，而这一比重在2008—2017年的时候已经扩大到88%，这深刻说明大豆的生产呈现出更高程度的集中。亚洲的大豆生产在数量上也有了一个较大的进步，产量上几乎翻了三番，然而占比却几乎下降了一半，这从侧面反映出亚洲的大豆生产能力还是弱于美洲。欧洲、亚洲、非洲的大豆生产相对较少。

巴西、美国和阿根廷为最重要的3个大豆生产国，该3个国家的大豆生产量占世界大豆产量已经超过 80%。亚洲的中国和印度大豆的产量不断增长，从 2008—2017 的年均数据来看都已经超过了千万吨级。但印度的增长速度更快，在 1968—1977 年的平均产量，中国已经达到 764. 2 万吨，而此时印度只有 5. 39 万吨；而在 2008—2017 年，中国大豆生产达到1 357. 242万吨，印度已经达到1 011. 4万吨。另外加拿大、乌克兰和俄罗斯等国的大豆生产也日渐增多，但总体占比还较少。

（2）世界大豆贸易特征

世界大豆出口过较为集中。巴西、美国和阿根廷 3 个国家的大豆出口大约占到世界大豆出口的 80%，从 2008—2017 年的平均数据来看，美国的年均出口量为4 512. 86万吨，占到了 40. 3%，巴西的年均出口量为 39. 7%，是个绝对的重量级大豆出口国；从近些年的数据来看，巴西渐渐超过美国成为第一大豆出口国。阿根廷、加拿大的大豆出口量也较大。

世界大豆进口量较大的国家也较为集中。中国的大豆进口量稳居全球第一，多年来的占比都超过了 60%。中国既是大豆的生产大国也是大豆的进口大国。另外，欧盟、墨西哥和日本的大豆进口量也较大。大豆贸易的整体形势为，美洲的大豆转向亚洲和欧洲消费。

3. 4. 2 中国大豆生产与贸易情况

3. 4. 2. 1 中国大豆生产情况

从整体来看，中国近 50 年的大豆生产在数量上呈现上升趋势，但是中间波动较大，特别在 2004 年大豆产量达到峰值的1 740. 4万吨的峰值后下降的幅度还是比较大。近 50 年间，中国大豆生产量由 803. 5 万吨增长到1 178. 5万吨，增长了 46. 67%，分阶段来看，1968—1977 年大豆产量增长率为 - 9. 7%，1978—1987 年大豆产量增长率为 64. 77%，1988—1997 年大豆产量增长率为 26. 47%，1998—2007 年大豆产量的增长率为-16. 02%，2008—2015 年大豆产量增长率为-24. 17%，这显示了中国大豆产量的较大波动性。从近 10 年的数据来看，大豆产量都维持在了千万吨以上，2010 年达到1 508. 33万吨，可之后又有一个持续较大下降幅度，到 2015 年大豆的产量仅为1 178. 50万吨。从中国大豆产量占全球大豆产量的比重来看，可以说，中国大豆产量占全球的比重呈现出断崖式的下降（图 3. 4. 3）。

1968 年，中国大豆产量占全世界近 1/5，而在 2015 年中国大豆产量占比仅有 3. 77%。分阶段来看，1968—1977 年大豆产量占比平均为 16. 41%，1978—1997 年大豆产量占比平均为 10. 49%，1998—2007 年大豆产量占比平均为

7.97%，2008—2015 年大豆产量占比为 5.18%，这也说明，中国大豆在国际上的地位在下降。

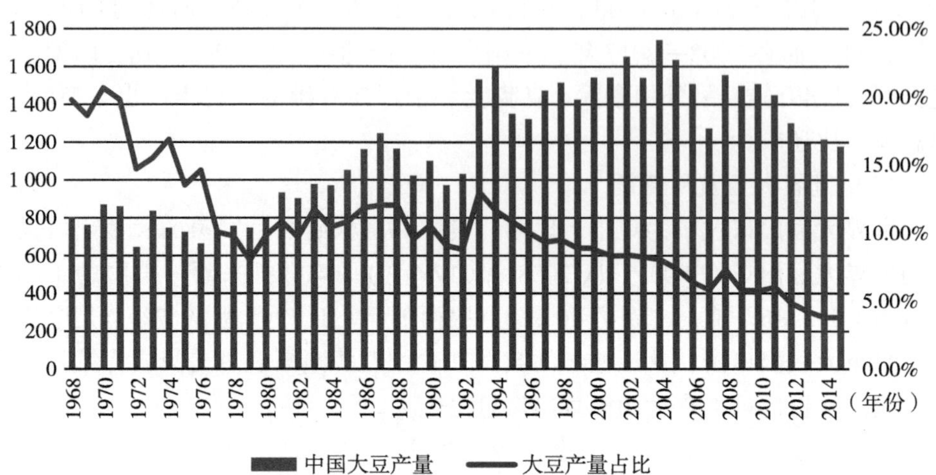

图 3.4.3　中国近 50 年的大豆产量及占世界大豆比重情况

数据来源：根据农业农村部、国家统计局数据整理.

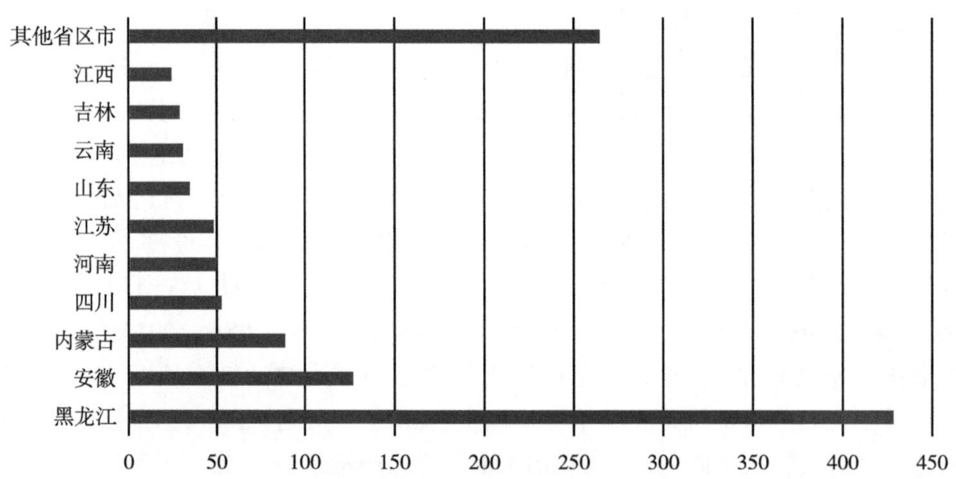

图 3.4.4　2015 年中国分省份的大豆产量及占世界大豆比重情况

数据来源：根据农业农村部、国家统计局数据整理.

从中国大豆的生产区域来看，各省区之间的大豆产量也有较大的差别。以 2015 年的大豆产量为例，黑龙江省作为第一大豆生产大省，年产大豆为

428.40 万吨，约占全国产量的 36.35%，高于 1/3。黑龙江、安徽和内蒙古 3 省区的大豆合计产量约为 644.0 万吨，约占全国的 54.65%，高于全国一半。排名全国前十位的大豆生产省区，合计生产大豆占全国 77.55%。可以说大豆生产跨度很大，南北部省区都有，可在各省区分布并不均匀（图 3.4.4）。

3.4.2.2 中国大豆贸易情况

(1) 中国大豆出口情况

近 10 年中国大豆出口的数量保持在一个较低的水平上，整体有一个小的增加，2006 和 2011 两年，大豆的出口量不足 100 万吨，2014 年是唯一超过 200 万吨的一年。从出口量占全球的比重来看，几乎保持在 1%~2%，在最高的 2014 年也仅为 1.91%，可以说在世界大豆的出口上，中国的份额是微乎其微。且从变动情况来看，中国近些年的大豆出口还呈现出不小的波动（图 3.4.5）。

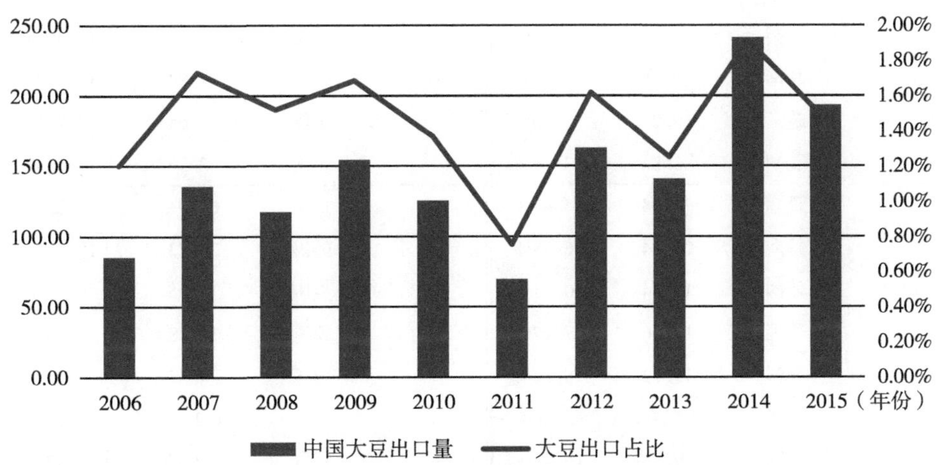

图 3.4.5 2006—2015 年中国大豆出口数量及占世界出口比重（单位：百吨）

数据来源：根据 COMTRADE 数据整理.

就出口地区而言，日本始终是中国大豆第一出口国，10 年中出口日本的大豆占全部出口量 40%以上有 9 年，比重占 50%以上有 4 年。在 2010 年出口日本的大豆比重达到了 66.74%，为占比最高的年份，2015 年出口日本大豆量为 122.33 万吨，为出口量最大的一年。韩国为中国第二大大豆出口国，10 年间平均出口占比为 15.56%。中国大豆出口量排在前 5 名的国家，除了美国外其余均为亚洲国家。朝鲜越南也是中国重要的大豆出口国，出口占比一般在 10%以下（表 3.4.9）。

表 3.4.9　近 10 年中国大豆出口主要国家、数量及占比（万吨，%）

年　份	出口地区	出口量	比　重	年　份	出口地区	出口量	比　重
2006	日本	50.76	59.42%	2007	日本	72.88	53.72%
	韩国	9.80	11.47%		韩国	28.37	20.91%
	朝鲜	7.90	9.25%		朝鲜	8.26	6.09%
	美国	5.27	6.17%		美国	6.14	4.53%
	—	—	—		越南	6.48	4.77%
2008	日本	41.19	35.08%	2009	日本	76.03	49.32%
	韩国	29.59	25.20%		韩国	27.65	17.93%
	越南	12.55	10.69%		越南	17.44	11.31%
	美国	9.68	8.24%		美国	8.52	5.52%
	朝鲜	6.44	5.49%		朝鲜	6.47	4.20%
2010	日本	83.74	66.74%	2011	日本	29.47	42.39%
	韩国	11.21	8.94%		韩国	11.46	16.49%
	越南	6.45	5.14%		越南	7.84	11.27%
	越南	6.27	5.00%		美国	3.65	5.26%
	美国	3.84	3.06%		越南	3.25	4.67%
2012	日本	72.34	44.47%	2013	日本	60.91	43.22%
	越南	26.64	16.38%		韩国	26.73	18.97%
	韩国	16.44	10.11%		美国	12.35	8.77%
	美国	12.96	7.97%		朝鲜	10.28	7.30%
	朝鲜	11.12	6.83%		越南	9.37	6.65%
2014	日本	102.00	42.30%	2015	日本	122.33	63.23%
	韩国	46.43	19.25%		韩国	12.23	6.32%
	越南	26.61	11.03%		越南	12.03	6.22%
	印度尼西亚	13.95	5.78%		美国	11.29	5.84%
	朝鲜	12.80	5.31%		朝鲜	10.68	5.52%

数据来源：根据 COMTRADE 数据整理.

（2）中国大豆进口情况

从图 3.4.6 可以看到，自从 2006 年中国大豆进口量超过3 000万吨以来，大豆的进口量一路攀升，在 2015 年已经达到的8 202.065万吨，成功翻番，10 年的年均增长率高达 11.78%。中国大豆进口量占世界大豆进口的比重也随之有较高的增长，由43.72%增长到了61.48%，其中，在2010年达到最高值为64.1%，10年平均占比超过50%，可以说中国的大豆进口占到世界大豆进口的半壁江山。大豆大规模进口反映出中国市场对大豆的刚性需求，也侧面反映出中国大豆自我保障能力的不足，国内市场在很大程度上还受制于人。

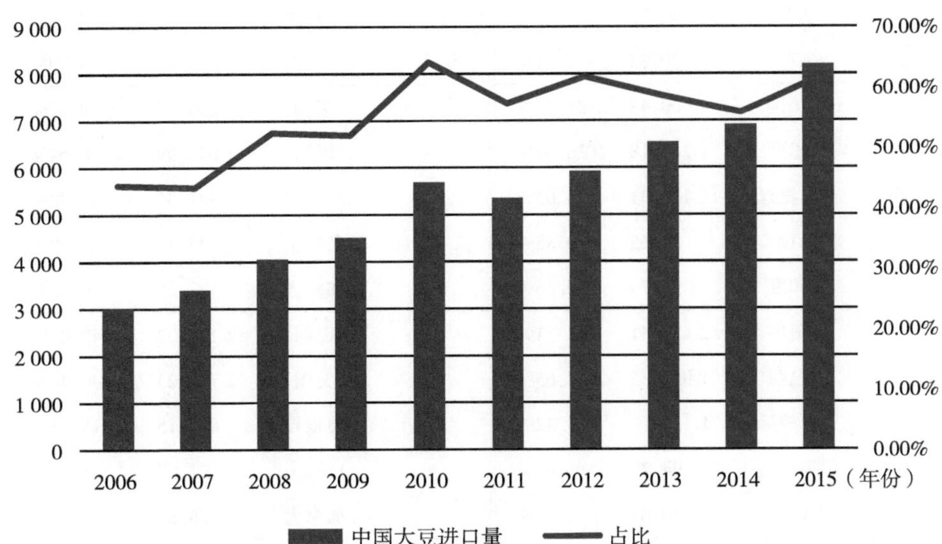

图3.4.6　2006—2015年中国大豆进口数量及占世界比重（单位：万吨，%）

数据来源：根据COMTRADE数据整理.

从大豆进口来源地来看，美国和巴西是中国大豆主要进口来源地，两国合计的进口量占中国大豆全部进口量超过79%，并且该两国合计占比也继续增加的趋势，从其各自占比来看，前5年左右美国占据优势，后5年巴西在出口总量上超过美国，成为中国第一大大豆进口来源国。此外，阿根廷也稳定的成为中国的第三大大豆进口来源国，进口量占比平均为17.6%，但是随着美国和巴西对中国进口量的加大，阿根廷在出口占比上呈现出了下降的趋势。从这3个国家的合计上来看，其合计占比平均超过了97%，可以说是几乎处于垄断地位。侧面来说，中国大豆的进口来源还是略显单一。另外，乌拉圭、加拿大和印度也对中国大豆的进口有一定贡献，但进口量均不是很大（表3.4.10）。

表 3.4.10　近 10 年来中国大豆主要进口国、进口量及占全球的比重

（单位：万吨,%）

年　份	进口国	进口量	占　比	年　份	进口国	进口量	占　比
2006	巴西	1 152.03	38.24%	2007	美国	1 185.04	34.86%
	美国	1 014.77	33.68%		阿根廷	1 085.31	31.93%
	阿根廷	761.96	25.29%		巴西	1 079.46	31.76%
	印度	49.51	1.64%		乌拉圭	26.52	0.78%
	乌拉圭	30.33	1.01%		印度	9.89	0.29%
2008	美国	1 600.47	39.45%	2009	美国	2 238.79	49.61%
	巴西	1 240.18	30.57%		巴西	1 648.99	36.54%
	阿根廷	1 136.31	28.01%		阿根廷	542.31	12.02%
	乌拉圭	34.63	0.85%		乌拉圭	45.14	1.00%
	印度	22.79	0.56%		加拿大	23.35	0.52%
2010	美国	2 430.41	42.71%	2011	巴西	2 186.32	40.83%
	巴西	1 971.63	34.65%		美国	2 167.23	40.48%
	阿根廷	1 156.09	20.32%		阿根廷	845.15	15.78%
	乌拉圭	94.29	1.66%		乌拉圭	102.07	1.91%
	印度	20.05	0.35%		加拿大	28.89	0.54%
2012	美国	2 629.00	44.40%	2013	巴西	3 250.28	49.66%
	巴西	2 420.00	40.87%		美国	2 341.96	35.78%
	阿根廷	636.22	10.74%		阿根廷	676.58	10.34%
	乌拉圭	149.01	2.52%		乌拉圭	180.84	2.76%
	加拿大	71.25	1.20%		加拿大	82.11	1.25%
2014	巴西	3 285.93	47.53%	2015	巴西	4 070.23	49.62%
	美国	2 716.75	39.30%		美国	2 793.20	34.05%
	阿根廷	644.51	9.32%		阿根廷	1 010.38	12.32%
	乌拉圭	178.10	2.58%		乌拉圭	160.73	1.96%
	加拿大	73.52	1.06%		加拿大	111.49	1.36%

数据来源：根据 COMTRADE 数据整理.

3.4.3 中国大豆产业国际竞争力分析

3.4.3.1 中国大豆产业国际竞争力的绩效指标

（1）大豆国际市场占有率

从现有数据来看，从近10年的平均情况看，美国大豆在国际市场占有率中排名第一位，其占有率在40%左右，但近年来其市场占有率呈现略下滑趋势；巴西大豆在国际市场占有率中排名第二位，10年的平均市场占有率为37.2%以上，近几年来市场占有率呈现上升趋势；具体来说从2012年之后，巴西取代美国成为世界第一大大豆出口国，巴西大豆市场占有率也顺利超过40%。阿根廷从2006年大豆市场占有率31.46%，下降到2015年的18.83%。

加拿大和乌克兰两国分别位居第四和第五，近10年间大豆占有率分别为2.89%和1.02%。中国大豆国际市场占有率在更低的水平上，10年平均占比世界排名第6位，但占有率仅有0.31%，并且占有率呈现下降的趋势，2006年中国大豆的市场占有率还为0.06%，在2014年以后下降到0.01%。由此可以看出，中国虽然是大豆生产大国，但绝非强国，国际市场占有率极低的现状在短时间较难改变，也远谈不上国际竞争力（图3.4.7）。

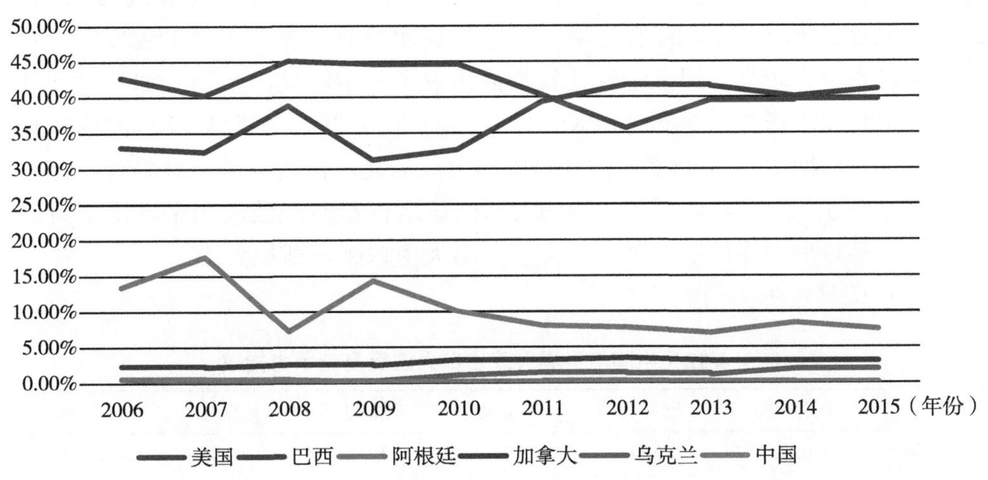

图3.4.7 中国与世界前5大豆出口大国国际市场占有率情况

数据来源：根据COMTRADE数据整理.

(2) 显示性比较指数

表 3. 4. 11 中国与世界大豆出口大国显示性比较指数

年 份	美 国	巴 西	加拿大	阿根廷	乌克兰	中 国
2006	4. 50	7. 73	0. 28	6. 08	0. 27	0. 34
2007	4. 06	6. 42	0. 35	8. 01	0. 28	0. 34
2008	3. 96	6. 64	0. 28	8. 37	0. 14	0. 37
2009	4. 69	6. 81	0. 40	3. 08	0. 22	0. 56
2010	4. 84	5. 67	0. 48	8. 19	0. 29	0. 34
2011	3. 95	6. 77	0. 50	7. 44	0. 83	0. 21
2012	4. 48	7. 48	0. 64	4. 87	1. 07	0. 44
2013	3. 79	9. 33	0. 58	5. 56	1. 18	0. 38
2014	4. 03	9. 25	0. 46	5. 30	1. 12	0. 49
2015	3. 37	8. 16	0. 53	5. 57	1. 54	0. 31

数据来源：根据 COMTRADE 数据整理.

从表 3. 4. 11 可以看到，在大豆国际市场中，巴西大豆最具国际竞争力，2006—2015 年该国的显示性比较指数均在 5 以上，平均高达 7. 43，同时呈现出上升的趋势；阿根廷位居第二，该国 10 年间平均显示性比较指数为 6. 25，2008 年更是达到了 8. 37 的最高值。美国的显示性比较指数平均指数为 4. 17，说明贸易竞争力较强，但显示性比较指数出现了一定程度的下降；加拿大和乌克兰显示性比较指数虽远低于大豆出口大国，但在 2010 年后其显示性比较指数远远高于同期中国，2007—2009 年中国大豆的显示性指数呈上升趋势，但始终未超过 0. 6，2009 年以后，中国的大豆的显示性指数在波动中呈现出下滑的态势，贸易竞争力在较弱水平，与大豆贸易大国差距不断拉大。

(3) 贸易竞争力指数

表 3. 4. 12 中国与世界大豆出口大国贸易竞争力指数

年 份	美 国	巴 西	加拿大	阿根廷	乌克兰	中 国
2006	0. 98	1. 00	0. 71	0. 90	0. 94	-0. 92
2007	0. 98	0. 99	0. 84	0. 77	0. 98	-0. 92
2008	0. 98	0. 99	0. 69	0. 74	0. 95	-0. 93
2009	0. 97	0. 99	0. 72	0. 80	0. 95	-0. 92
2010	0. 98	0. 99	0. 86	1. 00	0. 96	-0. 95

（续表）

年 份	美 国	巴 西	加拿大	阿根廷	乌克兰	中 国
2011	0.98	1.00	0.83	1.00	0.97	-0.97
2012	0.97	0.98	0.86	1.00	0.98	-0.94
2013	0.93	0.99	0.88	0.99	0.99	-0.95
2014	0.91	0.98	0.81	1.00	0.99	-0.92
2015	0.95	0.99	0.85	1.00	0.99	-0.94

数据来源：根据 COMTRADE 数据整理.

从表 3.4.12 数据可知，在大豆贸易中，美国、巴西、阿根廷和乌克兰的贸易竞争力指数等于或者接近 1，该数据表明 4 个国家极具贸易竞争力；特别是巴西，10 年来，贸易竞争力指数都在 0.98 以上，具有非常好的稳定性。美国总体上呈现出略微下降的趋势；阿根廷特别是在 2010 年后几乎每年都为 1，也具有高度的稳定性。乌克兰也属于后来居上，2013—2015 连续三年都在 0.99。另外，加拿大的贸易竞争力指数也较大，特别后几年连续都在 0.8 以上。贸易竞争力指数为负数，代表该国为大豆净进口国，该数值越小则进口占比越大，从中国大豆贸易竞争力来看，整个 2006—2015 年中国大豆的国际贸易竞争力指数均小于-0.9，该数据表明大豆生产极不具有生产效率，在国际市场中竞争力较差。

3.4.3.2 中国大豆产业国际竞争力实力评价

从生产者价格来看，中国大豆的生产者价格最高，由 2006 年的 412.7 美元/吨上涨至 808.2 美元/吨，整体在波动中上浮的程度还是比较大的。相较于大豆生产者价格最低的阿根廷，高出其 2~3 倍。阿根廷的大豆的生产者价格 10 年平均为 270.5 美元/吨，放眼世界都具有极好的价格优势。乌克兰的大豆生产者价格 10 年平均为 351.74 美元/吨，也处在一个具有竞争力的水平上。美国、加拿大和巴西几个生产大国的大豆的生产者价格相差并不是很大，并且维持在一个相对较低的水平上，这十分有利于其在全球大豆贸易中的地位。相较于几个大豆生产大国，中国大豆的生产者价格持续在高位运行，这对于我们一个大豆进口大国来说显然是没有价格优势的（图 3.4.8）。

3.4.4 结论与政策建议

3.4.4.1 结论

我国大豆的生产在过去 50 年间，产量是有较大幅度的提升。但从近些年的情况来看，我国大豆的播种面积不断缩减，总产量呈现下降趋势，单产水平

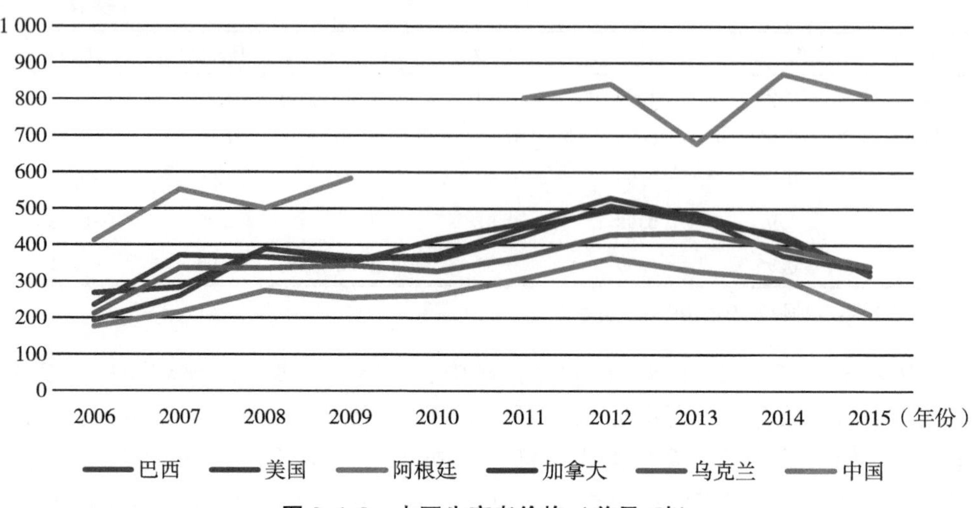

图 3.4.8　大豆生产者价格（美元/吨）

数据来源：FAOSTAT；中国 2010 年数据缺失.

出现下滑，大豆对粮食总产量的增量贡献越来越弱。为满足我国大豆及豆制品不断增长的需求，国内大豆加工企业数量逐年增加；受供给的不足，大豆不得不大量进口，因此我国大豆产业的对外依存度逐年上升，使得国内大豆产业的发展、大豆的定价权受到跨国资本的严重冲击；国内大豆制品价格受制于国际市场的影响，国内大豆加工企业的经营成本面临着巨大挑战，外国资本因价格优势而逐步占领我国大豆的市场；我国大豆贸易呈现进出口失衡、季节性明显及对外依存度高等特征。

目前我国大豆的国际市场占有率水平较低且呈现逐渐下降的趋势，与世界大豆主产国竞争尚存在较大差距，且这种差距是逐年增大的；我国大豆产业的贸易竞争优势指数较低，国际竞争力在世界处于不利地位；历年我国大豆产业的显示性比较优势指数远小于 1，且比较优势指数呈现逐渐下降的态势，因此在国际市场上比较优势不明显，缺乏竞争力，产业安全性较差。

自进入 21 世纪以来，中国大豆产业发生了巨大变化，大豆生产能力明显提升，中国国产大豆在世界中占据较大比例，大豆进出口发生较大变化，一方面中国出口大豆，另一方面在大量进口大豆，中国大豆出口目的地和进口来源地较为稳定，出口主要为中国香港地区，以及约旦等中东国家和吉尔吉斯斯坦等中亚国家，而进口来源地主要为美国、巴西和阿根廷。

国产大豆大幅增长的背景下大量进口，一方面说明中国居民对大豆的消费能力明显提升，另一方面也反映出中国大豆产业供给能力具有较大的提升空间，面对日益上涨的大豆生产价格，国内大豆产业面临较大的下行压力。

3.4.4.2 政策建议

针对中国大豆出现的问题，本研究认为可以采取以下措施：

第一，以农业供给侧改革为抓手，促进农业资源合理配置。在过去很长的一个阶段中，在农业资源的配置上对水稻、小麦等主要粮食作物进行了适度倾斜，对单产较低的大豆相对不重视。而随着居民消费水平的提高和农产品供求格局的变化，对于大豆的发展应高度重视，特别是在我国现有大豆生产远不能满足消费的现实下。

第二，完善大豆的补贴政策，进一步减轻豆农的负担。要继续实施大豆良种的推广补贴，扩大补贴范围。也借国家调减玉米的机会，服务好广大农民，使一部分玉米产能转向大豆。

第三，充分依靠科技进步，提高大豆的单产和品质。由于受到大豆品质品种、种植技术和自然条件的制约，我国大豆的单产和品质还处于相对较低的水平。在我国耕地资源紧张的情况下，要进一步提高大豆的生产能力，增强大豆的科技进步贡献，加大对大豆的技术研究，改善大豆质量，改进耕种技术。

第四，完善大豆的市场体系降低大豆市场的波动性。要完善的大豆市场体系，既包括市场主体即大豆生产者、加工和制造商，也包括贸易商和消费者等市场客体。既重视包括大豆及其相关产品和生产要素的现货市场，也要重视大豆及其相关产品和生产要素的期货市场。政府在充分发挥市场机制作用的基础上，针对市场机制失灵时可采取增加对生产者的补贴力度，来降低大豆生产者的相对生产成本，同时，进一步完善大豆生产的区域产业布局，促使大豆产业在区域内形成规模经营，增强大豆产品的成本和价格竞争优势。

第五，适度多元进口，稳妥对待转基因大豆。在当前我国大豆供需严重失衡的情况下，进口成为必然选项。在本着追求最大程度大豆食用安全的目标下，合理选择大豆进口，在品质和价格的权衡下，也要充分考虑多元的因素，尽可能从更多国家进口大豆，降低对单一国家的依赖度。在适度多元化进口的同时，根据实际情况加强对转基因大豆的生物安全评估，以此加强转基因大豆的生物安全管理，严格按照国家惯例审批进口，坚决执行转基因产品必须贴标识的规定，严格执法检查，做好追踪管理，确保大豆安全。

3.5 棉花

20 世纪 60 年代以来，中国棉花产业取得了跨越性发展，籽棉产量由世界籽棉产量的 8. 74%（1961 年）增长至 24. 51%（2016 年），籽棉产量虽在不断增长，但中国的棉花出口贸易占世界棉花出口贸易的份额却较小（2015 年为 8. 26%）。同期，中国的棉花进口额排名世界第一，进口额占世界棉花贸易额的 32. 55 个百分点。随着“一带一路”倡议的推进，中国的棉花产品将面对更加激烈的国际竞争。基于此背景下分析中国棉花生产、贸易现状及国际竞争力的影响因素，对于探讨中国棉花产业发展及提高棉花产业国际竞争力具有十分重要的政策意义。

本文拟从世界棉花产业生产与贸易着手，通过具体数据分析国际棉花产业国际竞争力的实际状况，然后设计多个指标对中国棉花产业的国际竞争实力进行评价，分析中国棉花产业国际竞争力的影响因素，并提出相应的对策建议。

3. 5. 1　世界棉花生产与贸易情况

3. 5. 1. 1　世界棉花生产情况

1961—1969 年世界籽棉年均产量为3 291. 34万吨，2010—2016 年世界籽棉年均产量达到7 284. 33万吨，增长了 121. 32 个百分点，而就各洲籽棉生产情况而言则存在较大差异。从现有数据来看，亚洲的年均籽棉产量不管是从绝对值还是从世界份额来说都在不断上升，1961—1969 年亚洲的年均籽棉产量和在世界籽棉产量中所占的份额分别为1 186. 75万吨和 36. 06%，2010—2016 年亚洲的年均籽棉产量和在世界籽棉产量中所占的份额则分别达到5 052. 78万吨和 69. 37%，分别增长了 325. 77 个百分点和 92. 38 个百分点；大洋洲的年均籽棉产量从绝对值来看在不断上升，其在世界籽棉产量中所占份额也在波动中上升，1961—1969 年大洋洲的年均籽棉产量和世界份额分别为 3. 62 万吨和 0. 11%，而 2010—2016 年大洋洲的年均籽棉产量和世界份额则分别达到了 192. 52 万吨 2. 64%，其绝对值和世界份额的增速都是五大洲中最快的；美洲的年均籽棉产量在 1970—1979 年经历了一次下降（从 1961—1969 年的1 206. 01万吨降到了1 175. 09万吨），此后则一直处于上升状态，并于 2010—2016 年达到峰值（1 509. 96万吨），相对而言，美洲的籽棉产量在世界籽棉产量中所占的份额却不断下降，从 1961—1969 年的 36. 64%下降到了 2010—2016 年的 20. 73%；直到 2010—2016 年之前，非洲的年均籽棉产量一直在不断增长，从 1961—1969 年的 294. 83 万吨增长到了 2000—2009 年的 440. 77 万吨，直到 2010—2016 年产生了第一次下滑（416. 33 万吨），其在世界籽棉产量中所占的份额也在波动中下降，从 1961—1969 年的 8. 96%下降到了 2010—2016 年的 5. 72%；欧洲是五大洲中唯一一个年均籽棉产量先上升后下降的大洲，从 1961—1969 年的 600. 12 万吨上升到了 1980—1989 年的峰值（956. 79 万吨），此后产量开始下滑，并于 2010—2016 年达到最小值 112. 74 万吨，其在世界籽棉产量中所占的份额则于1970—1979年达到峰值（22.08%），于2010—2016年达到最低值（1.55%）并成为五大洲中年均籽棉产量占世界份额最少的一个。具体见表3.5.1和图3.5.1。

表3.5.1 各大洲籽棉产量（万吨）

年　份	1961—1969	1970—1979	1980—1989	1990—1999	2000—2009	2010—2016
世界	3 291.34	3 873.66	4 767.96	5 406.76	6 361.19	7 284.33
亚洲	1 186.75	1 493.37	2 226.88	3 260.42	4 225.50	5 052.78
美洲	1 206.01	1 175.09	1 192.43	1 342.30	1 436.65	1 509.96
非洲	294.83	341.35	344.90	391.47	440.77	416.33
大洋洲	3.62	8.62	46.96	116.86	120.82	192.52
欧洲	600.12	855.22	956.79	295.71	137.45	112.74

数据来源：根据FAOSTAT数据整理.

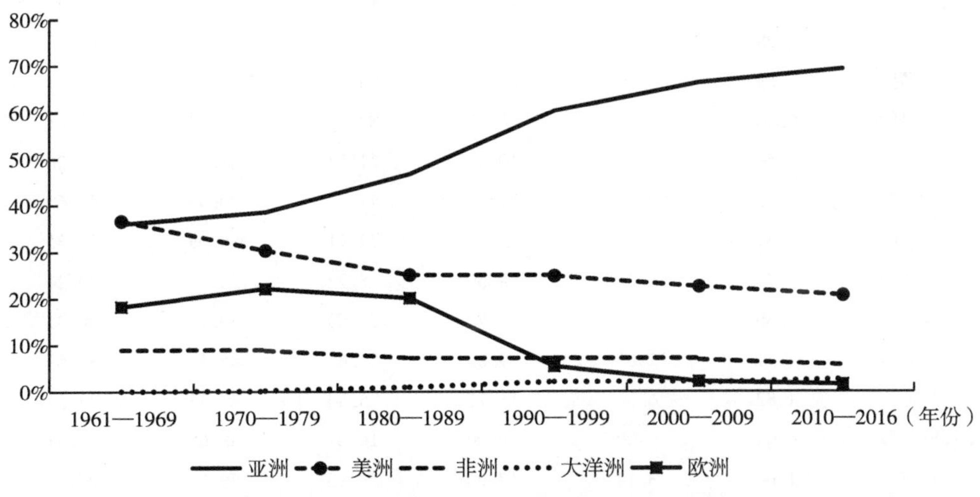

图3.5.1 各大洲籽棉产量占世界籽棉产量份额

数据来源：根据FAOSTAT数据整理.

从分国别籽棉生产情况来看，1961—1969年，世界籽棉产量排名前五位的国家依次是美国、中国、印度、巴西和墨西哥，产量分别为740.75万吨、521.36万吨、327.07万吨、163.30万吨和136.16万吨，而2010—2016年世界籽棉产量排名前五位的国家变更为中国、印度、美国、巴基斯坦和巴西，产量分别达到1 836.01万吨、1 756.39万吨、933.53万吨、592.29万吨和401.65万吨，籽棉产量大幅度上升。表 3. 5. 2 列示了排名前 20 的籽棉生产大国，1961—1969 年该 20 国籽棉年均总产量为 2 241. 89 万吨，而 2010—2016 年籽棉年均总产量达到 6 941. 71 万吨，增长率为 209. 64%，其世界份额由 68. 11% 上升到 95. 30%，其中，中国为此 95. 30% 的占比贡献了 25. 20 个百分点。具体见表 3. 5. 2。

表 3. 5. 2　世界籽棉生产大国生产情况（万吨）

年份	1961—1969	1970—1979	1980—1989	1990—1999	2000—2009	2010—2016
中国	521. 36	666. 77	1 201. 12	1 340. 25	1 793. 78	1 836. 01
印度	327. 07	374. 75	425. 42	612. 79	912. 40	1 756. 39
美国	740. 75	674. 67	720. 55	969. 86	1 004. 77	933. 53
巴基斯坦	131. 81	179. 07	320. 27	497. 13	588. 80	592. 29
巴西	163. 30	183. 76	203. 17	142. 69	303. 94	401. 65
乌兹别克斯坦	0. 00	0. 00	0. 00	300. 30	339. 28	340. 47
土耳其	90. 00	136. 53	146. 32	187. 55	225. 87	225. 71
澳大利亚	3. 62	8. 62	46. 96	116. 86	120. 82	192. 52
希腊	26. 98	36. 25	51. 14	109. 22	113. 83	95. 00
阿根廷	35. 59	46. 72	49. 29	86. 06	39. 94	78. 61
土库曼斯坦	0. 00	0. 00	0. 00	82. 85	91. 62	73. 61
布基纳法索	1. 50	4. 23	10. 93	21. 74	51. 09	71. 20
墨西哥	136. 16	97. 46	71. 11	47. 78	30. 90	62. 65
叙利亚	39. 62	39. 49	42. 40	72. 11	85. 03	57. 85
缅甸	4. 79	4. 08	8. 59	8. 72	22. 22	47. 24
马里	2. 36	9. 13	16. 72	37. 60	40. 87	46. 32
尼日利亚	14. 11	15. 05	9. 83	29. 65	45. 62	36. 69
科特迪瓦	1. 82	6. 50	18. 76	25. 84	27. 73	34. 24
哈萨克斯坦	0. 00	0. 00	0. 00	16. 67	38. 65	31. 91
贝宁	1. 04	3. 14	7. 00	28. 85	29. 69	27. 82
占比合计	68. 11%	64. 18%	70. 25%	87. 57%	92. 86%	95. 30%

数据来源：根据 FAOSTAT 数据整理.

3. 5. 1. 2　世界棉花贸易情况

（1）世界棉花进口

从世界总体水平来看，世界棉花进口呈现不断上升的趋势，由 1961—1969 年，进口均值 28. 10 亿美元增长到 2010—2013 年的 216. 57 亿美元，增长了将近 7 倍。从进口的地区来看，亚洲从第二大进口区转变为第一大进口区，

1961—1969 年，亚洲年均棉花进口额为 9. 05 亿美元，占全球棉花进口总额的 32. 21%，2010—2013 年，亚洲年均棉花进口额为 183. 39 亿美元，占全球棉花进口总额的 84. 68%，成为主要的棉花进口区；美洲从第三大进口区转变为第二大进口区，1961—1969 年，美洲年均棉花进口额为 1. 57 亿美元，占全球棉花进口总额的 5. 60%，2010—2013 年，美洲年均棉花进口额为 14. 64 亿美元，占全球棉花进口总额的 6. 76%；欧洲则从最大的棉花进口区转变为第三大进口区，年均棉花进口额从 1961—1969 年的 16. 86 亿美元降至 2010—2013 年的 12. 89 亿美元，占全球棉花进口总额的比例也从 60. 01%降至 5. 95%；非洲的年均棉花进口额也在持续增长，从 1961—1969 年的 0. 49 亿美元到 2010—2013 年的 5. 50 亿美元，增长了 10 倍多，但其在全球棉花进口总额中所占的比例却经历了一个先增长后下降的过程，先从 1961—1969 年的 1. 74%增长到 1990—1999 年的峰值（4. 05%），之后又下降到了 2010—2013 年的 2. 54%；大洋洲的年均棉花进口额则经历了一个先下降后上升的过程，先从 1961—1969 年的 0. 12 亿美元下降到了 1990—1999 年的 0. 04 亿美元，之后又增长到了 2010—2013 年的 0. 15 亿美元，其在世界棉花进口总额中所占比例也有波动，但始终不超过 0. 5%。具体见表 3. 5. 3 和图 3. 5. 2。

表 3. 5. 3　各大洲棉花进口额（亿美元）

年　份	1961—1969	1970—1979	1980—1989	1990—1999	2000—2009	2010—2013
世界	2 809. 74	5 552. 37	8 281. 64	10 229. 75	10 418. 27	21 656. 57
亚洲	905. 10	2 355. 08	3 900. 61	5 363. 61	7 243. 75	18 338. 73
美洲	157. 29	231. 74	429. 79	1 311. 35	1 169. 86	1 463. 90
欧洲	1 686. 12	2 773. 48	3 626. 02	3 136. 43	1 646. 32	1 289. 09
非洲	48. 79	182. 63	320. 13	414. 69	349. 70	549. 92
大洋洲	12. 44	9. 43	5. 09	3. 68	8. 64	14. 93

数据来源：根据 FAOSTAT 数据整理.

表 3. 5. 4 数据显示，世界棉花进口前 20 个国家进口总额持续增长，占世界进口总额的比例也在持续增长，说明世界棉花市场的进口集中度越来越高。其中，作为世界第一大棉花进口国的中国棉花进口额增长十分迅速，年均棉花进口额由 1961—1969 年的 1. 72 亿美元增长到了 2010—2013 年的 97. 73 亿美元，增长了近 56 倍；中国的年均棉花进口额占世界年均棉花进口额的份额也由 1961—1969 年的 6. 13%增长到了 2010—2013 年的 45. 13%。值得一提的是，作

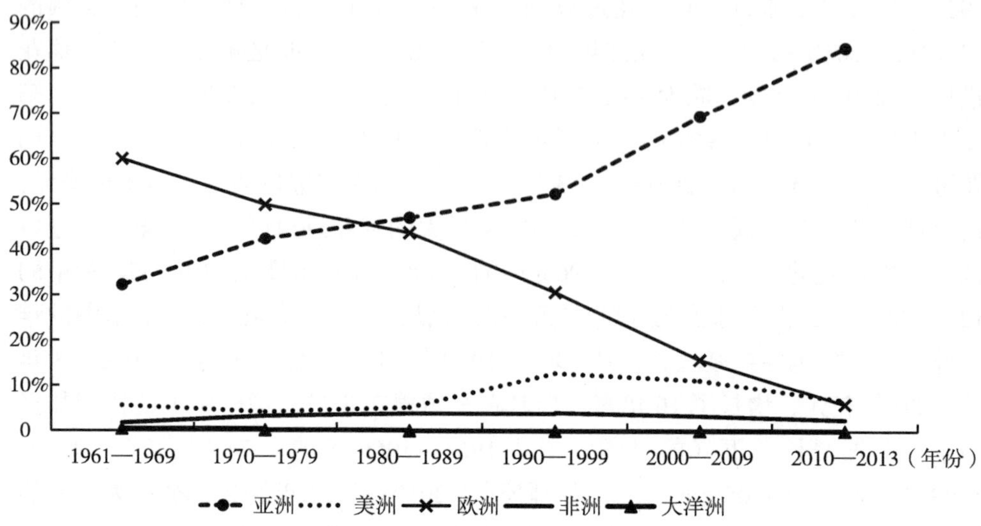

图 3.5.2　各大洲棉花进口额占世界棉花进口额的份额

数据来源：根据 FAOSTAT 数据整理.

为 1961—1969 年年均棉花进口额排名世界第一的日本，其年均棉花进口额（1961—1969 年年均棉花进口额为 4.68 亿美元，2010—2013 年，年均棉花进口额为 2.79 亿美元）和其在世界年均棉花进口额中所占的份额都大幅下降（1961—1969 年世界占比为 16.66%，2010—2013 年世界占比为 1.29%）。印度尼西亚、孟加拉国、墨西哥等国家棉花进口无论是绝对额还是世界占比均呈上升趋势。

表 3.5.4　世界棉花进口情况（百万美元）

年　份	1961—1969	1970—1979	1980—1989	1990—1999	2000—2009	2010—2013
中国	172.12	730.38	1 149.80	1 493.25	2 695.63	9 773.20
土耳其	2.47	1.13	38.43	329.68	850.68	1 643.81
印度尼西亚	7.38	63.64	223.48	720.76	785.45	1 406.62
孟加拉国	22.21	44.12	72.20	141.11	402.73	1065.80
越南	8.79	31.35	87.03	73.69	217.08	918.19
巴基斯坦	4.19	2.48	11.24	98.19	455.03	687.63
泰国	9.36	78.63	202.85	545.08	550.03	862.32
韩国	41.34	238.24	590.70	691.38	406.11	674.12
墨西哥	2.62	8.55	32.41	317.57	588.38	718.28

（续表）

年　份	1961—1969	1970—1979	1980—1989	1990—1999	2000—2009	2010—2013
印度	112.42	97.62	11.26	92.35	275.07	286.87
马来西亚	1.56	28.32	46.08	100.68	86.71	381.30
日本	468.24	896.94	1266.41	819.66	303.34	279.18
意大利	159.21	278.99	502.57	670.89	369.39	255.26
德国	300.63	427.28	582.84	356.36	168.41	188.92
埃及	10.07	86.40	122.01	69.41	66.94	122.68
南非	16.20	29.61	35.30	68.72	83.16	119.58
秘鲁	0.11	0.38	0.52	34.54	64.05	158.43
伊朗	4.34	10.82	0.36	6.20	43.63	139.60
俄罗斯	0	0	0	298.18	250.93	178.57
美国	31.87	15.37	19.06	81.47	49.49	70.03
占比合计（%）	48.94%	55.30%	60.31%	68.52%	83.62%	92.03%

数据来源：根据 FAOSTAT 数据整理.

（2）世界棉花出口

从世界棉花出口的变化趋势可以看出，1961—1969 年，世界年均棉花出口额为 26.07 亿美元，到 2010—2013 年，这一数值达到 203.65 亿美元，增长了 6.81 倍。从出口地区上看，美洲和亚洲是世界棉花出口的主要地区，2010—2013 年，两大洲棉花出口份额占到世界棉花出口份额的 72.71%。其中，2010—2013 年，美洲棉花出口额为 85.77 亿美元，占据世界棉花出口额的 42.12%，亚洲棉花出口额为 62.31 亿美元，占世界棉花出口额的 30.59%。大洋洲、非洲和欧洲棉花出口额世界占比相对较小。具体见表 3.5.5 和图 3.5.3。

表 3.5.5　各大洲棉花出口额（百万美元）

年　份	1961—1969	1970—1979	1980—1989	1990—1999	2000—2009	2010—2013
世界	2 607.17	5 077.37	7 565.53	8 919.40	10 008.93	20 364.69
美洲	1 156.05	2 114.79	2 972.63	3 285.15	4 283.04	8 577.14
亚洲	403.33	833.67	1 550.68	2 696.53	2 740.84	6 230.56
大洋洲	0.45	10.82	203.11	722.27	720.27	2 346.21
非洲	619.73	1 076.73	1 214.29	1 305.33	1 612.35	2 285.64
欧洲	427.61	1 041.36	1 624.82	910.13	652.44	925.15

数据来源：根据 FAOSTAT 数据整理.

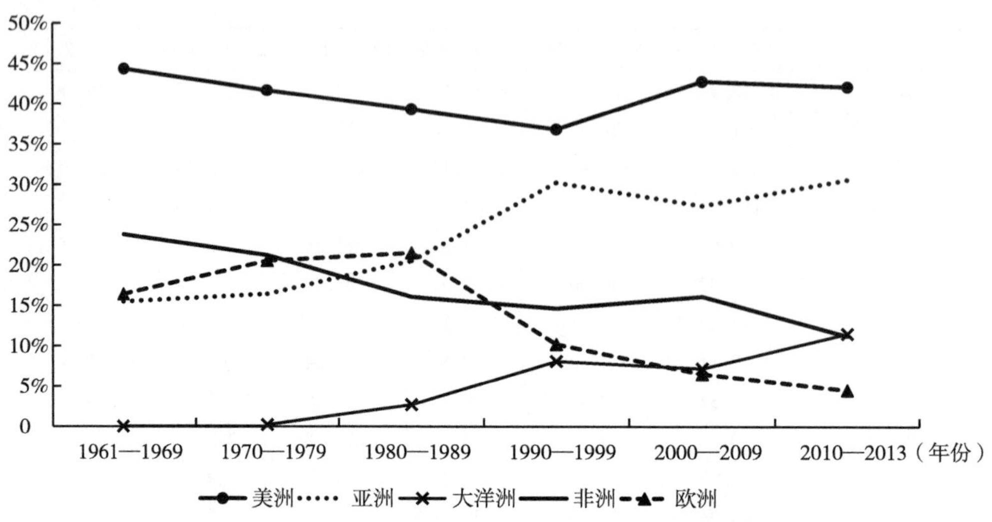

图 3.5.3 各大洲棉花出口额占世界棉花出口额的份额

数据来源：根据 FAOSTAT 数据整理.

从棉花出口国别来看，世界棉花出口排名前 20 的国家棉花出口总额持续增加，其在世界棉花出口总额中所占比例也从 1970—1979 年开始逐年增加，2010—2013 年，这一比例已经高达 91.31%，说明世界棉花出口市场的集中度在不断提高。从表 3.5.6 的数据可以看出，美国是主要的棉花出口国，年均棉花出口额占世界年均棉花出口额的比例始终在 20%以上，且占比逐年增加，2010—2013 年美国年均棉花出口额占世界棉花出口额的比例已经高达 33.52%，可以看出美国在世界棉花出口中占有绝对地位。2010—2013 年，印度、澳大利亚、巴西、乌兹别克斯坦和希腊年均棉花出口额的世界占比分别为 18.49%、11.52%、7.01%、3.48%和 2.72%，在世界棉花贸易中占据重要位置。值得注意的是，中国年均棉花出口额的绝对值和其世界占比都经历了一个先上升后下降的过程，二者均在 1980—1989 年达到峰值（棉花出口额为 4.46 亿美元，世界占比为 5.89），并在此后开始下降，2010—2013 年，中国的年均棉花出口额仅为 1.64 亿美元，世界占比也仅有 0.81%。

表 3.5.6 世界棉花出口情况（百万美元）

年 份	1961—1969	1970—1979	1980—1989	1990—1999	2000—2009	2010—2013
美国	597.08	1 292.10	2 147.46	2 587.16	3 737.09	6 826.61

（续表）

年　份	1961—1969	1970—1979	1980—1989	1990—1999	2000—2009	2010—2013
印度	35.31	55.42	110.16	173.98	722.16	3 765.31
澳大利亚	0.45	10.81	203.10	722.18	720.17	2 346.18
巴西	124.19	115.14	139.66	63.82	386.70	1 427.10
乌兹别克斯坦	0.00	0.00	0.00	1 253.83	834.67	708.41
希腊	31.99	55.86	70.57	283.86	381.23	554.83
巴基斯坦	83.72	98.63	445.09	290.58	117.47	372.87
马里	2.40	32.84	82.30	167.85	218.71	340.72
布基纳法索	2.02	12.49	41.20	59.77	195.77	312.86
马来西亚	0.02	0.68	1.85	7.88	15.51	264.96
土耳其	111.79	271.69	213.54	125.61	126.31	229.01
科特迪瓦	2.48	23.54	89.97	145.16	129.57	198.41
土库曼斯坦	0.00	0.00	0.00	326.32	149.56	190.21
埃及	289.33	452.46	411.49	133.81	224.70	178.14
贝宁	1.39	10.49	30.03	136.00	161.41	171.20
赞比亚	0.21	0.46	4.91	8.85	47.54	168.36
中国	9.74	52.79	445.74	280.72	146.65	164.48
墨西哥	195.24	203.14	163.26	85.09	56.09	133.44
喀麦隆	8.89	13.75	39.04	71.10	100.80	123.26
哈萨克斯坦	0.00	0.00	0.00	51.21	135.16	118.85
占比合计（%）	57.39%	53.22%	61.32%	78.20%	86.00%	91.31%

数据来源：根据 FAOSTAT 数据整理.

3.5.1.3　世界棉花生产与贸易特征

（1）世界籽棉生产特征

世界籽棉生产地区趋于集中。20 世纪 60~80 年代，世界籽棉生产相对分散，1990 年以后，籽棉生产趋于集中，数据显示世界 85%以上的籽棉产于亚洲和美洲，非洲、大洋洲和欧洲合计占比不足 15%，2010—2016 年，亚洲和美洲的籽棉产量合计占世界籽棉产量的比例更是高达 90.09%，籽棉生产格局呈现明显分化。

中国、印度和美国籽棉生产占据重要地位。自 1961 年以来，中国籽棉产量不断增长，由最初的 521.36 万吨增长至1 836.01万吨，世界份额占比由当年的15.84%增长至25.2%，在籽棉生产中一枝独秀；印度籽棉产量增长迅速，其1961—1969年产量均值为327.07万吨，2010—2016年，产量均值为1 756.39万吨，成为仅次于中国的籽棉生产大国；美国籽棉产量维持在600万吨以上，2000—2009年达到峰值（1 004.77万吨），近六年，产量有所回落（933.53万吨）。

（2）世界棉花贸易特征

世界棉花出口来源地较为集中。2010—2013年，年均棉花出口额在10亿美元以上的国家有4个，分别是美国、印度、澳大利亚和巴西，出口额分别为68.27亿美元、37.65亿美元、23.46亿美元和14.27亿美元，国家间出口额存在较大差异。从地区分布情况来看，这些国家在美洲、亚洲和大洋洲均有分布。

中国在世界棉花进口市场上一家独大，2010—2013年，中国棉花年均进口额为97.73亿美元，占世界棉花进口总额的45.13%，其他三个棉花年均进口额在10亿美元以上的国家分别是土耳其、印度尼西亚和孟加拉国，均属于发展中国家。值得注意的是，美国、德国、意大利、日本等发达国家的棉花进口额都较低，2010—2013年其世界占比分别为0.32%、0.87%、1.18%和1.29%，均不足2%。

3.5.2 中国棉花生产与贸易情况

3.5.2.1 中国棉花生产情况

从整体来看，1961—1984年，中国棉花产量呈现在波动中缓慢上升的趋势，于1984年达到第一个峰值（1 877万吨），1985年和1986年经历了一个较大幅度的下降之后（降幅分别为33.73个百分点和14.46个百分点），于1987年开始再次缓慢上升，并于2007年达到历史最高产量（2 287万吨），此后，中国棉花产量开始出现在波动中下滑的趋势。除2011年和2012年产量分别增加了10.37个百分点和3.81个百分点之外，其余年份的棉花产量增长速度均为负值。最近四年棉花产量更是出现了连年下降的情形，2013年、2014年、2015年和2016年棉花产量分别下降了7.75个百分点、2.09个百分点、9.20个百分点和4.76个百分点（图3.5.4）。

3.5.2.2 中国棉花贸易情况

（1）中国棉花出口情况

从表3.5.7可以看到，中国棉花出口的主要产品为皮棉，其次为废棉和棉籽粕，棉籽油、短棉绒、棉籽和粗梳棉的出口额都很小。皮棉出口表现出先上

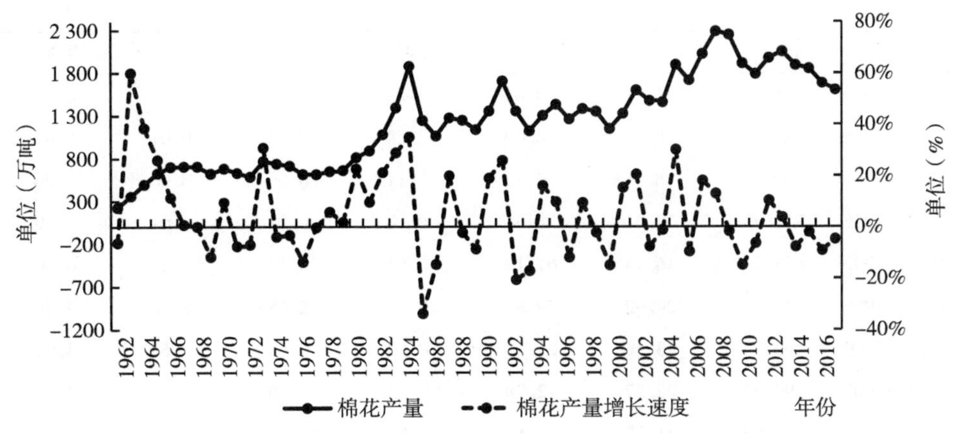

图 3.5.4 中国棉花产量及增长速度

数据来源：根据 FAOSTAT 数据整理.

升后下降的态势，1961—1965 年，皮棉出口额为 352 万美元（占中国棉花出口总额的 53.20%），1986—1990 年达到峰值61 579万美元（占中国棉花出口总额的 86.91%），之后开始下滑，2011—2013 年，皮棉的出口量为 9 922万美元（57.50%），仍然是中国棉花出口的主要产品。相对而言，废棉出口额在绝对值上虽表现出在波动中上涨的态势，其占棉花出口的比例却经历了一个与皮棉完全相反的变化过程，表现出了先下降后上升的态势，1961—1965 年废棉出口占中国棉花出口总额的 21.14%（出口额为 140 万美元），1986—1990 年占中国棉花出口总额的比例达到最小值 2.36%（出口额为1 674万美元），之后开始上升，2011—2013 年，废棉出口占中国棉花出口总额的比例达到 29.30%（出口额为5 096万美元）。棉籽粕的出口从 1976 年以后才开始，其出口额绝对值和其占棉花出口总额的比例均表现出了先上升后下降的大趋势；棉籽油的出口额绝对值和其占棉花出口总额的比例均在 1981—1985 年后大幅下降，2006 年开始虽有回升趋势，但占中国棉花出口总额的比例仍不足 5%；棉短绒、棉籽和粗梳棉则一直是中国棉花产品的弱项，出口额占棉花出口总额的比例均始终不足 2%（表 3.5.7）。

表 3.5.7 中国棉花产品出口结构与出口规模 （单位：百万美元）

年 份	皮 棉	废 棉	棉籽粕	棉籽油	棉短绒	棉 籽	粗梳棉
1961—1965	3.52	1.40	0.00	1.50	0.00	0.20	0.00

（续表）

年　份	皮　棉	废　棉	棉籽粕	棉籽油	棉短绒	棉　籽	粗梳棉
1966—1970	5.85	1.39	0.00	6.53	0.00	0.09	0.00
1970—1975	27.23	2.88	0.00	2.04	0.00	0.01	0.01
1976—1980	69.89	6.76	0.72	1.11	0.00	0.00	0.06
1981—1985	222.73	10.51	8.66	12.88	0.01	6.01	1.39
1986—1990	615.79	16.74	61.18	0.61	8.32	5.44	0.46
1991—1995	244.77	24.92	58.88	0.51	2.65	2.46	3.46
1996—2000	163.74	13.16	25.32	0.57	0.40	0.63	4.94
2001—2005	96.72	22.57	12.28	0.55	0.16	1.46	4.17
2006—2010	60.02	31.83	11.18	3.81	1.04	1.74	0.73
2011—2013	99.22	50.96	15.66	2.99	2.36	1.94	0.78

数据来源：根据 FAOSTAT 数据整理.

就出口地区而言，中国香港地区是中国棉花第一出口地区，但所占份额有下降的趋势，2009 年以前，其在中国棉花出口市场中所占的份额均在 40%以上，自 2010 年以后，中国香港地区在中国棉花出口市场中的份额有所下降，但仍保持在 30%以上。孟加拉国和韩国在中国棉花出口市场中也占据重要位置，且销往孟加拉国的棉花出口份额有上升的趋势；此外，值得注意的是近年来中国棉花出口额呈现下滑态势（表 3.5.8）。

表 3.5.8　近 10 年中国棉花出口市场结构（百万美元）

年　份	出口目的地	出口额	占　比	年　份	出口目的地	出口额	占　比
2006	中国香港	1 371.06	46.98%	2007	中国香港	1 314.01	44.05%
	韩国	144.69	4.96%		韩国	146.28	4.90%
	意大利	85.26	2.92%		意大利	102.55	3.44%
	其他地区	1 317.16	45.14%		其他地区	1 419.95	47.60%
2008	中国香港	1 269.00	42.25%	2009	中国香港	1 134.93	41.54%
	韩国	170.17	5.67%		韩国	168.42	6.16%
	孟加拉国	115.89	3.86%		孟加拉国	95.03	3.48%
	其他地区	1 448.34	48.22%		其他地区	1 333.62	48.81%

(续表)

年　份	出口目的地	出口额	占　比	年　份	出口目的地	出口额	占　比
2010	中国香港	1 292.93	39.95%	2011	中国香港	1 033.02	34.13%
	韩国	256.81	7.94%		韩国	301.79	9.97%
	孟加拉国	95.94	2.96%		孟加拉国	118.54	3.92%
	其他地区	1 590.49	49.15%		其他地区	1 573.71	51.99%
2012	中国香港	1 061.64	34.83%	2013	中国香港	1 188.64	36.63%
	越南	200.29	6.57%		孟加拉国	199.04	6.13%
	韩国	176.02	5.77%		韩国	178.26	5.49%
	其他地区	1 610.36	52.83%		其他地区	1 678.89	51.74%
2014	中国香港	805.74	30.27%	2015	中国香港	704.94	30.22%
	孟加拉国	180.71	6.79%		孟加拉国	187.86	8.05%
	韩国	160.81	6.04%		韩国	155.27	6.66%
	其他地区	1 514.92	56.91%		其他地区	1 284.73	55.07%

数据来源：根据 resourcetrade. earth 的数据整理.

(2) 中国棉花进口情况

从表 3.5.9 可以看到，不管是进口额的绝对值还是占棉花进口总额的比例，皮棉始终是中国棉花进口的主要产品，年均进口额从 1961—1965 年的 1.66 亿美元增长到了 2011—2013 年的 104.38 亿美元，其占棉花进口总额的比例也始终保持在 90%以上，近三年更是保持在 95%以上。2010 年以前，废棉和短棉绒的进口额绝对值和其占棉花进口总额的比例也表现出不断上升的趋势，2011—2013 年虽然废棉和短棉绒的进口额绝对值仍在持续增长，但二者占棉花进口总额的比例却均小幅下降。2011—2013 年，棉籽粕的进口额绝对值和其占棉花进口总额的绝对值均有一个较大幅度的上涨（进口额首次突破 1 亿美元，占棉花进口总额的绝对值首次突破 0.1%并高达 0.93%）。粗梳棉、棉籽粕和棉籽油的进口额绝对值和其占棉花进口额的比例均较小（2011—2013 年粗梳棉的进口额绝对值虽首次突破 0.1 亿美元，但占比仅有 0.1%，棉籽粕、棉籽油的进口额始终不足 0.1 亿美元，占比也较低）。

表 3.5.9　中国棉花产品进口结构与进口规模　（单位：百万美元）

年　份	皮　棉	废　棉	棉短绒	棉籽粕	粗梳棉	棉籽粕	棉籽油
1961—1965	165.95	1.70	0.00	0.17	0.02	0.00	0.19

（续表）

年　份	皮　棉	废　棉	棉短绒	棉籽粕	粗梳棉	棉籽粕	棉籽油
1966—1970	179.55	2.18	0.03	0.09	0.01	0.00	0.26
1970—1975	544.53	2.69	0.07	0.03	0.02	0.00	0.18
1976—1980	1 309.05	3.59	0.12	0.11	0.01	0.00	0.17
1981—1985	1 070.66	12.75	0.12	0.44	0.82	0.00	0.42
1986—1990	1 040.25	21.96	3.93	0.81	4.97	0.01	0.23
1991—1995	1 389.68	41.92	18.86	0.75	25.11	0.06	0.07
1996—2000	1 222.62	28.50	24.49	1.01	55.41	0.07	0.14
2001—2005	1 964.99	46.27	28.85	0.78	10.21	0.39	1.27
2006—2010	4 327.68	107.79	68.12	1.63	4.92	0.23	0.20
2011—2013	10 437.56	217.77	102.30	100.85	11.30	4.31	3.25

数据来源：根据 FAOSTAT 数据整理.

从棉花进口来源地来看，2006 年美国是中国棉花进口的主要来源地，占比达 29.60%，但 2015 年进口自美国的棉花占比已经跌出前三；印度取代了美国成为中国棉花进口主要来源地，2015 年自印度进口的棉花占比达 23.65%；近三年，进口自巴基斯坦的棉花数量大大增加，2015 年自巴基斯坦进口的空棉花占比已超过 10%。值得注意的是，2015 年越南也跻身中国棉花进口的前三大来源地，并排名第二，占比高达 14.58%，超越了美国和巴基斯坦。相对于出口市场，棉花的进口市场更加多元化（表 3.5.10）。

表 3.5.10　近 10 年中国棉花进口市场结构　（单位：百万美元）

年　份	进口来源地	进口额	占　比	年　份	进口来源地	进口额	占　比
2006	美国	2 290.61	29.60%	2007	美国	1 561.95	24.73%
	美国	1 191.39	15.40%		美国	1 104.49	17.49%
	印度	852.78	11.02%		印度	981.82	15.54%
	其他地区	3 403.31	43.98%		其他地区	2 668.08	42.24%
2008	美国	1 669.39	27.08%	2009	美国	892.61	16.79%
	美国	1 026.72	16.65%		美国	884.21	16.63%
	印度	1 026.17	16.64%		巴基斯坦	697.33	13.12%
	其他地区	2 443.29	39.63%		其他地区	2 842.42	53.46%

（续表）

年　份	进口来源地	进口额	占　比	年　份	进口来源地	进口额	占　比
2010	美国	2 163. 80	21. 61%	2011	印度	3 042. 16	22. 69%
	印度	2 148. 52	21. 46%		美国	2 936. 63	21. 91%
	美国	1 066. 16	10. 65%		澳大利亚	1 537. 00	11. 47%
	其他地区	4 633. 80	46. 28%		其他地区	5 889. 30	43. 93%
2012	印度	3 952. 82	22. 83%	2013	印度	4 648. 91	28. 40%
	美国	3 550. 86	20. 51%		美国	2 607. 10	15. 93%
	澳大利亚	1 881. 35	10. 87%		巴基斯坦	1 711. 89	10. 46%
	其他地区	7 927. 28	45. 79%		其他地区	7 402. 28	45. 22%
2014	印度	3 056. 72	26. 41%	2015	印度	2 175. 71	23. 65%
	巴基斯坦	1 337. 55	11. 56%		越南	1 341. 24	14. 58%
	美国	1 258. 68	10. 87%		巴基斯坦	1 132. 44	12. 31%
	其他地区	5 921. 92	51. 16%		其他地区	4 549. 46	49. 46%

数据来源：根据 resourcetrade. earth 的数据整理.

3. 5. 3　中国棉花产业国际竞争力分析

3. 5. 3. 1　中国棉花产业国际竞争力的绩效指标

(1) 棉花国际市场占有率

从图 3. 5. 5 可以看出，2012 年以前，美国的棉花国际市场占有率排名第一，其占有率在 20%以上，但在 2012 年开始有所下滑；印度 2013 年取代美国成为棉花国际市场占有率排名第一的国家，但其国际市场占有率也有下滑的趋势；2000—2006 年中国的棉花国际市场占有率排名第二，但于 2006 年开始被印度超越，成为国际市场占有率排名第三的国家，2002—2010 年中国的国际市场占有率在 10%以上，2011 年开始只有不到 10%，说明中国棉花的国际竞争力稍有下降；巴基斯坦的国际市场占有率排名第四且相对较为稳定，近 16 年一直稳定在 6%~8%。国际市场占有率排名第五、第六的越南和巴基斯坦国际市场占有率始终在 6%以下，但近几年均呈现出上升的趋势。

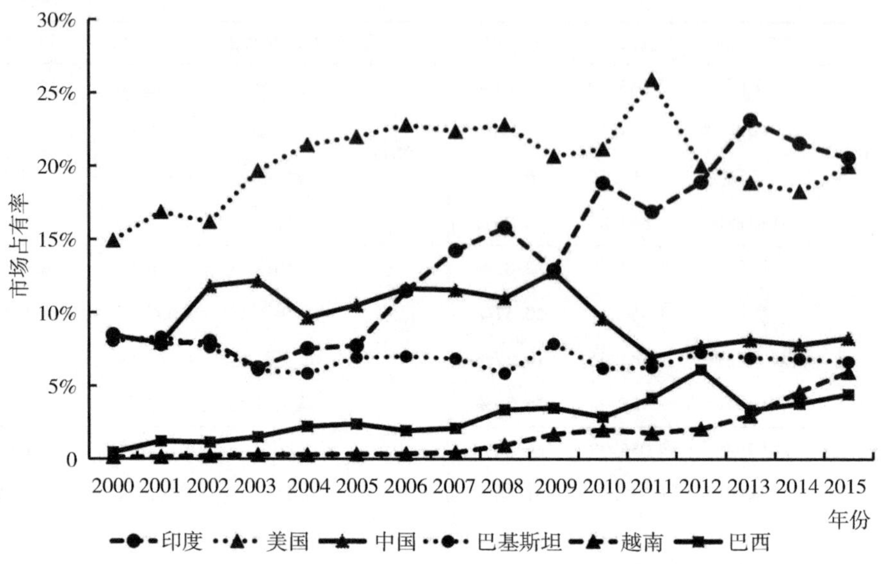

图 3.5.5 中国与世界棉花出口大国国际市场占有情况

数据来源：根据 resourcedata. earth 数据整理.

（2）显示性比较指数

表 3.5.11 中国与世界棉花出口大国显示性比较指数

年份	巴基斯坦	印度	越南	中国	美国	巴西
2000	14.55	4.06	0.11	2.02	1.18	0.12
2001	14.02	3.76	0.13	1.98	1.35	0.27
2002	14.71	3.75	0.21	2.77	1.36	0.25
2003	10.20	3.28	0.28	2.76	1.70	0.31
2004	10.82	3.68	0.26	2.41	2.00	0.41
2005	11.18	3.93	0.28	2.46	2.16	0.44
2006	11.19	5.17	0.28	2.70	2.23	3.09
2007	12.45	6.09	0.34	2.86	2.06	3.80
2008	9.98	6.14	0.68	3.25	1.99	5.73
2009	13.39	5.98	1.16	3.37	1.94	5.91
2010	9.57	7.32	1.29	2.41	1.97	4.45
2011	9.11	5.69	1.10	1.79	2.45	0.61

（续表）

年 份	巴基斯坦	印 度	越 南	中 国	美 国	巴 西
2012	11.42	5.18	1.24	1.97	1.89	0.88
2013	10.09	6.08	1.89	2.06	1.85	0.48
2014	10.83	6.21	2.62	1.96	1.73	0.56
2015	10.69	6.49	3.08	1.95	1.91	0.65

数据来源：根据 resourcedata. earth 数据整理.

从表 3.5.11 可以看出，在棉花国际市场中，巴基斯坦最具国际竞争力，2000—2015 年该国的显示性比较优势指数均 9 以上；印度位居第二，近 10 年该国的显示性比较指数始终保持在 5 以上，由此可以看出，印度不仅国际市场占有率较高，其贸易竞争力也较强；越南的显示性比较优势指数持续上升，说明越南的贸易竞争力在持续增强；2015 年，中国的显示性比较优势指数虽低于巴基斯坦、印度和越南，却超越了美国和巴西，成为棉花的国际贸易竞争力第四强的国家，且近几年中国的显示性比较优势指数始终稳定在 2 左右，说明中国棉花的国际贸易竞争力已经开始趋于稳定。美国的显示性比较优势指数始终稳定在 1~3，说明美国的棉花国际贸易竞争力始终较为稳定。巴西的显示性比较优势指数表现出先上升后下降的大趋势，于 2009 年达到峰值（5.91），近 5 年其显示性比较优势指数始终不足 1。

（3）贸易竞争力指数

表 3.5.12 中国与世界棉花出口大国贸易竞争力指数

年 份	美 国	巴 西	印 度	巴基斯坦	越 南	中 国
2000	0.67	−0.65	0.60	0.92	−0.72	−0.06
2001	0.74	0.27	0.45	0.82	−0.72	−0.16
2002	0.75	0.36	0.61	0.86	−0.62	−0.06
2003	0.81	0.30	0.51	0.56	−0.47	−0.20
2004	0.82	0.50	0.75	0.38	−0.59	−0.40
2005	0.83	0.72	0.79	0.51	−0.51	−0.42
2006	0.86	0.47	0.87	0.59	−0.53	−0.45
2007	0.90	0.43	0.81	0.32	−0.50	−0.36
2008	0.91	0.54	0.81	0.20	−0.35	−0.34
2009	0.92	0.68	0.84	0.54	−0.18	−0.32

（续表）

年 份	美 国	巴 西	印 度	巴基斯坦	越 南	中 国
2010	0.93	0.48	0.93	0.43	−0.12	−0.51
2011	0.95	0.54	0.94	0.51	−0.25	−0.63
2012	0.94	0.89	0.87	0.61	−0.20	−0.70
2013	0.95	0.80	0.90	0.48	−0.14	−0.67
2014	0.94	0.78	0.86	0.54	−0.07	−0.63
2015	0.95	0.92	0.86	0.41	−0.04	−0.60

数据来源：根据 resourcedata. earth 数据整理.

由表 3.5.12 数据可知，在棉花贸易中，美国的贸易竞争力指数接近 1，表明美国家极具贸易竞争力；巴西在 2000 年的贸易竞争力指数为负，从 2001 年开始则一直为正，且巴西的贸易竞争力指数在波动中呈上升态势，2015 年已经达到了 0.92，具有极强的贸易竞争力；印度的贸易竞争力指数也在波动中上升，2006—2015 年贸易竞争力指数始终大于 0.8；巴基斯坦的贸易竞争力指数由 2000 年的 0.92 下降到了 2015 年的 0.41，说明巴基斯坦的棉花贸易竞争力下降较多，中国和印度的贸易竞争力系数均为负数，代表这两国均是棉花净进口国，但是中国的贸易竞争力指数绝对值从 2011 年开始逐渐变小，说明中国的棉花国际贸易竞争力虽然较差但仍然在不断上升。

3.5.3.2 中国棉花产业国际竞争力实力评价

（1）生产者价格

从生产者价格来看，2015 年中国皮棉的生产者价格最高，由 1991 年的 1 216美元/吨上涨至3 109美元/吨，2011 年中国皮棉的生产者价格达到历史最高(4 167美元/吨)，此后中国的皮棉价格虽然有所下降但始终处于较高位置；巴基斯坦和越南两国的皮棉生产者价格较低，2015 年这两国的皮棉的生产者价格比中国的 1/3 还要低，具有比较大的价格优势。就棉籽的生产者价格而言，2012 年之前中国的棉籽生产者价格始终居高不下，2013 年开始棉籽的生产者价格才出现了较大幅度的下降，并于 2015 年首次低于美国（2015 年中国的棉籽生产者价格是 220 美元/吨，美国的棉籽生产者价格是 250 美元/吨），但与巴基斯坦（2015 年巴基斯坦的棉籽生产者价格仅为 34 美元/吨，不足中国的 1/6）相比，中国的棉籽仍具有很大的价格劣势。就籽棉生产者价格而言，中国的籽棉生产者价格也是居高不下，2011 年甚至高达2 990美元/吨。2015 年，中国的籽棉生产者价格是1 379美元/吨，而巴基斯坦仅有 583 美元/吨，不足中国的一半。其他国家的籽棉生产者价格波动不大，均维持在低于中国的水平。总体而言，中国的生产者价格均处于较高位置，与棉花出口大国相比不具有价格优势（图 3.5.6）。

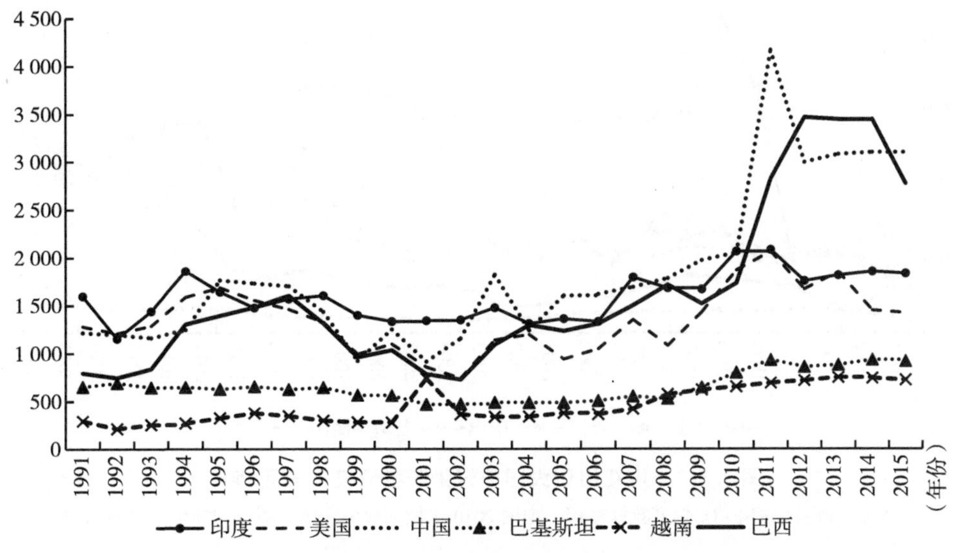

图 3.5.6　棉花出口大国皮棉生产者价格（美元/吨）

数据来源：根据 FAOSTAT 数据整理。中国 2010 年数据缺失，图中数据用插值法计算得出.

（2）生产竞争力评价

棉花单产可以看出地区棉花生产的生产力水平，棉花单产受多种因素的影响，其中较为重要的影响因素包括棉花品种资源、投入要素状况、种植水平等。

从图 3.5.7~图 3.5.9 来看，中国的籽棉单产持续增长，且始终处于相对较高的水平，2015 年更是达到了历史最高值4 748千克/公顷，比排名第二的巴西高出了1 271千克/公顷，是排名第六的越南（1 009千克/公顷）的4 倍多。就籽棉单产而言，中国的籽棉具有较强的竞争力。

3.5.4　结论与政策建议

3.5.4.1　结论

自进入 21 世纪以来，中国棉花产业发生了巨大变化，棉花生产能力明显提升，中国棉花产量在世界中占据较大比例，棉花进出口发生较大变化，一方面中国出口棉花，另一方面在大量进口棉花，中国棉花出口目的地和进口来源地较为稳定，出口地区主要为中国香港地区和孟加拉国、韩国等，而进口来源

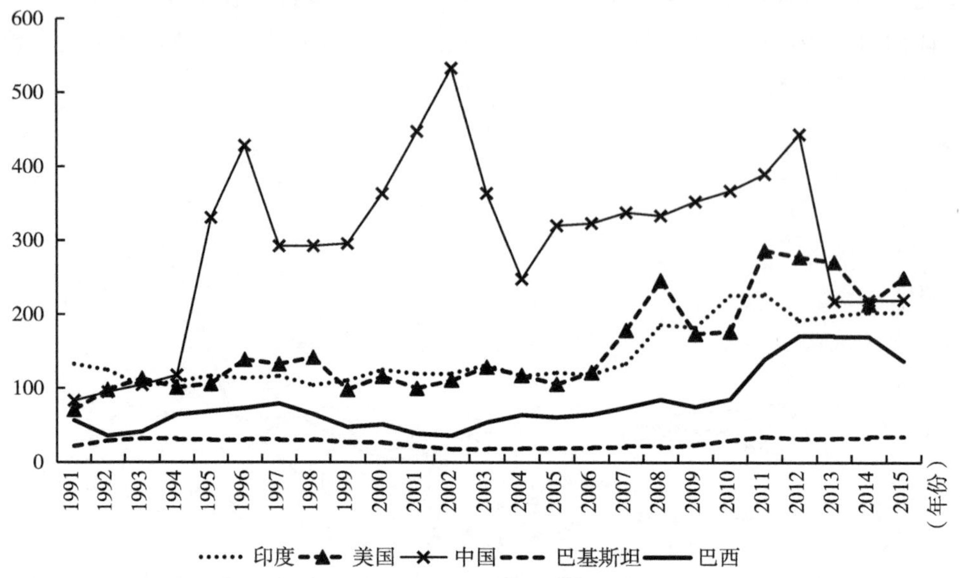

图 3.5.7　棉花出口大国棉籽生产者价格（美元/吨）

数据来源：根据 FAOSTAT 数据整理。中国 2010 年数据缺失，图中数据用插值法计算得出.

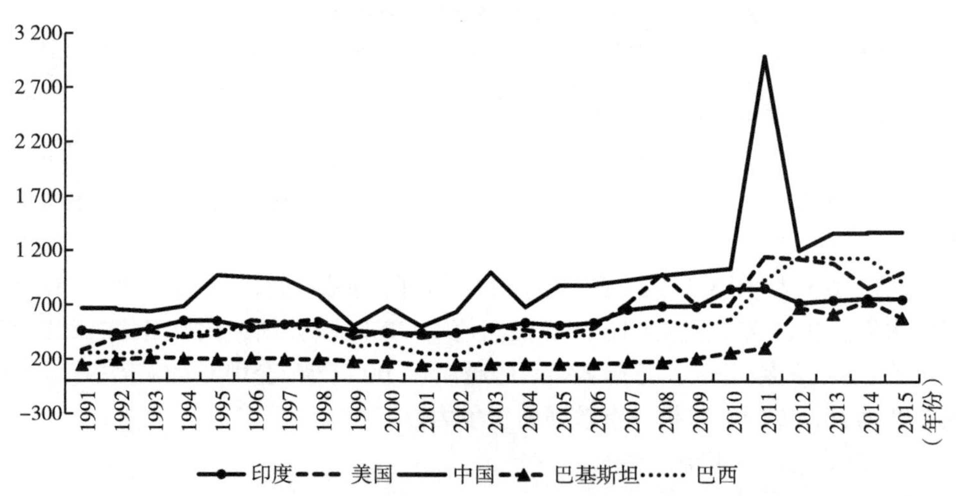

图 3.5.8　棉花出口大国籽棉生产者价格（美元/吨）

数据来源：根据 FAOSTAT 数据整理。中国 2010 年数据缺失，图中数据用插值法计算得出.

地主要为美国、印度和巴基斯坦等国家。

通过以上分析可知，无论是考虑国家棉花的生产总量和世界棉花总量以及

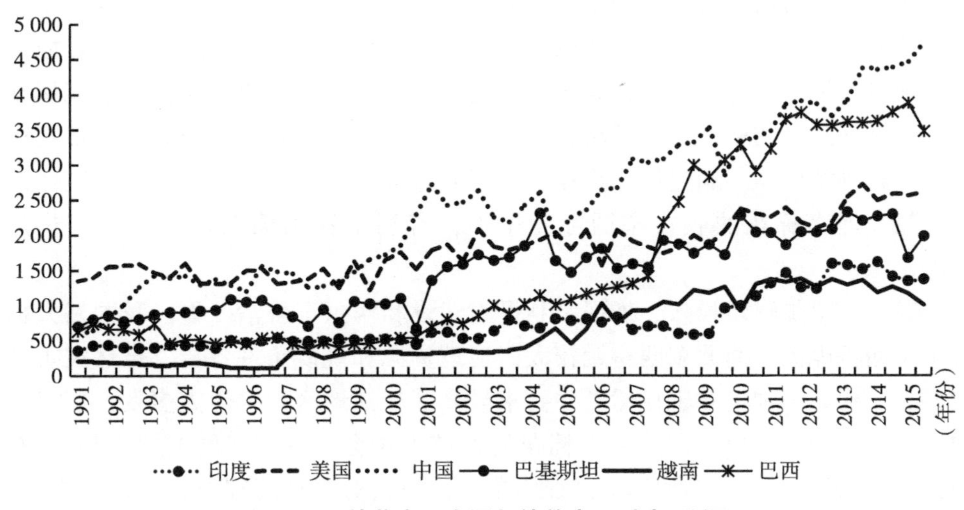

图 3.5.9 棉花出口大国籽棉单产（千克/公顷）

数据来源：FAOSTAT.

通货膨胀、汇率变动等宏观总量方面的波动影响，还是考虑我国棉花生产成本的变化，我国棉花在国际市场都不具有优势，特别是入世以来，我国棉花的国际优势更是逐年下降，甚至可以说，我国棉花几乎不具有国际竞争力。

3.5.4.2 政策建议

针对中国棉花出现的以上问题，本研究认为可以采取以下措施：

第一，以“技”种棉。中国的棉花产量大大高于其他国家，但生产者价格却比巴基斯坦、越南等国家高出很多，中国可以依靠科学技术改进棉花生产技术、减少棉花生产要素投入，缩小与世界棉花生产强国之间的差距。科学的种植方式和优良的棉花品种可以大大降低棉农的生产成本。在波特的六要素中，人力资源要素在国际竞争力的评价上具有十分重要的地位。我国应当从两个方面进行人才培养。一方面，我国应当加大对高端科技研究人才的培养，为我国培育高产、高质量、高品质、高抗灾等棉花品种，合理调配国内育种资源，加强优质棉花的棉花选育，从根源上提高我国棉花的品质，促进我国整体棉花产业的发展；另一方面我国应当对棉农提供技术支持和指导，提供给棉农专业的棉花种植技术和经营管理技术，扶持棉农进行种植技术和管理能力的改良，提高棉花的质量，降低棉花的生产成本。

第二，优化生产区域布局。据中国统计部门统计，西北内陆棉花产区的棉花单产水平将近另外两大棉花主产区的两倍。从资源禀赋上来看，虽然三个棉花产区都各有自己得天独厚的条件，但是黄河流域产区和长江流域产区的单产处于相同水平，仍然低于西北内陆棉产区，因此合理调节棉花的生产区域布局，充分发挥棉花主产区的集聚优势，适当的有计划缩减或者淘汰长江流域和黄河流域棉产区的棉花低产区域，增加单产水平较高的新疆等西北内陆棉花产区的棉花种植面积。通过优化棉花种植产业布局，有利于提高我国棉花整体的单产量，提高棉花的收益率国际竞争力，有利于我国棉花种植产业的长远发展。

第三，增加财政投入，加强水利设施建设和病虫害防治工作。我国三大棉区国土面积庞大，南北东西跨距较大，地理资源和气候条件各异，自然灾害频发多变，棉花的种植对于自然条件要求较高。长江地区雨水涝灾多发，黄河流域和西北内陆天干旱灾严重，对棉花的种植生长会有一定程度上的不利影响。因此，应当加大棉花主产区域的财政支持，加大对水利基础设施建设的投入，旱涝兼治，加强对江河河道和堤防的整治和建设，对干旱地区的灌溉建设加大财政投入。加强对棉花的水利基础设施，是保证棉花正常生产活动的基础，是提高我国棉花的产量和质量的保障，是促进我国棉花的国际竞争力水平的前提。此外，病虫害对我国棉花产量和质量的影响也不容忽视。病虫害多发地区以黄河流域和长江流域棉区最为严重，西北内陆受灾情况较弱。加大病虫害的治理技术投入，培育高抗病的棉花品种，改善棉花的生产种植条件，从而进一步提高棉花的总产量。因此，在增强棉花病虫害防治能力的同时，增加财政投入，科学用药，减少对生态的破坏性影响，尽最大可能减少棉花的病虫害损失，从品质和产量上提高我国棉花的国际竞争力。

第四，建立棉花专业合作社，形成规模效应，降低生产成本。我国棉花收益率长期处于低水平，且呈现逐年下降趋势，一是由于棉花尚未形成规模种植，二是由于最近几年全国植棉成本大幅上升。对此，一方面可以建立专业的棉花生产合作社及合作联社，整合棉花种植资源，形成棉花种植规模效应，利于棉农对棉花种植进行统一规范管理，提高种植生产效率，增加单产同时减少种植成本。另一方面，人工成本的增加是近几年种植棉花成本上升的重要原因。应当鼓励棉花种植技术的创新，推广先进的种植技术，完善播种、田间管理、采收等环节的机械化水平，从而降低占比最大的人工成本，提高棉花种植效益。

第五，培育优质棉花，完善棉花质检体制，规范棉花流通。一直以来我国棉花存在较为突出的质量问题，棉花的长度和强度无法满足国内外纺织厂的需要。据前文分析，造成我国棉花质量低的原因多种多样，既有自然原因又有人为原因。首先我国棉花缺少高品质的品种；其次由于棉花以手工采摘为主，机采的比例较小，加之棉农在思想上不太重视“三丝”对棉花质量的影响，从而导致我国棉花的质量问题比较严重。还有一些不法企业在棉花加工时掺入精梳落棉、水洗棉等严重影响了我国棉花的质量，皮棉中掺杂掺假行为时有发生。为此，一方面合理调配国内育种资源，对优质棉花严格甄选，从根源上提高我国棉花的品质；另一方面制定棉花生产标准，严格按照生产标准进行机械化生产，减少“三丝”现象的发生；同时健全棉花质检体系，加强棉花质量监督管理，规范流通体系，从而提高我国棉花的国际竞争力。

第六，积极参与贸易组织规则制定，加快自贸区建设。国际上许多发达国家对棉花种植进行高强度的财政支持，极大地损害了我国等发展中国家棉农的切实利益，严重削弱了我国棉花在国际上的竞争力。因此应当积极参与制定世贸组织规则，多争取对我国等发展中国家有力的规则政策，打击发达国家的高额棉花补贴政策，缩小发达国家的棉花补贴政策对我国棉花贸易可能造成的不利影响。在国际谈判中，要团结其他的发展中国家，争取扩大在国际市场上的发言权，联合起来反对发达国家的农业补贴对别国同类产业造成的破坏。此外，发挥自由贸易区对我国棉花进出口贸易的推动作用，加快自由贸易区的建设步伐，加快 RCEP 在内的各自贸区的谈判进程，有力推动自由贸易区内棉花的进出口贸易。

3.6 马铃薯

在中国，马铃薯是仅次于小麦、玉米和水稻的重要作物，这三种作物相比，马铃薯生命力较强，有抗寒、耐旱、耐贫瘠的生物特性，是发展中国家和贫困地区的主食来源，也是全球人类餐桌上的常备食物。作为世界上马铃薯播种面积和产量最大的国家，2014 年中国马铃薯种植面积占全球种植面积的 1/4，产量是全球的 1/5，中国马铃薯单产水平在 FAO 统计的 155 个国家中排名 88 位，达到世界平均水平。虽然作为马铃薯生产大国，出口贸易优势并未显示良好发展势头。多年以来中国马铃薯进口以初级产品和加工品为主，贸易状况与生产大国的差异悬殊较大。

根据 FAO 统计数据（2013 年），全球马铃薯及其制品的进出口贸易量高达 146 亿美元，其中美国、英国、法国、德国和荷兰的马铃薯及其制品的进口额排在前 5 位，占全球总进口额的 36.49%，这些国家不仅是马铃薯生产大国也是消费大国，对马铃薯的消费需求多种多样，我国马铃薯及其制品进口额仅为 1.92 亿美元，全世界总进口额的 1.31%；从世界马铃薯及其制品出口贸易方面来看，荷兰、比利时、美国、德国、法国和加拿大马铃薯强国出口额占全球总额的 75.54%，是世界马铃薯及其制品的主要出口国，在马铃薯育种、栽培、生产和加工等方面均处于世界领先地位，单位面积产量远高于世界平均水平。2013 年中国马铃薯及其制品的出口额为 1.86 亿美元，占全球的 1.27%。

总体来看，2013 年中国马铃薯进出口贸易呈现稳定状态，但在全球所占份额较少。世界马铃薯进出口贸易中心主要集中在西欧、北美和地中海地区，马铃薯进出口总量比较大，占全球总贸易额的 80%以上，是世界马铃薯生产、消费与贸易的集中区域。

3.6.1 中国马铃薯及马铃薯粉的出口状况

（1）出口数量和价值（图 3.6.1）

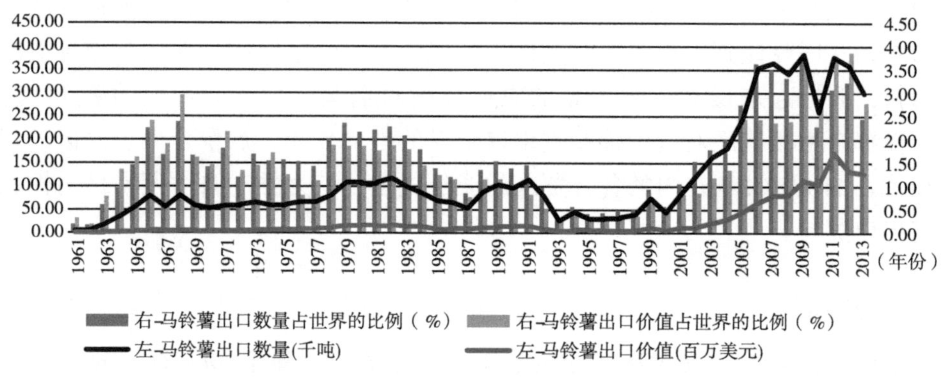

图 3.6.1 1961—2013 中国马铃薯的出口数量和价值及其在世界上的比例

数据来源：根据 FAOSTAT 的数据计算得到.

1961—1991 年，中国马铃薯出口数量和出口价值呈现平稳上升趋势。1991 年，中国马铃薯出口数量和出口价值分别达到 110.79 千吨和 14.72 百万美元。但 1992 年，中国马铃薯出口数量开始出现大幅度下降，并于 1993—2000 年之间维持在 50 千吨以下的出口水平上，所以在这段时期，中国马铃薯出口数量和出口价值占世界马铃薯总出口数量和总出口价值的比例都小于 1.0%。

2001 年之后，由于中国已经开始加入 WTO，在自由化贸易的大背景下，中国商品的出口市场不断得到拓展，出口竞争力也得到提高，这促进了中国马铃薯出口数量和出口价值在2001年之后得到快速上升，同时也提高了中国马铃薯出口在世界贸易中的地位。2013年，中国马铃薯出口数量增加至298千吨，出口价值达到127.86百万美元，分别是2000年中国马铃薯出口数量和出口价值的6.7倍和19.6倍，此外，2013年中国马铃薯出口数量和出口价值占世界马铃薯总出口数量和总出口价值的比例也分别上升至2.44%和2.78%（图3.6.2）。

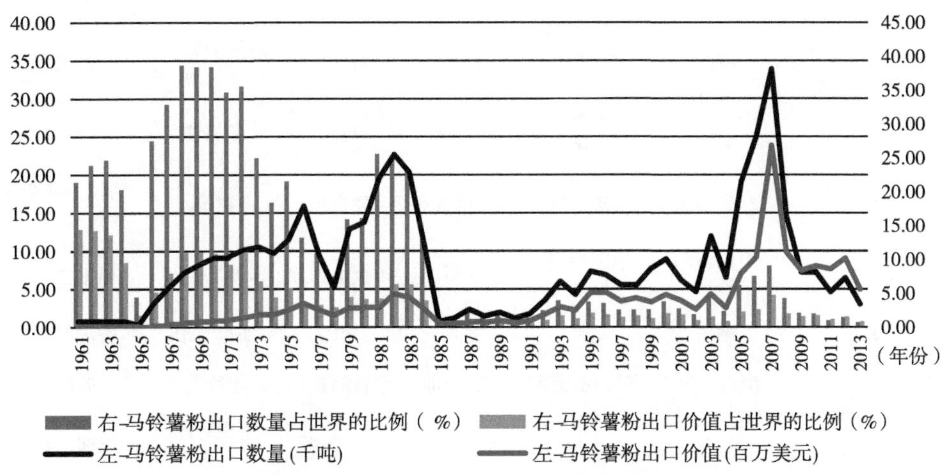

图3.6.2　1961—2013中国马铃薯粉的出口数量和价值及其在世界上的比例

数据来源：根据FAOSTAT的数据计算得到.

与马铃薯出口相比，马铃薯粉的出口较少，且波动较大。除了在1978年出现大幅下跌之外，1966—1984年，马铃薯粉的出口数量和出口价值维持在历史较高水平。这段时期，中国马铃薯粉的出口数量在0.3万~2.2万吨，占世界马铃薯粉总出口数量的比例大约在10%~38%，但由于中国马铃薯粉的出口单位价值较低，导致中国马铃薯粉的出口价值占世界马铃薯粉总出口价值的比例也相对较低，在3%~10%。

1985—2000年，中国马铃薯粉的出口微乎其微。2001年之后，受到中国加入WTO的影响，中国马铃薯的出口数量和出口价值有所提高。2007年，中国马铃薯的出口数量和出口价值分别为1.58万吨和1 750万美元，占世界的比例分别为4.3%和3.7%。但2008年的金融危机使中国马铃薯粉的出口数量和出口价值都出现大幅下降。

(2) 出口目的地和集中度

表 3.6.1 中国马铃薯前 10 大出口市场

排名	1992	1997	2002	2007	2012	2013
1	越南	越南	马来西亚	马来西亚	马来西亚	马来西亚
2	俄罗斯	俄罗斯	蒙古国	俄罗斯	越南	越南
3	蒙古	蒙古	新加坡	阿拉伯联合酋长国	俄罗斯	俄罗斯
4	新加坡	新加坡	越南	新加坡	阿拉伯联合酋长国	泰国
5	中国香港地区	中国香港地区	俄罗斯	越南	新加坡	新加坡
6	马来西亚	马来西亚	印度尼西亚	蒙古国	泰国	阿拉伯联合酋长国
7	中国澳门地区	中国澳门地区	泰国	印度尼西亚	印度尼西亚	斯里兰卡
8	朝鲜	朝鲜	文莱	泰国	斯里兰卡	香港特区
9	印度尼西亚	印度尼西亚	中国香港	沙特阿拉伯	菲律宾	朝鲜
10	日本	日本	斯里兰卡	科威特	中国香港地区	中国澳门地区
第一大市场的份额	29.38%	29.38%	43.43%	44.26%	31.14%	29.54%
10 大市场的份额	99.84%	98.87%	97.99%	92.06%	96.68%	96.87%

数据来源：根据 UNContrade 的数据计算得到，这里的马铃薯是指鲜或冷藏的马铃薯，种用除外，HS 编码是 070190.

从表 3.6.1 可知，2000 年之后，马来西亚在中国马铃薯出口市场中的份额越来越大，2002 年和 2007 年所占市场份额都超过了 40%，成功超越越南成为中国马铃薯第一大出口市场。此外，俄罗斯、蒙古国、新加坡、阿拉伯酋长联合国和香港也是中国马铃薯的主要出口市场，所占市场份额都在 5%以上。其他国家如泰国、印度尼西亚等国家在中国马铃薯出口市场中的份额较小，在 1%~5%。总体来说，中国马铃薯出口的贸易集中度较高，前 10 大市场的贸易集中度为 92%~99%。2000 年之后，贸易集中度有所下降，说明加入 WTO 使中国马铃薯的出口市场有所增加。

表 3.6.2 中国马铃薯粉的前 10 大出口市场 (年份)

排 名	1992	1997	2002	2007	2012	2013
1	俄罗斯	中国香港地区	韩国	韩国	泰国	世界
2	贝宁	日本	其他亚洲国家	印度尼西亚	中国香港地区	越南
3	朝鲜	韩国	日本	泰国	俄罗斯	韩国
4	美国	朝鲜	泰国	其他亚洲国家	越南	俄罗斯
5	菲律宾	蒙古国	中国香港地区	中国香港地区	韩国	蒙古国
6	马来西亚	其他亚洲国家	朝鲜	俄罗斯	蒙古国	泰国
7	澳门	俄罗斯	约旦	美国	其他亚洲国家	中国香港特区
8		其他地区	印度尼西亚	墨西哥	新西兰	新西兰
9			菲律宾	越南	美国	委内瑞拉
10			德国	南非	印度尼西亚	朝鲜
第一大市场的份额	50.60%	33.38%	91.87%	18.49%	44.41%	36.99%
10 大市场的份额	100.00%	100.00%	99.88%	86.65%	97.16%	98.88%

数据来源：根据 UNContrade 的数据计算得到，这里的马铃薯粉是指马铃薯淀粉，HS 编码是 110813.

从表 3.6.2 可知，2000 年之前，中国马铃薯粉的出口市场较少，还不到 10 个，这期间，主要出口市场是俄罗斯、中国香港地区、贝宁、日本、朝鲜和韩国。2000 年之后，中国马铃薯粉的出口市场逐渐增多，2002 年中国马铃薯粉的出口市场有 14 个，2007 年则增加到了 45 个，出口市场的增加导致第一大出口市场的份额有所稀释，例如，作为中国马铃薯粉第一大出口市场的韩国，其市场份额从 2002 年 91.87%下降到了 2007 年的 18.49%，同时，前 10 大出口市场的份额也从 99.88%下降到了 86.65%。出口市场增加一方面有利于减少中国对某一出口市场的过度依赖，减少市场风险，另一方面有利于稳定和增加中国马铃薯粉的出口量。例如，中国马铃薯粉的出口总值从 2002 年的 2.64 百万美元增加到2 052万美元。

3.6.2 中国马铃薯产业国际竞争力分析

(1) 显示性比较优势指数

中国马铃薯 RCA 指数一直都小于 0.8，反映出我国马铃薯的国际竞争力较弱，与其他国家尚存在较大差距。法国、荷兰和以色列的历年 RCA 指数都大于2.5，说明这三国马铃薯在国际市场占据有利地位。比利时、加拿大出口马铃薯RCA指数都在1.25~2.25，表明这两国马铃薯产业国际竞争优势比较大。德国出口马铃薯RCA指数在2000—2012年都处于0.8~1.25，2013年RCA指数为1.42，马铃薯产业具有较强的国际竞争力。英国历年RCA指数都大于0.8，而美国虽小于0.8，但与同期的中国水平都会高。之所以出现这样的状况，与中国出口贸易结构有关。改革开放以来，我国出口贸易量不断攀升，贸易结构不断优化合理，成品出口量稳步提升，相比之下，马铃薯的出口优势并不那么明显，从而产生与马铃薯生产大国地位不相称的局面（图3.6.3）。

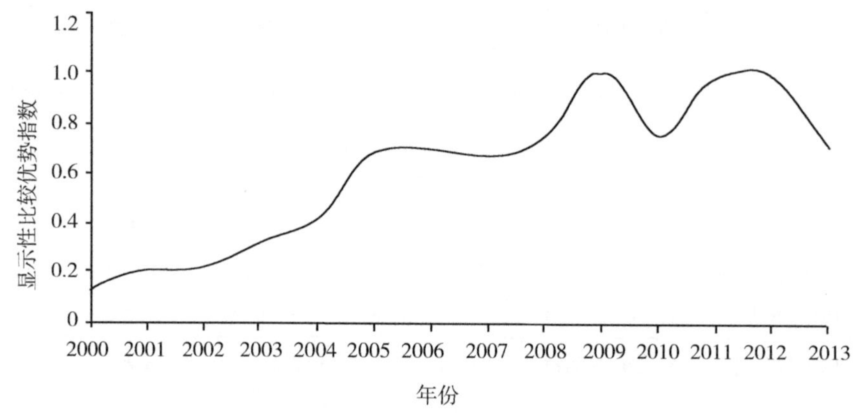

图3.6.3　中国马铃薯显示性比较优势指数

（2）贸易竞争力指数

利用FAO统计数据测算2000-2013年中国马铃薯的贸易竞争力指数，结果表明2001年以前中国马铃薯处于劣势地位，之后马铃薯的国际竞争力有所回升，2002年中国马铃薯TC指数维持在0.5以上，表明中国马铃薯具有较强的竞争优势（图3.6.4）。

3.6.3　结论与政策建议

从贸易量方面来说，近年来，中国马铃薯出口量一直大于进口量，这主要是中国马铃薯出口增速加快，而进口增长缓慢的功劳。然而，就贸易额而言，1989—2010年及2012—2013年，中国马铃薯处于净进口状态，主要是因为中国马铃薯出口以初级产品为主，缺乏竞争力，出口价格较低。

中国与贸易伙伴国（地区）的经济规模、空间距离、制度安排以及该国（地区）是否发达国家（地区）是影响中国马铃薯贸易额的重要因素。中国对

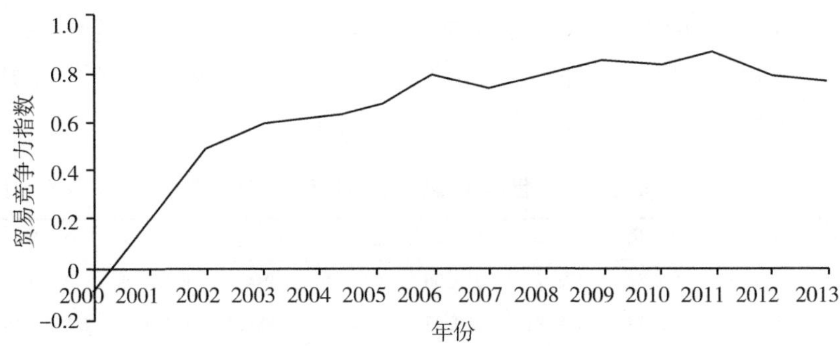

图 3.6.4 中国马铃薯贸易竞争力指数

日本、澳大利亚、海地、马尔代夫、菲律宾、多哥、刚果（金）、印度尼西亚、安哥拉、土耳其等的马铃薯出口具有较大优势，应高度重视与这些国家（地区）的马铃薯贸易发展，而对一些马铃薯出口达到饱和的国家（地区）则应新的发展路径，寻找其他促进马铃薯出口的因素。

3.7 生猪

21 世纪以来，中国的生猪存量占世界存量比为 45%~48%，产量在世界上占据很大的比重，然而，随着人们膳食结构的变化，中国对肉类产品的需求变大，中国自 2008 年以来，猪肉消费就已经是净进口的状态，从 2008 年净进口约 7200 万美元增加到 2013 年的 2 亿多美元。而且，据 FAO 数据显示，自 2008 年以来，中国进口国际市场的猪肉比率一直呈上升趋势，从 2008 年的 8.3%上涨到 10.5%左右。在一带一路的背景下，中国将开放更多的自贸区，开放水平进一步提高，而作为主要畜牧业品种之一的生猪的国际竞争力却不容乐观。

本文拟从世界生猪产业生产与贸易着手，通过具体数据分析国际生猪产业国际竞争力的实际状况，然后设计多个指标对中国生猪产业的国际竞争实力进行评价，分析中国生猪产业国际竞争力影响因素，并提出相应的对策建议。

3.7.1 世界生猪产品的主要出口国和地区的生产贸易情况

3.7.1.1 世界生猪产品出口贸易

世界生猪产品的主要出口国是美国、巴西、加拿大、墨西哥、欧盟和中国，合计占比达到 97%以上。欧盟的成员国实行贸易一体化，对内零关税，对外贸易时，关税、非关税政策是一致的，所以，从贸易角度看，欧盟是一个整体。由表3.7.1数据可知，中国的猪肉出口量在2004年达到最高，高达4.3亿美元，而后开始下降并稳定在2.8亿美元左右。美国、巴西、加拿大、墨西哥的猪肉出口量一直在增加，到2013年，四者出口猪肉分别占世界份额为21.7%、6.87%、13.7%、2.70%，合计占比44.9%。

表3.7.1　世界主要国家、地区出口猪肉情况　(单位：百万美元)

年份	中国	美国	墨西哥	巴西	加拿大	欧盟	世界	合计	占比
2001	126.38	982.52	175.71	225.06	944.64	3 944.30	6 522.79	6 398.61	0.981
2002	183.50	875.22	177.81	289.23	945.87	3 886.10	6 499.97	6 357.74	0.978
2003	239.25	903.78	132.36	403.99	1 104.81	4 762.09	7 648.44	7 546.28	0.987
2004	432.13	1 198.30	154.61	566.40	1 349.34	6 197.87	10 048.82	9 898.65	0.985
2005	370.38	1 530.42	178.46	836.19	1 665.60	6 623.84	11 378.09	11 204.90	0.985
2006	367.63	1 674.09	189.37	772.54	1 530.09	7 447.78	12 158.55	11 981.50	0.985
2007	255.41	2 005.68	228.80	972.69	1 539.01	8 467.50	13 827.99	13 469.09	0.974
2008	245.22	3 112.52	317.83	1 152.41	1 753.66	10 376.25	17 280.09	16 957.88	0.981
2009	233.30	2 582.40	230.25	982.91	1 576.91	9 439.18	15 356.80	15 044.94	0.980
2010	297.75	2 840.52	267.69	1 101.65	1 888.21	10 021.09	16 728.14	16 416.90	0.981
2011	287.68	3 846.93	319.96	1 161.24	2 285.64	12 056.89	20 475.43	19 958.35	0.975
2012	70.45	3 882.69	379.48	1 170.32	2 239.44	7 526.21	15 873.57	15 268.58	0.962
2013	298.86	3 572.17	444.25	1 131.46	2 187.60	8 383.51	16 479.59	16 017.85	0.972

出口额注：由FAOSTAT数据整理.

3.7.1.2　生猪产品出口大国的进口贸易

表3.7.2　出口大国、地区进口猪肉情况　(单位：百万美元)

年份	中国	美国	墨西哥	巴西	加拿大	欧盟	合计	世界
2001	223.91	358.00	14.51	0.09	0.58	808.60	1 405.69	1 461.23
2002	216.74	301.11	33.15	0.49	2.13	797.16	1 350.78	1 399.86
2003	226.88	400.54	23.66	0.17	2.00	918.27	1 571.52	1 618.98
2004	241.55	540.90	26.94	0.14	1.44	1 236.63	2 047.61	2 108.31
2005	220.20	606.35	26.27	0.34	0.76	1 494.04	2 347.96	2 456.56
2006	210.40	587.81	25.89	0.37	0.56	1 813.69	2 638.70	2 790.17
2007	206.05	661.79	17.07	0.30	0.97	2 048.29	2 934.47	3 119.59
2008	317.30	489.42	11.63	0.39	1.12	2 638.14	3 457.99	3 794.57
2009	363.48	299.88	3.02	0.24	1.58	2 709.75	3 377.95	3 795.66

（续表）

年 份	中 国	美 国	墨西哥	巴 西	加拿大	欧 盟	合 计	世 界
2010	370.84	367.96	4.41	0.69	1.86	2 716.51	3 462.26	3 771.63
2011	443.69	367.17	5.05	1.90	2.42	2 986.38	3 806.60	4 191.81
2012	502.09	330.41	10.44	0.92	1.67	3 459.13	4 304.65	4 657.89
2013	501.87	331.48	4.95	0.87	0.94	3 738.13	4 578.23	4 845.86

主要生猪产品出口国的猪肉进口情况如表 3.7.2 所示，中国的猪肉进口额自 2009 年开始超过美国的猪肉进口额。从整体上看，中国和欧盟的猪肉进口额是逐年递增的，而美国和墨西哥的猪肉进口额呈现减少的趋势。

3.7.1.3 生猪产品主要出口国的生猪存栏量

我们要研究的对象——生猪产品主要出口国的生猪存栏量在世界总量中合计占比 78%左右。从图 3.7.1 可以看到，在 2014 年中国的生猪存栏量占世界的比例约为 49%，相比较于欧盟（15%）、美国（7%）、比西（4%），中国的生猪存栏量具有相对的优势。从图 3.7.2 中中国的生猪存栏量在世界的占比情况可以看出，中国自 2001 年以来的生猪占比一直是增加的，从 2001 年的 46.2%增加至 2014 年的 48.7%，说明中国的生猪养殖规模在不断增加。

表 3.7.3 世界主要出口国家、地区猪的存栏量（百万只）

年 份	中 国	美 国	墨西哥	巴 西	加拿大	欧 盟	合 计	世 界	合计占比（%）
2001	394.92	59.14	17.58	32.61	13.58	158.60	676.43	854.91	79.12
2002	397.52	59.72	15.12	32.01	14.38	160.02	678.78	863.76	78.58
2003	399.68	59.55	14.63	32.30	14.75	161.08	681.99	873.09	78.11
2004	400.10	60.44	15.18	33.09	14.73	158.99	682.52	872.35	78.24
2005	407.18	60.98	15.34	34.06	14.81	160.44	692.81	883.78	78.39
2006	418.89	61.45	15.26	35.17	14.98	162.06	707.81	903.18	78.37
2007	425.71	62.52	15.27	35.95	14.08	162.67	716.20	919.19	77.92
2008	433.46	68.18	15.23	36.82	12.70	157.41	723.79	925.37	78.22
2009	450.98	64.89	15.27	38.05	12.47	154.16	735.81	941.08	78.19
2010	476.26	64.93	15.44	38.96	12.69	153.74	762.00	974.69	78.18
2011	470.96	66.36	15.55	39.31	12.79	151.71	756.67	968.52	78.13
2012	474.11	66.22	15.86	38.80	12.67	147.84	755.49	971.39	77.77
2013	482.10	64.77	16.20	36.74	12.88	146.86	759.56	976.53	77.78
2014	480.10	67.78	16.10	37.93	13.05	149.20	764.16	985.67	77.53

注：由 FAOSTAT 数据整理.

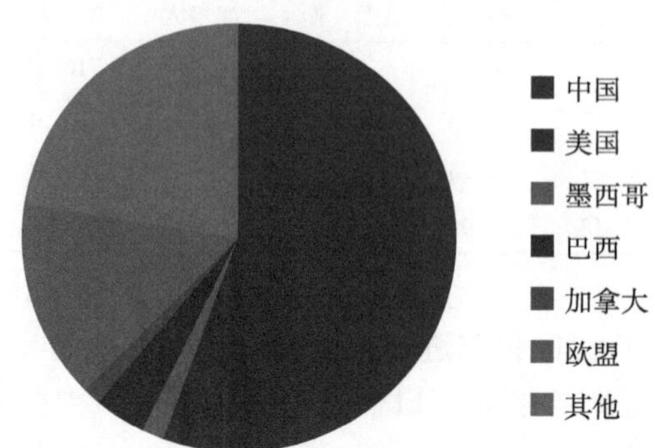

图 3.7.1　2014 年的各国（地区）生猪占比情况

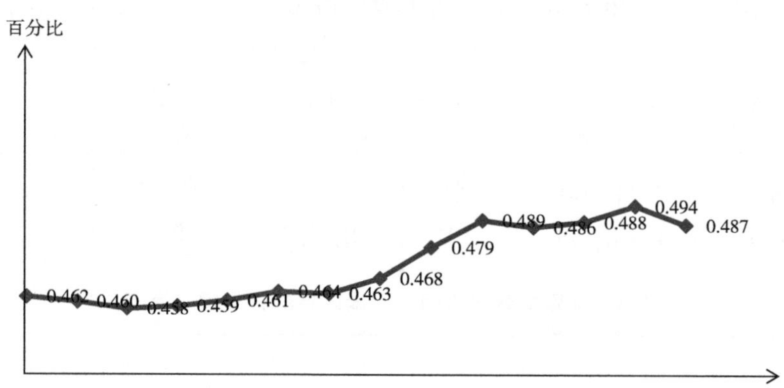

图 3.7.2　中国生猪存栏占比情况

3.7.1.4　生猪产品主要出口国的生猪出栏量

如表 3.7.4 所示，整体而言，各国的生猪出栏量是逐年递增的，生猪产品的供给不断增加，这从侧面反映了生猪产品的消费能力的不断提高。

表 3.7.4　生猪产品主要出口国（地区）的生猪出栏量（百万头）

年　份	中　国	美　国	墨西哥	加拿大	欧　盟	巴　西	合　计	世　界	占比（%）
2001	485.23	98.08	14.04	20.70	246.40	0.02	864.47	1 105.69	78.18
2002	496.12	100.38	13.85	22.14	248.95	0.02	881.45	1 135.96	77.60
2003	522.24	101.04	13.39	22.44	251.27	0.02	910.41	1 175.51	77.45

（续表）

年份	中国	美国	墨西哥	加拿大	欧盟	巴西	合计	世界	占比（%）
2004	530.71	103.57	13.88	22.87	248.25	0.01	919.29	1 188.92	77.32
2005	551.89	106.90	14.31	22.32	247.35	0.01	942.78	1 206.00	78.17
2006	571.38	104.84	14.28	21.79	250.62	0.02	962.93	1 234.13	78.03
2007	576.38	108.14	14.68	21.27	258.99	0.02	979.48	1 266.70	77.33
2008	602.23	116.56	15.26	21.71	256.99	0.02	1 012.76	1 301.79	77.80
2009	624.91	113.73	15.50	21.81	251.69	0.02	1 027.67	1 322.48	77.71
2010	677.24	110.37	15.76	21.30	256.83	0.02	1 081.52	1 385.65	78.05
2011	674.06	110.96	15.93	21.26	260.60	0.02	1 082.83	1 389.95	77.90
2012	708.60	113.25	16.14	21.28	253.62	0.03	1 112.91	1 430.32	77.81
2013	726.04	112.16	16.82	20.92	250.55	0.02	1 126.51	1 453.98	77.48
2014	744.87	106.96	16.43	20.42	253.97	0.03	1 142.68	1 473.63	77.54

3.7.2 世界生猪生产大国的竞争力指标分析

（1）净出口指数（表3.7.5）

表3.7.5 各国（地区）猪肉净出口指数

年份	中国	美国	墨西哥	加拿大	欧盟	巴西	合计	世界	占比
2001	485.23	98.08	14.04	20.70	246.40	0.02	864.47	1 105.69	78.18
2002	496.12	100.38	13.85	22.14	248.95	0.02	881.45	1 135.96	77.60
2003	522.24	101.04	13.39	22.44	251.27	0.02	910.41	1 175.51	77.45
2004	530.71	103.57	13.88	22.87	248.25	0.01	919.29	1 188.92	77.32
2005	551.89	106.90	14.31	22.32	247.35	0.01	942.78	1 206.00	78.17
2006	571.38	104.84	14.28	21.79	250.62	0.02	962.93	1 234.13	78.03
2007	576.38	108.14	14.68	21.27	258.99	0.02	979.48	1 266.70	77.33
2008	602.23	116.56	15.26	21.71	256.99	0.02	1 012.76	1 301.79	77.80
2009	624.91	113.73	15.50	21.81	251.69	0.02	1 027.67	1 322.48	77.71
2010	677.24	110.37	15.76	21.30	256.83	0.02	1 081.52	1 385.65	78.05
2011	674.06	110.96	15.93	21.26	260.60	0.02	1 082.83	1 389.95	77.90
2012	708.60	113.25	16.14	21.28	253.62	0.03	1 112.91	1 430.32	77.81
2013	726.04	112.16	16.82	20.92	250.55	0.02	1 126.51	1 453.98	77.48
2014	744.87	106.96	16.43	20.42	253.97	0.03	1 142.68	1 473.63	77.54

在这几个国家和地区中，中国是唯一出现贸易逆差的国家，这说明中国的猪肉进出口贸易处于劣势地位。而且，在其他贸易顺差国家中，美国的顺差额度增加的速度是最快的，猪肉的国际贸易优势越来越明显。

（2）国际市场占有率

表 3.7.6　国际市场占有率

年　份	中　国	美　国	墨西哥	巴　西	加拿大	欧　盟
2001	0.019	0.151	0.027	0.035	0.145	0.605
2002	0.028	0.135	0.027	0.044	0.146	0.598
2003	0.031	0.118	0.017	0.053	0.144	0.623
2004	0.043	0.119	0.015	0.056	0.134	0.617
2005	0.033	0.135	0.016	0.073	0.146	0.582
2006	0.030	0.138	0.016	0.064	0.126	0.613
2007	0.018	0.145	0.017	0.070	0.111	0.612
2008	0.014	0.180	0.018	0.067	0.101	0.600
2009	0.015	0.168	0.015	0.064	0.103	0.615
2010	0.018	0.170	0.016	0.066	0.113	0.599
2011	0.014	0.188	0.016	0.057	0.112	0.589
2012	0.004	0.245	0.024	0.074	0.141	0.474
2013	0.018	0.217	0.027	0.069	0.133	0.509

由表 3.7.6 可以看出，生猪产品的国际市场占有率较高的是欧盟、美国、加拿大，而巴西、墨西哥和中国的猪肉的国际市场占有率都低于 8%。从纵向看，中国猪肉的国际市场占有率在 2006 年以前是增加的，在 2006 年之后开始下降；美国的猪肉国际市场占有率整体上是不断增长的，其他国家或地区猪肉的国际市场占有率是波动状态。

（3）竞争力指数

表 3.7.7　贸易竞争力指数

年　份	中　国	美　国	墨西哥	巴　西	加拿大	欧　盟
2001	−0.278	0.466	0.847	0.999	0.999	0.660
2002	−0.083	0.488	0.686	0.997	0.996	0.660
2003	0.027	0.386	0.697	0.999	0.996	0.677

（续表）

年 份	中 国	美 国	墨西哥	巴 西	加拿大	欧 盟
2004	0. 283	0. 378	0. 703	0. 999	0. 998	0. 667
2005	0. 254	0. 432	0. 743	0. 999	0. 999	0. 632
2006	0. 272	0. 480	0. 759	0. 999	0. 999	0. 608
2007	0. 107	0. 504	0. 861	0. 999	0. 999	0. 610
2008	−0. 128	0. 728	0. 929	0. 999	0. 999	0. 595
2009	−0. 218	0. 792	0. 974	1. 000	0. 998	0. 554
2010	−0. 109	0. 771	0. 968	0. 999	0. 998	0. 573
2011	−0. 213	0. 826	0. 969	0. 997	0. 998	0. 603
2012	−0. 754	0. 843	0. 946	0. 998	0. 999	0. 370
2013	−0. 254	0. 830	0. 978	0. 998	0. 999	0. 383

如表 3. 7. 7 所示，中国猪肉的贸易竞争力指数是负数，其他用于比较的国家的 TC 是正数，中国猪肉相较而言是缺乏竞争力的产品。近几年，美国和墨西哥猪肉的贸易竞争力指数是不断增加的，欧盟猪肉的贸易竞争力指数是下降的，巴西和加拿大猪肉的贸易竞争力指数一直维持在很高的水平。

（4）显示性比较优势指数

表 3. 7. 8 各国猪肉出口总额 （单位：亿美元）

年 份	中 国	美 国	墨西哥	巴 西	加拿大	欧 盟	世 界
2001	2 660. 98	7 310. 06	1 583. 86	582. 87	2 610. 59	7 916. 46	61 175. 30
2002	3 255. 96	6 932. 22	1 607. 51	604. 39	2 525. 84	8 612. 91	64 086. 71
2003	4 382. 28	7 236. 09	1 649. 07	732. 03	2 722. 30	10 066. 41	74 586. 82
2004	5 933. 26	8 179. 06	1 879. 80	966. 77	3 171. 61	12 096. 80	90 751. 88
2005	7 619. 53	9 043. 39	2 142. 07	1 185. 29	3 605. 52	13 458. 23	103 466. 29
2006	9 689. 36	10 370. 29	2 499. 61	1 378. 06	3 881. 79	14 999. 93	119 595. 33
2007	12 200. 60	11 625. 38	2 718. 21	1 606. 49	4 198. 82	17 573. 23	137 762. 31
2008	14 306. 93	12 998. 99	2 912. 65	1 979. 42	4 556. 32	19 285. 54	159 319. 19
2009	12 016. 47	10 567. 12	2 297. 12	1 529. 95	3 151. 77	16 001. 34	123 686. 08
2010	15 777. 64	12 780. 99	2 983. 05	2 019. 15	3 865. 80	17 957. 74	151 026. 05
2011	18 983. 88	14 816. 82	3 493. 27	2 560. 39	4 504. 30	22 411. 93	180 269. 70
2012	20 487. 82	15 449. 32	3 707. 07	2 425. 78	4 540. 99	22 516. 06	180 774. 80
2013	22 090. 07	15 775. 87	3 799. 49	2 420. 33	4 565. 98	23 263. 42	184 577. 04

注：数据由 UNContradeDatabase 整理所得.

表 3.7.9 猪肉的显示性比较优势指数

年 份	中 国	美 国	墨西哥	巴 西	加拿大	欧 盟
2001	0.45	1.26	1.04	3.62	3.39	4.67
2002	0.56	1.24	1.09	4.72	3.69	4.45
2003	0.53	1.22	0.78	5.38	3.96	4.61
2004	0.66	1.32	0.74	5.29	3.84	4.63
2005	0.44	1.54	0.76	6.42	4.20	4.48
2006	0.37	1.59	0.75	5.51	3.88	4.88
2007	0.21	1.72	0.84	6.03	3.65	4.80
2008	0.16	2.21	1.01	5.37	3.55	4.96
2009	0.16	1.97	0.81	5.17	4.03	4.75
2010	0.17	2.01	0.81	4.93	4.41	5.04
2011	0.13	2.29	0.81	3.99	4.47	4.74
2012	0.04	2.86	1.17	5.49	5.62	3.81
2013	0.15	2.54	1.31	5.24	5.37	4.04

由表 3.7.9 可知，中国的显示性比较优势指数近几年均小于 0.8，而且数值呈下降趋势，说明中国猪肉处于比较劣势状态，且劣势越来越大。巴西、加拿大、欧盟的显示性比较优势指数都远大于 2.5，说明这三个国家（地区）的猪肉的国际贸易处于很强的比较优势状态，尤其是巴西和加拿大的 RAC 数值从纵向上看是不断增加的，优势越来越大。美国的显示性比较优势指数一直是大于 1 的，而且自 2012 年以来数值大于 2.5，说明美国的出口贸易竞争力一直以来都在世界平均水平以上，而且有扩大趋势。墨西哥的显示性贸易竞争指数在 0.8~1.3 徘徊，按照日本贸易振兴协会的标准，墨西哥的生猪产品有着世界的平均竞争优势。

在分析国际竞争力时，由于显示性比较优势指数摆脱了各种理论假设的制约，剔除了一国和世界出口总量的波动对计算结果的影响，可以较好地反映一国某产业的出口与世界平均出口水平比较来看的相对优势。因此，该指数自被提出至今，成为测量一国比较优势及其排序最广泛运用的指数之一。如图 3.7.3 所示，中国猪肉的显示性比较优势指数是最低的，国际贸易竞争力最差。而且，从整体趋势看，中国猪肉的贸易竞争优势是不断下降的，与美国、墨西哥、巴西、加拿大、欧盟的差距也越来越大。

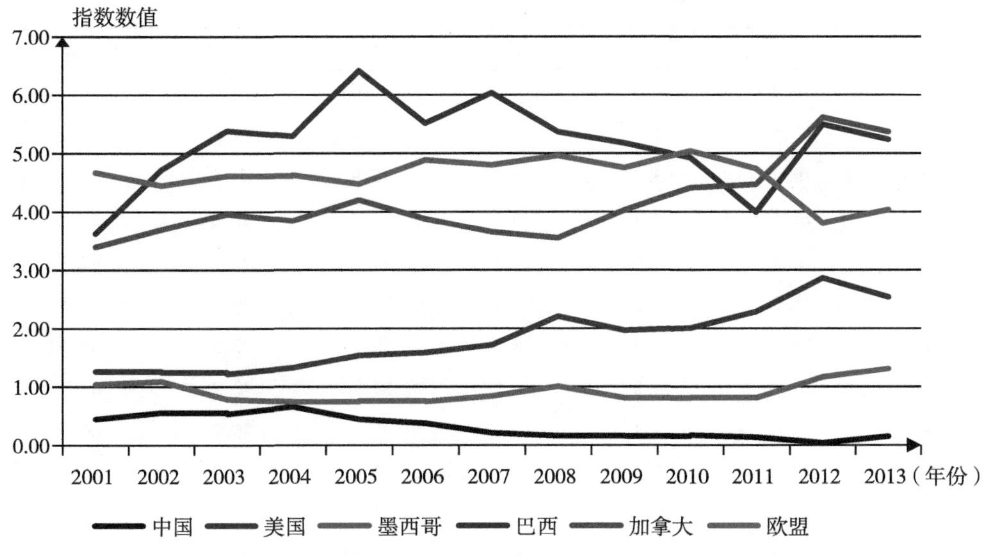

图 3.7.3　显示性比较优势指数

3.7.3　生猪产品竞争力的影响因素分析

3.7.3.1　成本构成

中国生猪饲养过程主要成本产生在仔猪费用、饲料、人工成本。由于饲料的价格，仔猪价格以及劳动力费用的提高，生猪生产成本不断上涨。据测算，2008 年，生猪饲养的人工费约 100 元/头，而 2006 年的人工费是 59.17 元/头，增加了 40 元左右，仔猪费用 430.6 元/头，占比约 30%，饲料结构中豆粕的比重和价格不断增加，而且大豆大量依靠进口。制作饲料的玉米的价格长期出现国内外倒挂现象，而且，中国生产的玉米的蛋白质每百克含量不如进口玉米的蛋白质含量高更加剧了这种对进口的依赖性。

3.7.3.2　生猪胴体重量

生猪胴体重量可以看出地区生猪生产的生产力水平，胴体重量受多种因素的影响，其中较为重要的影响因素包括生猪品种资源、投入要素状况、养殖技术等（表 3.7.10）。

从已有的数据来看，就均值而言，加拿大、欧盟生猪胴体重约为中国生猪胴体重的 1.1 倍，而美国生猪胴体重约为中国生猪胴体重的 1.2 倍，整体而言，中国生猪胴体重量在 6 个国家、地区中位居第 5 位，处于中下水平，生猪胴体重量具有较大的提升空间。

表 3.7.10　生猪胴体重量（千克/胴体）

年　份	中　国	美　国	墨西哥	加拿大	巴　西	欧　盟
2001	76.3	90.9	75.3	83.6	74.5	88
2002	76.5	91.7	77.3	83.9	74.5	88.2
2003	76.4	93.4	77.3	83.9	80.5	88.5
2004	76.1	93.1	76.7	84.7	81.0	88
2005	75.8	90.6	77.1	86.0	92.0	88.4
2006	76.3	94.3	77.7	87.1	96.7	87.6
2007	76.2	95.7	78.5	89.2	90.3	88.0
2008	76.0	94.0	76.0	89.7	92.2	87.7
2009	93.4	89.1	75	92.5	76.7	86.6
2010	93.2	90.5	74.5	92.6	73.2	87.9
2011	92.6	92.6	75.5	93.3	73.2	86.2
2012	91.8	94.3	76.8	92.3	73.8	86.5
2013	74.0	9.00	95.0	76.3	92.8	86.7
均值	81.1	92.3	77.9	87.3	82.4	87.6

3.7.4　结论与政策建议

3.7.4.1　结论

自进入21世纪以来，中国生猪产业发生了巨大变化，生猪生产能力明显提升，中国国产生猪在世界中占据较大比例，国产生猪大幅增长的背景下大量进口，一方面说明中国居民对生猪的消费能力明显提升，另一方面也反映出中国生猪产业供给能力具有较大的提升空间，面对日益上涨的生猪生产价格，国内生猪产业面临较大的下行压力。

3.7.4.2　建议

针对中国生猪出现的以上问题，本研究认为可以采取以下措施。

第一，以“技”养猪。中国生猪胴体重与欧美生猪存在较大差距，中国可以依靠科学技术改进生猪新品种、改进生猪生产技术、普及生猪养殖技术，缩小与世界生猪生产强国之间的差距。

第二，继续大力发展生猪产业深加工。响应供给侧改革的号召，生猪产业实现供给侧改革可以从生猪深加工入手，按市场需求生产，在生猪产业进口中，继续加大对加工生猪的进口，减少对直接可供食用的生猪的进口，提升中国生猪行业的附加值与国际市场竞争力。

第三，扩大粮改饲试点，加快建设现代生猪产业体系。中国生猪产业价格高于世界平均价格水平，很大一部分原因在于生猪生产成本高，加快粮改饲，提升秸秆利用效率，有利于增质提效，提升生猪产业发展。

第四，应加大对生猪生产者的补贴力度。增加政府对生产者的补贴力度，降低生猪生产者的相对生产成本，同时，进一步完善生猪生产的区域产业布局，促使生猪产业在区域内形成规模经营，增强生猪产品的成本和价格竞争优势。

第五，加强涉“猪”行业生猪价格保险发展。通过生猪行业保险业务的发展，降低生猪产业经营风险，减少生猪市场供求大起大落对养殖户的伤害，避免生猪产业再次陷入供给失衡的怪圈。

第六，加快推进生猪生产基地的建设。改变现有的小规模、分散的生产经营方式，走规模化生产经营发展的道路，国家和地方政府给予生猪生产基地一定的资金支持，使生猪产业形成区域规模化优势。

3.8 肉牛

20 世纪 90 年代以来，中国肉牛产业取得了跨越式发展，牛肉产量取得了令人瞩目的增长。但在进出口贸易中仍存在严重的逆差，一方面中国在世界牛肉出口贸易中占比很小，而另一方面中国的牛肉进口量却排在世界前列。2007 年以前，中国牛肉生产相比于进口牛肉具有成本优势，但这种优势在逐年降低。2008 年以后，国产牛肉生产成本开始高于其他国家，逐步转化为成本劣势。中国肉牛养殖以家庭经营为主，农户经营分散、规模小，生产成本日益提高，分摊到单位肉牛产品成本显著高于其他国家。从中国肉牛养殖的生产成本构成来看，在物质与服务费用上显著高于美国，导致其市场竞争力日益下滑，很难抵御发达国家牛肉的低成本优势。随着“一带一路”建设的推进，中国肉牛产品将面对更加激烈的国际竞争。基于此背景下分析中国牛肉生产、贸易现状及国际竞争力影响因素，探讨中国肉牛产业发展及提高肉牛产业国际竞争力具有十分重要的政策意义。

本文拟从世界肉牛产业生产与贸易着手，通过具体数据分析国际肉牛产业国际竞争力的实际状况，然后设计多个指标对中国肉牛产业的国际竞争实力进行评价，分析中国肉牛产业国际竞争力影响因素，并提出相应的对策建议。

3.8.1 世界肉牛生产与贸易情况

3.8.1.1 世界肉牛生产情况

(1) 世界牛肉产量

从总体来看，世界的牛肉年均产量呈现出了不断上升的趋势，由 1961—1969 年的3 391.21万吨增长到了 2010—2014 年的6 807.27万吨。而就各个洲而言，牛肉产量的变动存在差异。就现有的数据来看，美洲的牛肉年均产量长期以来一直处于最高，在 1961—1969 年其牛肉产量为1 564.85万吨，占世界总牛肉产量的 46.14%，2010—2016 年产量达到了3 046.44万吨，占世界总牛肉产量的 44.75%；亚洲的牛肉年均产量大幅度上升且增速很快，现在已跻身世界牛肉产量的领先地位，从 1961—1969 年的 308.55 万吨，增长到了 2010—2016 年的 1 780.39 万吨，在世界的份额由 9.09% 增长到了 26.15%；非洲和大洋洲的牛肉产量呈现出小幅上升的趋势，1961—1969 年非洲和大洋洲的牛肉产量分别为 215.35 和 120.28 万吨，到了 2010—2016 年达到了 629.27 和 299.38 万吨，分别增长了 292.21%和 248.90%，在世界份额的占比也由 6.35%和 3.54%提升到了 9.24%和 4.39%；欧洲的牛肉年均产量在 1961—1969 年处于世界的领先地位，1980—1989 年间达到了顶峰，但随后呈下滑的趋势，其占世界的份额也不断减少，由 1961—1969 年的 34.86%下降到 2010—2014 年的 15.45%（表 3.8.1）。

表 3.8.1 各大洲牛肉产量（万吨）

年 份	1961—1969	1970—1979	1980—1989	1990—1999	2000—2009	2010—2016
世界	3 391.21	4 391.88	5 066.77	5 610.12	6 210.31	6 807.27
非洲	215.35	268.80	329.24	375.70	486.37	629.27
亚洲	308.55	406.72	578.12	1 015.67	1 409.18	1 780.39
欧洲	1 182.19	1 585.89	1 824.88	1 528.89	1 133.63	1 051.80
大洋洲	120.28	205.11	200.66	241.76	274.75	299.38
美洲	1 564.85	1 925.36	2 133.87	2 448.10	2 906.38	3 046.44

注：此表中的牛肉产量为牛肉和水牛肉的总产量.

数据来源：根据 FAOSTAT 数据整理.

分别从各国牛肉生产情况来看，1961—1969 年世界牛肉产量排名前五位的国家（地区）依次是美国、欧盟、阿根廷、巴西、印度，产量分别为 878.65 万吨、695.41 万吨、238.12 万吨、149.99 万吨、114.86 万吨，而 2010—2016

年世界牛肉产量排名前五位的国家变更为美国、巴西、欧盟、中国、阿根廷，产量分别达到 1 163. 42 万吨、936. 56 万吨、777. 51 万吨、681. 70 万吨、265. 59 万吨，牛肉产量大幅度上升。表 3. 8. 2 列示了排名靠前的牛肉生产大国，1961—1969 年这些国家牛肉年均产量之和为2 406. 45万吨，世界份额占比为 70. 96%，到了 2010—2016 年这些国家牛肉年均产量之和达到了5 092. 15万吨，世界份额占比上升到了 74. 80%，其中，中国为此 74. 80%的占比贡献了 13. 38 个百分点（表 3. 8. 2）。

表 3. 8. 2　世界牛肉生产大国生产情况（万吨）

年　份	1961—1969	1970—1979	1980—1989	1990—1999	2000—2009	2010—2016
阿根廷	238. 12	255. 05	268. 49	275. 83	292. 52	265. 59
澳大利亚	89. 63	155. 58	147. 91	182. 02	209. 59	234. 09
巴西	149. 99	221. 59	346. 15	533. 10	804. 19	936. 56
加拿大	79. 02	99. 10	99. 42	99. 04	131. 46	112. 26
中国	15. 48	25. 75	60. 02	283. 66	565. 90	681. 70
欧盟	695. 41	869. 60	976. 54	951. 00	819. 30	777. 51
印度	114. 86	144. 32	191. 93	219. 59	234. 01	254. 91
墨西哥	47. 72	58. 55	101. 89	130. 33	155. 46	181. 82
新西兰	29. 60	48. 07	50. 92	57. 48	62. 99	63. 79
巴基斯坦	26. 24	32. 00	48. 65	77. 73	111. 30	164. 49
巴拉圭	11. 77	11. 61	11. 72	21. 00	25. 59	39. 82
美国	878. 65	1 076. 76	1 071. 34	1 094. 31	1 461. 38	1 163. 42
乌拉圭	29. 96	32. 55	34. 81	37. 61	48. 34	51. 20
俄罗斯	0. 00	0. 00	0. 00	—	184. 39	165. 00
产量合计	2 406. 45	3 030. 53	3 409. 79	3 962. 70	5 106. 42	5 092. 15
占比合计（%）	70. 96	69. 00	67. 30	70. 63	82. 22	74. 80

注：此表中的牛肉产量为牛肉和水牛肉的总产量.

数据来源：根据 FAOSTAT 数据整理.

（2）世界活牛存栏量

从表 3. 8. 3 数据可以看出，总体来看，1961—2016 年，世界肉牛的存栏量呈不断增长的趋势，但各大洲肉牛存栏量存在差异。1961—2016 年，非洲、美洲、亚洲的肉牛存栏量不断增长，增长幅度分别为 129. 76%、63. 99% 和 53. 50%，世界份额占比由 12. 21%、28. 32%、38. 17% 上升到 18. 99%、31. 44%和 39. 67%。欧洲的肉牛存栏量在 1980—1989 年达到峰值 249. 42 百万头后呈下降趋势，世界份额占比由 1961 年的 18.90%下降到 2010—2016 年的 7.51%。1961—2016 年大洋洲的肉牛存栏量比较稳定，但随着世界肉牛存栏量的不断增长，其世界份额占比呈下降的趋势。

表 3.8.3　各大洲肉牛存栏量情况（百万头）

年　份	1961—1969	1970—1979	1980—1989	1990—1999	2000—2009	2010—2016
世界	1 104.90	1 273.98	1 389.28	1 466.77	1 536.67	1 632.02
非洲	134.96	159.44	180.18	205.86	254.28	310.08
美洲	312.95	385.53	424.64	452.06	498.94	513.21
亚洲	421.83	454.31	503.13	585.28	610.30	647.53
欧洲	208.91	236.60	249.42	188.87	135.18	122.56
大洋洲	26.25	38.09	31.90	34.70	37.98	38.65

注：此表中的肉牛存栏量为牛肉和水牛肉的存栏量之和.

数据来源：根据 FAOSTAT 数据整理.

从表 3.8.4 看，2010—2016 年，世界肉牛存栏前 10 国占世界肉牛存栏量的 60.92%，印度是世界上最大的肉牛存栏量国家，肉牛存栏量达到了 298.74 百万头，其次是巴西和中国，分别为 214.33 和 105.63 百万头。在 1961—2016 年，中国、巴西、巴基斯坦的肉牛存栏量保持较快增长态势，其中巴西的肉牛存栏量增长最快，该国 1961—1969 年肉牛存栏量只有 64.17 百万头，而到了 2010—2016 年，存栏量已经达到了 214.33 百万头。1961—2016 年间，世界肉牛存栏量前 10 国家中，美国、欧盟的肉牛存栏量有所下降，下降幅度分别为 14.26%、15.94%。其他地区肉牛存栏量呈不同幅度增长态势。

表 3.8.4　世界肉牛生产大国存栏情况（百万头）

年　份	1961—1969	1970—1979	1980—1989	1990—1999	2000—2009	2010—2016
阿根廷	46.03	55.12	53.34	51.48	54.83	50.50
澳大利亚	18.65	28.81	23.29	25.28	27.67	27.78
巴西	64.17	93.31	130.48	158.86	196.34	214.33
加拿大	11.48	12.85	11.46	12.43	13.91	12.22
中国	64.06	73.12	82.18	114.12	113.87	105.63
欧盟	106.21	116.27	116.70	104.67	93.57	89.28
印度	228.58	239.65	268.61	287.77	292.89	298.74
墨西哥	19.28	24.12	30.61	31.24	31.29	32.90

（续表）

年　份	1961—1969	1970—1979	1980—1989	1990—1999	2000—2009	2010—2016
新西兰	7.23	8.71	7.96	8.67	9.57	10.11
巴基斯坦	22.25	25.09	30.55	38.63	52.47	71.85
美国	106.28	120.42	108.28	99.68	96.23	91.12
乌拉圭	8.60	9.94	10.10	10.04	11.78	11.76
俄罗斯	0.00	0.00	0.00	缺数据	24.40	19.79
总存栏量	702.83	807.40	873.56	942.88	1 018.82	1 036.00
占比合计（%）	63.61	63.38	62.88	64.28	66.30	63.48

注：此表中的肉牛存栏量为牛肉和水牛肉的存栏量之和.

数据来源：根据 FAOSTAT 数据整理.

（3）世界活牛出栏量

表 3.8.5 显示，从世界活牛总出栏量的情况来看，1961—2016 年世界活牛总出栏量不断增长，从 1961—1969 年的 203.97 百万头增长到 2010—2016 年的 324.72 百万头。非洲、美洲、亚洲、大洋洲的肉牛出栏量呈不断增长的趋势，其中亚洲的肉牛出栏量增长速度最快，在 1961—2016 年的增长幅度达到了 312.7%，净增长 87.9 百万头，亚洲的世界份额也由 13.78%增长到了 35.72%。欧洲的活牛出栏量呈减少趋势，其出栏量由 1961—1969 年的 78.06 百万头减少到 2010—2016 年的 42.06 百万头，其世界占比由 38.27%减少到 12.95%。

表 3.8.5　各大洲肉牛出栏量情况（百万头）

年　份	1961—1969	1970—1979	1980—1989	1990—1999	2000—2009	2010—2016
世界	203.97	234.90	258.83	278.43	304.05	324.72
非洲	14.91	18.55	22.39	26.18	31.27	39.12
美洲	74.50	86.09	93.23	99.11	114.52	114.36
亚洲	28.11	35.44	45.57	70.23	96.30	116.01
欧洲	78.06	112.92	86.49	71.08	49.41	42.06
大洋洲	8.39	12.26	11.15	11.83	12.56	13.17

注：此表中的肉牛存栏量为牛肉和水牛肉的存栏量之和.

数据来源：根据 FAOSTAT 数据整理.

2010—2016 年中国的活牛出栏量世界排名第一，达到了 48.90 百万头，占世界活牛出栏量的15.05%，约为1961—1969年出栏量均值的30.18倍，由此可见中国肉牛产业的发展十分迅速；世界第二大活牛出栏地区是巴西，在1961—2016年期间，不仅出栏绝对量从7.8百万头增长到39.52百万头，增长了5倍。尽管美国的活牛出栏量呈波动中下降的趋势，但其仍然是肉牛生产大国，世界排名第三。由于活牛存栏量的减少，美国、欧盟的活牛出栏量呈现下降趋势，下降幅度分别为15.39%和31.70%，而澳大利亚、印度、墨西哥、新西兰、巴基斯坦、巴拉圭、乌拉圭的活牛出栏量呈现出不同程度的上升，其中墨西哥和巴基斯坦的增速显著（表3.8.6）。

表3.8.6 世界肉牛生产大国（地区）出栏情况（百万头）

年 份	1961—1969	1970—1979	1980—1989	1990—1999	2000—2009	2010—2016
阿根廷	11.52	12.46	12.96	12.85	13.56	11.83
澳大利亚	5.76	8.89	8.02	8.48	8.75	8.86
巴西	7.80	11.84	18.95	25.56	37.40	39.52
加拿大	4.12	4.53	4.05	3.38	3.94	3.13
中国	1.62	2.66	5.24	20.69	41.09	48.90
欧盟	40.02	41.60	41.39	37.79	30.59	27.33
印度	11.23	13.83	17.47	18.48	19.39	20.79
墨西哥	2.87	3.39	5.08	6.26	7.59	8.59
新西兰	2.57	3.28	3.02	3.25	3.70	4.21
巴基斯坦	2.72	3.36	4.14	5.38	7.58	10.80
巴拉圭	0.65	0.61	0.62	1.11	1.20	1.64
美国	38.66	42.04	38.97	36.33	35.46	32.71
乌拉圭	1.41	1.60	1.71	1.64	2.08	2.13
俄罗斯	0.00	0.00	0.00	—	10.93	8.58
总出栏量	130.93	150.09	161.62	181.21	223.28	229.00
占比合计（%）	64.19	63.89	62.44	65.08	73.43	70.52

注：此表中的肉牛存栏量为牛肉和水牛肉的存栏量之和.

数据来源：根据FAOSTAT数据整理.

3.8.1.2 世界肉牛贸易情况

（1）世界牛肉进口

从世界总体水平来看，世界牛肉进口呈现不断上升的趋势，由1961—1969年进口均值1 399.81百万美元增长到2010—2013年的36 923.92百万美元，增长了将近26倍。从进口的地区来看，欧洲是主要的牛肉进口地区，这主要与欧洲人日常生活习惯有密不可分的联系。1961—1969年欧洲活牛进口额为897.75百万美元，占世界活牛总进口额的64.13%，2010—2013年欧洲活牛进口额为17 982.72百万美元，占世界活牛总进口额的48.70%，虽然进口额不断上涨，但占世界进口额的比重却不断下降。亚洲和美洲活牛进口额呈现出明显的上升，大洋洲和非洲牛肉进口额占世界比重相对稳定（表3.8.7）。

表3.8.7　各大洲牛肉进口额（百万美元）

地　区	1961—1969	1970—1979	1980—1989	1990—1999	2000—2009	2010—2013
世界	1 399.81	4 855.06	10 107.55	15 910.23	21 698.51	36 923.92
非洲	39.49	138.51	468.19	402.50	583.82	1 246.29
美洲	404.00	1 246.50	2 094.30	3 133.78	5 599.31	7 772.88
亚洲	46.59	392.97	1 687.28	4219.66	4 750.43	9 720.95
欧洲	897.75	3 039.26	5 779.23	8 077.01	10 651.50	17 982.72
大洋洲	11.99	37.82	78.55	77.28	113.44	200.08

注：此表中的牛肉进口额是小牛肉，牛肉，牛肉肠，去骨牛肉的总和.

数据来源：根据FAOSTAT数据整理.

表3.8.8数据显示，近十年世界牛肉进口前20个国家牛肉进口总量维持在82%左右，进口世界占比相对稳定，其中，美国、意大利、日本、俄罗斯和中国几个个地区作为排名前5的牛肉进口大国，牛肉进口量世界占比均在5%以上。自1961年以来意大利、英国、德国和美国的年均进口绝对数量虽在增长，但在世界份额中的占比明显下滑，分别由14.58%、19.13%、9.70%、25.60%下降到7.35%、4.62%、5.99%和9.33%；加拿大、荷兰、墨西哥、韩国等国家牛肉进口无论是绝对量还是世界占比均呈上升趋势。

表3.8.8　世界牛肉进口情况（百万美元）

地　区	1961—1969	1970—1979	1980—1989	1990—1999	2000—2009	2010—2013
加拿大	17.09	110.62	229.11	511.58	582.15	1 218.62
智利	5.87	16.36	7.04	104.24	287.58	837.31
中国	5.98	37.47	153.53	318.14	530.43	1992.91
丹麦	0.34	3.35	43.66	207.05	381.43	649.62
埃及	3.42	27.56	198.12	157.83	276.82	713.99
法国	45.23	403.37	907.39	1 342.86	1 212.36	1 811.60

（续表）

地　区	1961—1969	1970—1979	1980—1989	1990—1999	2000—2009	2010—2013
德国	135. 84	475. 09	784. 15	1 164. 35	995. 73	2 212. 63
希腊	24. 06	105. 34	344. 11	459. 16	434. 74	590. 29
意大利	204. 09	737. 96	1 524. 26	1 820. 61	2 043. 36	2 715. 71
日本	7. 37	167. 10	722. 08	2 524. 82	2118. 43	2671. 83
墨西哥	0. 22	0. 67	24. 51	320. 94	927. 35	888. 90
荷兰	23. 96	129. 42	216. 93	439. 02	991. 96	1 879. 50
葡萄牙	6. 97	29. 22	34. 61	194. 94	318. 24	497. 26
韩国	0. 00	15. 54	70. 79	419. 83	783. 74	1 277. 65
俄罗斯	0. 00	0. 00	0. 00	—	1 211. 18	2 621. 31
沙特阿拉伯	0. 37	18. 65	110. 81	85. 46	150. 09	457. 83
西班牙	46. 92	81. 34	85. 58	306. 42	569. 73	791. 16
瑞典	8. 13	29. 64	33. 81	94. 07	267. 37	539. 32
英国	267. 74	516. 85	746. 22	777. 53	1 263. 22	1 707. 14
美国	358. 40	1 007. 84	1 583. 59	1 909. 63	3 119. 17	3 444. 70
委内瑞拉	0. 02	13. 02	17. 29	1. 96	347. 53	764. 59
占比合计（%）	83. 01	80. 87	77. 54	82. 72	86. 70	82. 02

注：此表中的牛肉进口额是小牛肉，牛肉，牛肉肠，去骨牛肉的总和.

数据来源：根据 FAOSTAT 数据整理.

（2）世界牛肉出口

从世界牛肉出口的变化趋势可以看出，1990—1999 年牛肉出口额为 15 333. 05百万美元，到 2010—2013 年，这一数值达到37 705. 49百万美元，增长了 2. 45 倍。从出口地区上看，欧洲和美洲是世界牛肉出口的主要地区，2010—2013 年两大洲牛肉出口份额占到世界牛肉出口份额的 78. 38%。2010—2013 年，其中，欧洲牛肉出口额为14 944. 44百万美元，占世界牛肉出口额的 39. 63%，美洲牛肉出口额为 15 360. 84 百万美元，占世界牛肉出口额的 40. 73%。非洲、亚洲的牛肉出口额世界占比相对较小（表 3. 8. 9）。

表 3. 8. 9　各大洲牛肉出口额（百万美元）

地　区	1961—1969	1970—1979	1980—1989	1990—1999	2000—2009	2010—2013
世界	1 368. 20	4 707. 35	9 613. 22	15 333. 05	21 897. 25	37 705. 49

（续表）

地　区	1961—1969	1970—1979	1980—1989	1990—1999	2000—2009	2010—2013
非洲	68. 79	178. 33	154. 50	200. 13	124. 33	237. 53
美洲	425. 45	1 105. 38	2 089. 19	4 448. 72	8 482. 77	15 360. 84
亚洲	4. 37	24. 37	119. 51	261. 76	256. 65	774. 13
欧洲	582. 14	2376. 09	5 477. 71	7705. 71	8 805. 78	14 944. 44
大洋洲	287. 46	1 023. 18	1 772. 31	2716. 73	4 227. 73	6 388. 56

注：此表中的牛肉进口额是小牛肉，牛肉，牛肉肠，去骨牛肉的总和.

数据来源：根据 FAOSTAT 数据整理.

从牛肉出口国别来看，世界前 10 位牛肉出口国分别为巴西、美国、澳大利亚、荷兰、德国、爱尔兰、新西兰、法国、乌拉圭、波兰。巴西、美国和澳大利亚是主要的牛肉出口国，三国牛肉出口合计占比一直维持在 37. 6%。2010—2013 年荷兰、德国、爱尔兰的牛肉出口额世界占比分别为 7. 68%、5. 90%、5. 74%，在世界牛肉贸易中占据重要位置（表 3. 8. 10）。

表 3. 8. 10　世界牛肉出口情况（百万美元）

地　区	1961—1969	1970—1979	1980—1989	1990—1999	2000—2009	2010—2013
阿根廷	262. 09	498. 12	523. 01	747. 11	1 034. 90	1 192. 51
澳大利亚	198. 98	737. 15	1 229. 52	1 984. 55	3 146. 74	4 493. 94
奥地利	2. 93	15. 22	99. 46	152. 43	287. 33	545. 42
巴西	24. 27	139. 24	444. 44	280. 13	2 616. 72	5 056. 63
加拿大	17. 19	52. 00	143. 47	496. 02	1 206. 65	1 165. 90
中国	0. 39	3. 61	62. 54	162. 36	136. 60	287. 06
丹麦	67. 71	249. 77	398. 17	404. 05	339. 76	495. 10
法国	79. 71	366. 11	877. 97	1 356. 23	1 011. 56	1 440. 54
德国	20. 78	338. 99	1 121. 83	1 342. 61	1 479. 18	2 227. 05
爱尔兰	68. 95	368. 89	695. 92	1 069. 56	1 485. 97	2 165. 91
意大利	2. 26	13. 97	159. 85	271. 83	367. 92	675. 58
墨西哥	24. 65	37. 42	9. 24	12. 18	96. 03	559. 91
荷兰	87. 97	364. 29	880. 93	1 480. 69	1 837. 30	2 896. 80
新西兰	88. 30	284. 72	540. 36	727. 59	1 075. 17	1 628. 18
尼加拉瓜	10. 24	42. 29	23. 95	45. 99	119. 62	392. 60

（续表）

地　区	1961—1969	1970—1979	1980—1989	1990—1999	2000—2009	2010—2013
巴拉圭	10. 21	21. 69	18. 45	55. 29	254. 56	786. 51
波兰	40. 91	82. 09	56. 96	60. 43	357. 03	1 202. 40
西班牙	0. 25	2. 55	24. 21	220. 07	378. 11	598. 76
英国	6. 84	156. 37	404. 63	380. 52	154. 88	641. 15
美国	14. 09	98. 03	603. 40	2 219. 87	2 217. 39	4 641. 95
乌拉圭	40. 17	89. 98	170. 57	267. 94	667. 18	1 311. 95
占比合计（%）	78. 12	84. 18	88. 30	89. 59	92. 57	91. 25

注：此表中的牛肉进口额是小牛肉，牛肉，牛肉肠，去骨牛肉的总和.

数据来源：根据 FAOSTAT 数据整理.

3. 8. 1. 3　世界肉牛生产与贸易特征

（1）世界肉牛生产特征

世界牛肉主产区格局发生了改变。20 世纪 60 年代至 90 年代，80%牛肉产于美洲和欧洲，其他大洲的牛肉产量较低；而在 2000 年以后，亚洲的牛肉产量迅速攀升，超越了欧洲成为第二大洲，其产量约占世界牛肉总产量的 24%。非洲、大洋洲合计占比不到 15%，牛肉生产格局呈现明显分化。

美国、巴西、欧盟、中国牛肉生产占据重要地位。美国牛肉产量呈稳定增长态势，其 1961—1969 年产量均值为 878. 65 万吨，在 2010—2016 年达到了 1 163. 42万吨；欧盟的牛肉生产基本维持在 700 万吨以上，1980—1989 年达到了峰值（976. 54 万吨），而后产量有所回落；巴西和中国的牛肉产量自 1961 年以来一直保持着快速增长，产量分别从 149. 99 万吨、15. 48 万吨增长到 936. 56 万吨、681. 70 万吨，世界份额分别从 4. 42%、0. 45% 增长到了 13. 75%、10. 01%。

（2）世界肉牛贸易特征

世界牛肉出口来源地较为集中。贸易额在2 000百万美元以上的地区有 6 个地区，分别是巴西、美国、澳大利亚、荷兰、德国、爱尔兰，它们的出口额分别为5 056. 63百万美元、4 641. 95百万美元、4 493. 94百万美元、2 896. 80百万美元、2 227. 05百万美元、2 165. 91百万美元，地区间出口额存在较大差距；从地区分布情况来看，这些地区位于美洲和欧洲草原较为广阔的平原地区。

世界牛肉进口地多数为发达国家。牛肉进口金额在2 000百万美元以上的地区共有5个，分别为美国、意大利、日本、俄罗斯和中国，除中国以外，其他国家均为发达国家。

3.8.2 中国肉牛生产与贸易情况

3.8.2.1 中国肉牛生产情况

从整体来看，中国肉牛数量呈现不断上升的趋势。2000—2006年牛肉年均增长在1%以上，2007年的增长速度达到了6.30%，2008—2012年肉牛产量呈现波动态势，2008和2011年分别减少了0.097和0.97个百分点，2009年、2010年的牛肉产量增速在3.6个百分点和2.8个百分点，2012—2015年的牛肉产量增速在1～2个百分点处波动，2016年的增速提升较大，达到了4.9%（图3.8.1）。

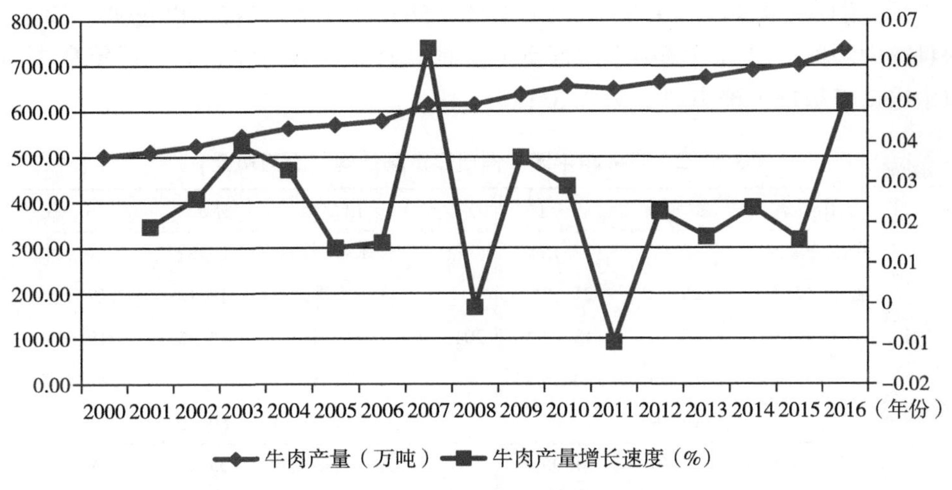

图3.8.1 中国牛肉产量及增长速度

3.8.2.2 中国肉牛贸易情况

（1）中国牛肉出口情况

从表3.8.11可以看到，自2003年以来中国肉牛活牛的出口额呈持续上升的趋势，由2003年的30.67百万美元上升到2016年的61.06百万美元。牛肉在中国出口贸易中的变动较为明显：2003—2011年牛肉的出口规模不断扩大，由2003年的14.87百万美元扩大到2011年的199.59百万美元（除2009年的61.20百万美元外），而2012年以后牛肉出口规模不断缩减，2012年的牛肉出口额为80.60百万美元，到了2016年仅为40.26百万美元。

表 3.8.11　中国肉牛产品结构出口规模　　（单位：百万美元）

	2003 年	2004 年	2005 年	2006 年	2007 年	2008 年	2009 年
活牛	30.67	35.25	35.03	36.65	37.95	42.54	46.88
牛肉	14.87	30.33	41.50	64.16	79.32	95.50	61.20
	2010 年	2011 年	2012 年	2013 年	2014 年	2015 年	2016 年
活牛	47.09	52.05	56.99	57.99	61.24	59.65	61.06
牛肉	109.08	119.59	80.60	44.31	59.27	44.72	40.26

数据来源：根据 COMTRADE 数据整理.

就出口地区而言，香港在 2011 年和 2016 年占据中国肉牛第一出口地区，其在中国肉牛出口市场中的份额分别为 27.15%和 53.31%，而在其余年份香港也位列前三；吉尔吉斯斯坦在 2012—2015 年是中国肉牛第一出口地区，其所占份额分别为 29.4%、61.95%、59.43%、56.21%；科威特、以色列、韩国、约旦在中国肉牛出口市场中也占据重要位置；此外，值得注意的是近年来中国肉牛出口额呈现下滑态势（表 3.8.12）。

表 3.8.12　近 6 年中国牛肉出口市场结构（百万美元）

年　份	出口地	贸易额	占　比	年　份	出口地	贸易额	占　比
2011	中国香港地区	32.47	27.15%	2012 年	吉尔吉斯斯坦	23.81	29.54%
	吉尔吉斯斯坦	25.80	21.57%		中国香港地区	18.18	22.55%
	科威特	16.38	13.69%		科威特	15.35	19.04%
	以色列	12.99	10.86%		以色列	9.44	11.71%
	世界	119.59			世界	80.60	
2013	吉尔吉斯斯坦	27.45	61.95%	2014 年	吉尔吉斯斯坦	35.23	59.43%
	科威特	4.08	9.21%		中国香港地区	17.25	29.10%
	中国香港地区	4.04	9.11%		韩国	3.99	6.73%
	韩国	2.28	5.14%		科威特	0.54	0.9%
	世界	44.31			世界	59.27	
2015	吉尔吉斯斯坦	25.14	56.21%	2016 年	中国香港地区	21.46	53.31%
	中国香港地区	11.34	25.35%		吉尔吉斯斯坦	11.13	27.65%
	韩国	6.12	13.68%		韩国	6.20	15.40%
	科威特	0.55	1.23%		约旦	0.55	1.36%
	世界	44.72			世界	40.25	

注：此表中的牛肉出口量为新鲜或冷藏的牛肉和冻牛肉的总量.

（2）中国牛肉进口情况

从表 3. 8. 13 可以看到，在 2003—2005 年中国活牛进口额均在 70 百万美元以上，2004 年高达 190. 67 万美元；2006—2008 年活牛进口额骤减，分别为 24. 34 百万美元、28. 98 百万美元、34. 20 百万美元。2010—2016 年中国活牛进口呈现先高速增长后下降的态势，从 2010 年的 193. 02 百万美元增长到 2014 年的 622. 43 百万美元的峰值，而后下降，2016 年中国肉牛进口额为 230. 97 百万美元。就牛肉进口而言，2003—2008 年中国的牛肉进口额都低于 20 百万美元，此后年份呈现连续高速增长态势，到 2016 年增长至 2515. 94 百万美元，较 2003 年增长将近 210 倍。大规模进口反映出中国市场对牛肉需求的刚性变化，从侧面反映出居民生活水平的提升和消费结构的改变。

表 3. 8. 13　中国肉牛产品结构进口规模　（单位：百万美元）

	2003 年	2004 年	2005 年	2006 年	2007 年	2008 年	2009 年
活牛	71. 83	190. 67	74. 29	24. 34	28. 98	34. 20	75. 31
牛肉	11. 93	10. 01	8. 76	8. 45	14. 16	18. 02	44. 04
	2010 年	2011 年	2012 年	2013 年	2014 年	2015 年	2016 年
活牛	193. 02	262. 09	364. 47	266. 42	622. 43	385. 40	230. 97
牛肉	84. 22	95. 13	254. 66	1 270. 14	1 289. 98	2 321. 36	2 515. 94

数据来源：根据 COMTRADE 数据整理，进口牛肉包括新鲜或冷藏的牛肉和冻牛肉.

从牛肉进口来源地来看，2011—2015 年，澳大利亚和乌拉圭是中国肉牛主要进口来源地，两地区合计占比为 70%左右。澳大利亚的牛肉进口额在 2011—2014 年占中国牛肉进口额的 50%左右，2015 年以后，该比值持续下降，2015 年为 34. 16%，2016 年为 22. 24%；乌拉圭的牛肉进口额在 2011—2016 年的占比一直维持在 20%左右；2011—2015 年从巴西进口的牛肉进口额只占 10%左右，而在 2016 年，巴西超越澳大利亚成为中国牛肉进口来源第一大国，占比达到了 30. 41%。整体来看，中国牛肉进口主要来源地不变，仍为澳大利亚、巴西、新西兰、乌拉圭，但是从各国的进口额占比在不断变化（表 3. 8. 14）。

表 3. 8. 14　近 6 年中国牛肉进口市场结构（百万美元）

年　份	进口来源地	贸易额	占　比	年　份	进口来源地	贸易额	占　比
2011	澳大利亚	50. 28	52. 85%	2012 年	澳大利亚	129. 86	50. 99%
	乌拉圭	26. 97	28. 35%		乌拉圭	49. 41	19. 40%
	新西兰	9. 84	10. 34%		巴西	37. 25	14. 62%
	巴西	8. 02	8. 43%		新西兰	26. 07	10. 23%
	世界	95. 13			世界	254. 66	

（续表）

年　份	进口来源地	贸易额	占　比	年　份	进口来源地	贸易额	占　比
2013	澳大利亚	721.14	56.77%	2014 年	澳大利亚	638.78	49.51%
	乌拉圭	268.23	21.11%		乌拉圭	308.51	23.91%
	新西兰	156.73	12.33%		新西兰	190.62	14.77%
	世界	1270.15			世界	1 289.98	
2015	澳大利亚	792.98	34.16%	2016 年	巴西	765.29	30.41%
	乌拉圭	490.06	21.11%		澳大利亚	559.74	22.24%
	新西兰	358.70	15.45%		乌拉圭	525.19	20.87%
	巴西	286.67	12.34%		新西兰	328.84	13.07%
	世界	2 321.36			世界	2 515.94	

注：此表中的牛肉出口量为新鲜或冷藏的牛肉和冻牛肉的总量.

3.8.3　中国肉牛产业国际竞争力分析

3.8.3.1　中国肉牛产业国际竞争力的绩效指标

（1）牛肉国际市场占有率（图 3.8.2）

从现有数据来看，澳大利亚牛肉在国际市场占有率一直处于领先，市场占有率从 2000 年以来一直在 14%上下波动；美国牛肉国际市场占有率在 2000—2003 年间排名第一位，市场占有率分别为 21.64%、20.23%、17.89%、18.20%，但是在 2004 年，由于疯牛病的爆发，导致市场占有率降至 2.91%的

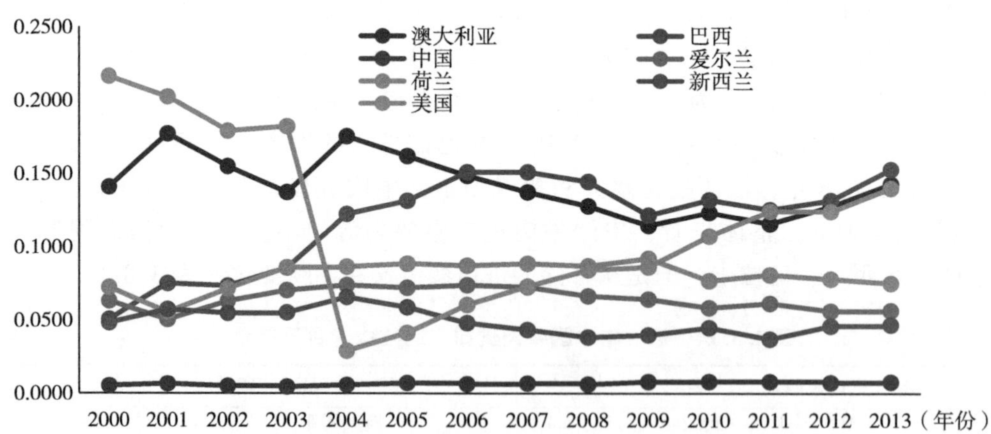

图 3.8.2　中国与世界前 6 牛肉出口大国国际市场占情况

数据来源：根据数据整理.

最低点，随后逐渐恢复，2013 年的国际市场率恢复到了 14. 01%；巴西牛肉国际市场占有率呈现出不断增长的态势，2006 年以来市场占有率在 14%上下波动；荷兰、爱尔兰、新西兰三地分别位居第四、第五、第六，三者市场占有率合计超过 17%。中国牛肉国际市场占有率较低，2000—2004 年市场占有率在 0. 44%~0. 65%，2005—2008 年市场占有率在 0. 61%~0. 70%，2009—2013 年市场占有率在 0. 73%~0. 79%，由此可以看出，中国虽然是牛肉生产大国，但绝非强国，国际市场占有率在短时间较难改变。

（2）显示性比较指数

表 3. 8. 15　中国与世界牛肉出口大国显示性比较指数

	2001 年	2002 年	2003 年	2004 年	2005 年	2006 年	2007 年	2008 年	2009 年	2010 年	2011 年	2012 年	2013 年
新西兰	28. 5897	27. 5021	28. 1618	33. 0056	31. 0698	28. 6614	24. 7034	22. 0371	22. 1012	24. 3738	19. 9098	24. 9595	23. 7827
澳大利亚	19. 1569	17. 2307	16. 4785	20. 7289	17. 5506	16. 0900	14. 9080	12. 0139	10. 2714	9. 7751	8. 6738	10. 0670	11. 3435
巴西	8. 8099	8. 7696	9. 8683	12. 9462	12. 7516	14. 6433	14. 4091	12. 8126	10. 9790	14. 5145	9. 9007	10. 9791	12. 6421
爱尔兰	4. 1634	5. 1444	6. 3735	7. 2357	7. 5302	9. 0762	9. 0928	9. 1706	7. 5996	8. 3051	9. 7742	9. 6528	9. 8131
荷兰	1. 7559	2. 3492	2. 7364	2. 7756	2. 9055	2. 9077	2. 8384	2. 7944	2. 9462	2. 6226	3. 0809	2. 8558	2. 6334
美国	1. 8962	1. 8666	2. 1226	0. 3637	0. 5251	0. 7787	0. 9623	1. 1364	1. 1264	1. 4102	1. 6947	1. 6244	1. 7778
中国	0. 1668	0. 1079	0. 0846	0. 0970	0. 1055	0. 0866	0. 0847	0. 0746	0. 0907	0. 0846	0. 0845	0. 0721	0. 0696

根据 FAOSTAT 和 wits 整理所得.

从表 3. 8. 15 可以看到在牛肉国际市场中，新西兰牛肉最具国际竞争力，2001—2013 年该国的显示性比较指数均在 19 以上；澳大利亚在 2001—2007 年间位居第二，显示性比较指数 2001 年的 19. 15 下降到 2007 年的 14. 90，2008—2013 年在 10 左右波动；巴西在 2001—2007 年的显示性比较指数从 8. 80 不断上升至 14. 40，在 2008—2013 年牛肉的竞争力超过了澳大利亚，由第三位上升到第二位，由此可以看出巴西贸易竞争力不断增强；爱尔兰的显示性比较指数在 2001—2008 年由 4. 16 上升至 9. 17，2009 年降至 7. 59 后又不断恢复，2011—2013 年在 9. 7 附近波动，整体看来爱尔兰的牛肉竞争力较为稳定；荷兰和美国显示性比较指数虽远低于新西兰、澳大利亚和巴西，但其显示性比较指数也远远高于同期中国，中国自 2005 年来的显示性比较指数始终低于 0. 1，且不断下滑，贸易竞争力变弱，与牛肉贸易大国的差距不断扩大。

(3) 贸易竞争力指数

表 3.8.16 中国与世界牛肉出口大国贸易竞争力指数

	2000年	2001年	2002年	2003年	2004年	2005年	2006年	2007年	2008年	2009年	2010年	2011年	2012年	2013年
新西兰	0.95	0.95	0.93	0.95	0.96	0.97	0.96	0.94	0.94	0.96	0.95	0.96	0.96	0.94
澳大利亚	0.99	0.99	1.00	0.99	0.99	0.99	0.99	0.99	0.99	0.99	0.98	0.98	0.98	0.99
巴西	0.77	0.89	0.88	0.92	0.94	0.95	0.97	0.96	0.95	0.94	0.93	0.91	0.89	0.91
爱尔兰	0.95	0.92	0.94	0.94	0.91	0.90	0.88	0.89	0.86	0.85	0.83	0.83	0.85	0.88
荷兰	0.45	0.27	0.32	0.33	0.33	0.35	0.31	0.26	0.25	0.26	0.23	0.22	0.20	0.20
美国	0.12	-0.03	-0.02	0.08	-0.74	-0.61	-0.38	-0.26	-0.06	-0.04	0.09	0.18	0.13	0.17
中国	-0.66	-0.61	-0.67	-0.71	-0.56	-0.51	-0.54	-0.54	-0.60	-0.59	-0.63	-0.64	-0.71	-0.85

根据 FAOSTAT 和 wits 整理所得.

从表 3.8.16 数据可知，在牛肉贸易中，澳大利亚的贸易竞争力指数等于或者接近 1，该数据表明澳大利亚极具贸易竞争力；新西兰和爱尔兰的贸易竞争力指数都 0.9 左右，表明这两个国家也富有贸易竞争力；巴西的贸易竞争力指数在 2000 年为 0.77，而后不断上升，在 2003—2013 年保持 0.9 左右。美国的贸易竞争力指数在 2000—2013 年间正负交替，但绝对值较小，处于 0.1 左右，说明美国的贸易竞争力较差；中国的牛肉贸易竞争力指数一直为负且绝对值大于 0.5，代表中国长期以来一直都是牛肉净进口国且进口数额较大，牛肉生产极不具有生产效率，在国际市场中竞争力较差。

3.8.3.2 中国肉牛产业国际竞争力实力评价

(1) 生产者价格

从生产者价格来看，不论是肉牛还是水牛，中国生产者价格均处于高位且差距有不断扩大的趋势，与牛肉出口大国相比不具有价格优势（图 3.8.3）。

(2) 生产竞争力评价

肉牛胴体重量可以看出地区肉牛生产的生产力水平，胴体重量受多种因素的影响，其中较为重要的影响因素包括肉牛品种资源、投入要素状况、养殖技术等。

从已有的数据来看，就均值而言，美国、加拿大、爱尔兰、澳大利亚肉牛胴体重约为中国肉牛胴体重的 2~3 倍，中国肉牛胴体重量在世界处于中下水平，肉牛胴体重量具有较大的提升空间（图 3.8.4，表 3.8.17）。

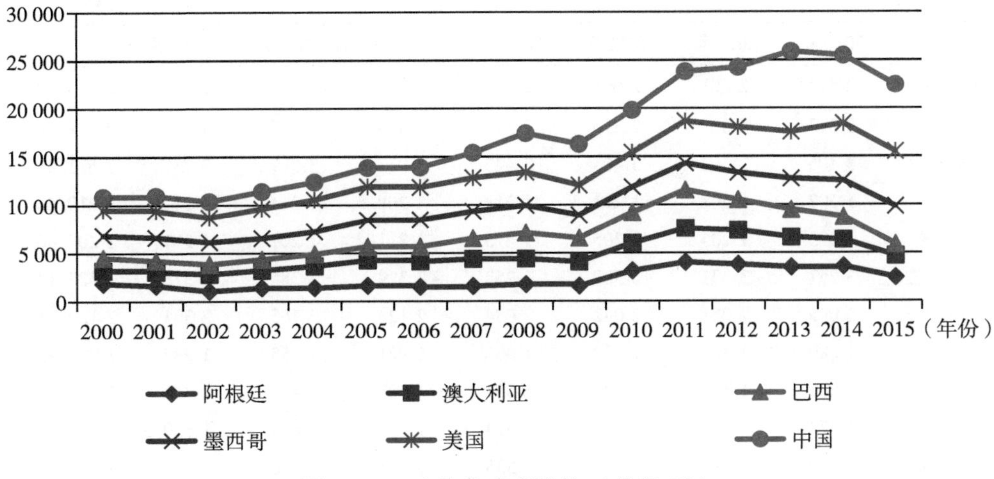

图 3.8.3　肉牛生产者价格（美元/吨）

数据来源：FAOSTAT.

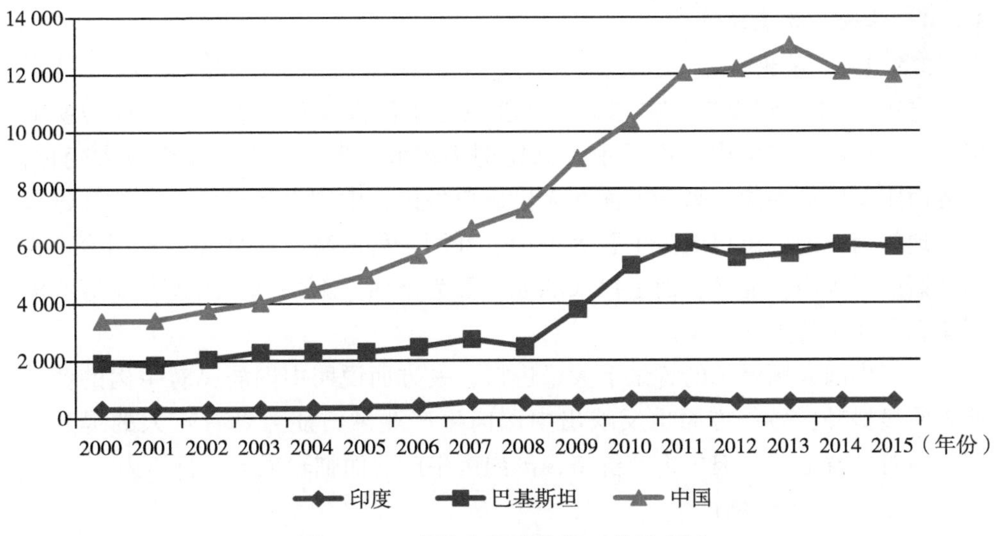

图 3.8.4　水牛生产者价格（美元/吨）

数据来源：FAOSTAT.

表 3.8.17　世界肉牛胴体重量变化

地　区	2010 年	2011 年	2012 年	2013 年	2014 年	2015 年	2016 年	均　值
阿根廷	2 213	2 300	2 271	2 235	2 210	2 243	2 256	2 246.86

（续表）

地　区	2010 年	2011 年	2012 年	2013 年	2014 年	2015 年	2016 年	均　值
澳大利亚	2 573	2 681	2 698	2 611	2 622	2 634	2 684	2 643.29
巴西	2 313	2 309	2 315	2 326	2 408	2 457	2 469	2 371
加拿大	3 406	3 362	3 408	3 443	3 933	3 989	3 739	3 611.43
中国	1 207	1 208	1 211.5	1 213	1 208.5	1 214	1 211	1 210.43
印度	1 205	1 205	1 205	1 215	1 211	1 207	1 207	1 207.86
爱尔兰	3 257	3 331	3 339	3 258	3 329	3 389	3 373	3 325.14
墨西哥	2 049	2 051	2 042	2 054	2 123	2 165	2 361	2 120.71
荷兰	1 889	1 881	1 932	1 936	1 921	1 955	1 985	1 928.43
新西兰	1 671	1 579	1 574	1 552	1 457	1 422	1 413	1 524
巴基斯坦	1 572	1 573.5	1 569	1 624	1 621	1 634.5	1 639.5	1 604.79
美国	3 350	3 411	3 519	3 535	3 791	3 676	3 678	3 565.71

注：巴基斯坦、印度、中国既产肉牛也产水牛，胴体重为肉牛和水牛胴体重的均值

数据来源：FAOSTAT.

3.8.4　结论与政策建议

3.8.4.1　结论

自进入 21 世纪以来，中国肉牛产业发生了巨大变化，牛肉生产能力明显提升，但中国国产牛肉在世界中占据比例仍较低，牛肉进出口发生较大变化，一方面中国出口牛肉，另一方面在大量进口牛肉，中国牛肉出口目的地和进口来源地较为稳定，出口地区主要为香港、韩国、科威特、约旦等中东国家、吉尔吉斯斯坦等中亚地区，而进口来源地主要为巴西、新西兰、澳大利亚等澳洲国家和乌拉圭等美洲国家。

国产牛肉大幅增长的背景下大量进口，一方面说明中国居民对牛肉的消费能力明显提升，另一方面也反映出中国肉牛产业供给能力具有较大的提升空间，面对日益上涨的肉牛生产价格，国内肉牛产业面临较大的下行压力。

3.8.4.2　政策建议

针对中国肉牛出现的以上问题，本研究认为可以采取以下措施：

第一，以“技”养牛。中国肉牛胴体重与主要牛肉出口大国的肉牛存在较大差距，中国可以依靠科学技术改进肉牛新品种、改进肉牛生产技术、普及肉牛养殖技术，缩小与世界肉牛生产强国之间的差距。

第二，继续大力发展肉牛产业深加工。积极响应国家供给侧改革的号召，从肉牛深加工入手，根据多元的市场需求生产，在肉牛产业进口中，适当加大

对活牛的进口，减少对直接可供实用的牛肉的进口，提升中国肉牛行业的附加值与国际市场竞争力。

第三，扩大粮改饲试点，加快建设现代肉牛产业体系。中国肉牛产业价格高于世界平均价格水平，最主要的原因在于肉牛生产成本高，加快粮改饲，提升秸秆利用效率，有利于增质提效，提升肉牛产业发展。

第四，应加大对肉牛生产者的补贴力度。增加政府对生产者的补贴力度，降低肉牛生产者的相对生产成本，同时，进一步优化肉牛生产的区域产业布局，促使肉牛产业形成区域规模集聚效应，增强牛肉产品的成本和价格竞争优势。

第五，加强涉“牛”行业肉牛价格保险发展。鼓励支持肉牛行业保险业务的发展，降低肉牛产业经营风险，充分保障牧民的合理权益，避免肉牛产业再次陷入供给失衡的怪圈。

第六，加快推进肉牛生产基地的建设。改变现有的小规模、分散的生产经营方式，向规模化生产经营的道路发展，国家和地方政府在牛肉生产基地要多给予财政支持，在肉牛产业形成区域规模化优势。

3.9 肉羊

20 世纪 90 年代以来中国肉羊产业取得突飞猛进发展，羊肉产量由世界羊肉产量的 10.91%（1990 年）增长至 23.62%（2016 年），肉羊产量虽在不断增长，但在世界羊肉出口贸易中占据较小比重（2016 年为 0.61%），同期，中国羊肉进口量排名世界第二（仅次于美国），进口额占世界羊肉贸易额的 10.72%，96%的羊肉来源于新西兰和澳大利亚，在中新和中澳自由贸易区的实施和“一带一路”建设的推进下，中国羊肉产品载国际市场将面临更多的不确定性风险。基于此背景下分析中国羊肉生产、贸易现状及国际竞争力，探讨中国肉羊产业发展及提高我国羊肉产品国际竞争力具有十分重要的政策意义。

王士权等运用多种指标分析国内及世界羊肉生产和贸易现状的基础上，说明了在贸易自由化的条件下中国羊肉的国际竞争力，结果表明中国羊肉国际竞争力整体处于低水平。丁存根等认为在羊肉国际贸易中，中国羊肉产品在国际市场处于不利地位，长期处于净进口状态，出口规模较小。夏晓平等在分析中国与世界羊肉出口大国国际竞争力的基础上，得出我国羊肉产品虽然具有价格上的比较优势，但缺乏非价格优势。刘芳等实证分析了影响中国肉羊产业的国际竞争力的诸多因素，并认为政府对该产业的扶持力度和相关辅助产业的发展是影响我国羊肉产品国际竞争力的主要因素。乔娟通过分析中国主要家畜肉类产品的国际竞争力，认为与世界家畜产品平均价格水平相比，中国各种家畜肉产品的绝对价格明显较低。崔燕等采用多种指标评估了我国羊肉贸易及国际竞争力，认为我国在山羊肉的出口方面具有比较优势。

本文在借鉴以往相关研究的基础上，分析了中国国内羊肉生产现状及其国际竞争力。并结合当前国家农业供给侧结构性改革的推进以及畜牧产业的转型升级，未来中国的羊肉产品在国际市场会占据更大的市场份额，进而拉动国内羊肉产品的出口，最后基于 GTAP 模型预测评估了未来中国羊肉产品出口增加对中国经济的影响，并提出相应的政策建议。

3.9.1 中国羊肉生产现状

2007—2016 年，中国羊肉产量整体上呈现增长趋势。尤其是 2007 年羊肉产量增速高达 5.18 个百分点，虽然 2008—2011 年羊肉产量增速有不同程度的波动，但对整体羊肉产量影响不大。2012—2016 年羊肉产量年均增长达到 3.26%，且最近两年羊肉产量增长速度加快（图 3.9.1）。

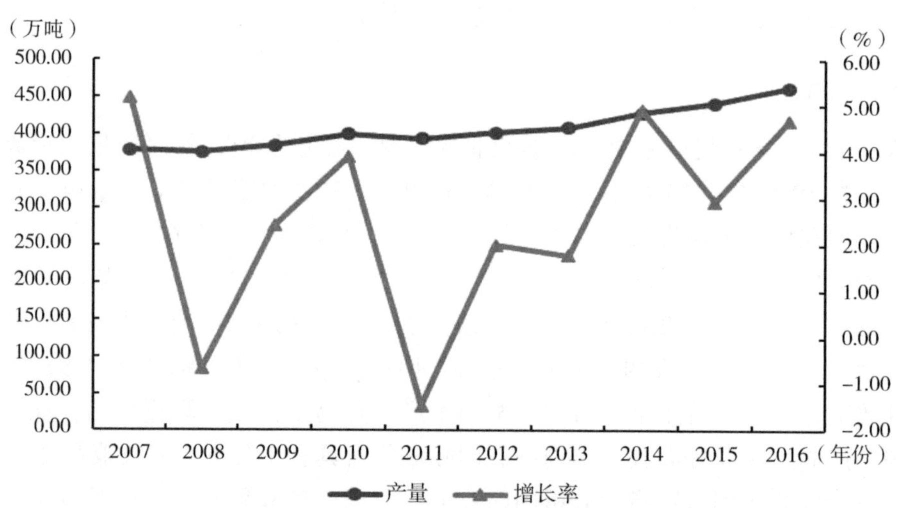

图 3.9.1 中国羊肉产量趋势

注：根据 FAOSTAT 数据整理.

3.9.2 中国羊肉贸易现状

3.9.2.1 中国羊肉进出口情况

从表 3.9.1 可以看出，中国羊肉出口较少，进口较多。具体表现在进口方面，自2010年起，中国羊肉出口呈现不断下滑的趋势。而在出口方面，中国羊肉进口自2007年开始一直呈现快速增长的趋势，并且在2014年羊肉进口额达到1 133.01百万美元，创历史新高。虽然2015年和2016年羊肉进口额出现下降，但与中国羊肉出口市场相比，差距依然悬殊。

表 3.9.1 中国羊肉进出口情况 (单位：百万美元)

年份	2007	2008	2009	2010	2011	2012	2013	2014	2015	2016
出口	54.12	50.37	41.76	68.98	53.05	42.51	31.35	43.21	33.72	35.27
进口	78.55	105.91	139.27	156.74	275.59	421.51	954.66	1 133.01	730.00	573.89

注：根据 COMTRADE 数据整理.

3.9.2.2 中国羊肉进出口来源地情况

就出口地区而言，中国香港是中国羊肉第一出口地区。自2011年以后，中国香港在中国肉羊出口市场中的份额均在60%以上，2013年所占出口份额高达91.54%；吉尔吉斯斯坦、约旦、澳门、科威特和阿联酋在中国羊肉出口市场中也占据重要位置，但所占份额有下降的趋势（表3.9.2）。

表 3.9.2 中国羊肉出口地区分布情况（百万美元）

年份	出口市场	贸易额	(占比/%)	年份	出口市场	贸易额	(占比/%)
2011	中国香港地区	33.09	62.38	2014	中国香港地区	33.13	76.68
	约旦	6.79	12.79		吉尔吉斯斯坦	3.65	8.44
	阿联酋	3.27	6.16		约旦	3.38	7.83
	其他地区	9.91	18.67		其他地区	3.05	7.05
2012	中国香港地区	32.33	76.05	2015	中国香港地区	23.66	70.16
	约旦	5.25	12.34		吉尔吉斯斯坦	4.47	13.26
	科威特	1.97	4.63		约旦	3.31	9.81
	其他地区	2.97	6.98		其他地区	2.28	6.77
2013	中国香港地区	28.70	91.54	2016	中国香港地区	31.46	89.20
	中国澳门地区	1.30	4.15		中国澳门地区	0.76	2.17
	约旦	0.44	1.41		吉尔吉斯斯坦	0.75	2.12
	其他地区	0.91	2.91		其他地区	2.30	6.51

数据来源：根据 COMTRADE 数据整理.

从羊肉进口来源地来看，新西兰和澳大利亚是中国肉羊主要进口来源地，两地区合计占比超过96%，乌拉圭等其他地区在中国进口市场中所占份额不足4%；近6年进口市场结构没有发生明显变化，新西兰和澳大利亚为中国羊肉进口的主要来源地，中短期内这种市场结构将不会发生改变（表3.9.3）。

表3.9.3　中国羊肉进口地区分布情况　（单位：百万美元）

年　份	进口来源地	贸易额	（占比/%）	年　份	进口来源地	贸易额	（占比/%）
2011	新西兰	161.84	58.72	2014	新西兰	701.70	61.93
	澳大利亚	106.25	38.55		澳大利亚	398.69	35.19
	乌拉圭	7.50	2.72		乌拉圭	32.62	2.88
	其他地区	0.00	0.00		其他地区	0.00	0.00
2012	新西兰	261.05	61.93	2015	新西兰	508.59	69.67
	澳大利亚	154.03	36.54		澳大利亚	213.04	29.18
	乌拉圭	6.43	1.52		乌拉圭	6.26	0.86
	其他地区	0.00	0.00		其他地区	2.11	0.29
2013	新西兰	543.74	56.96	2016	新西兰	390.46	68.04
	澳大利亚	376.91	39.48		澳大利亚	174.25	30.36
	乌拉圭	34.02	3.56		乌拉圭	4.96	0.86
	其他地区	0.00	0.00		其他地区	3.95	0.69

数据来源：根据COMTRADE数据整理.

3.9.3　中国羊肉产品国际竞争力分析

3.9.3.1　中国肉牛产业国际竞争力的绩效指标

（1）羊肉产品生产者价格

从生产者价格来看，比利时的山羊肉生产者价格最高，由2007年的6 603.50美元/吨迅速上涨至2008年的10 786.50美元/吨，此后2008—2014年，比利时山羊肉生产者价格趋于平稳，2015年比利时山羊肉生产者价格出现大幅下降，降幅高达30.26%。2007—2009年，中国山羊肉的生产者价格相对较低，2011年以后，山羊肉的生产者价格大幅上涨，并于2013年达到8 393.60美元/吨的历史新高，但此价格并没有持续太长时间并于2015年迅速下降为6 878.40美元/吨。就绵羊肉生产者价格而言，在2007—2010年，中国绵羊肉生产者价格位于中高端，高于澳大利亚和新西兰，低于爱尔兰和比利时，从图中可以观察到，2007—2009年这个阶段中国绵羊肉的生产者价格变动较为平稳，后受经济危机的影响，中国绵羊肉的生产者价格大幅攀

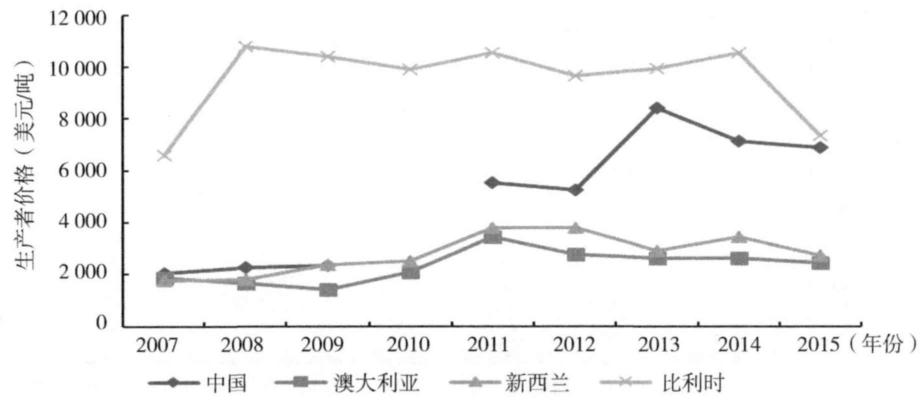

图 3.9.2 山羊肉生产者价格

注：根据 FAOSTAT 数据库整理（中国 2011 年数据缺失）.

升。整体而言，中国羊肉生产者价格均处于较高位置，与羊肉出口大国相比不具有价格优势（图 3.9.2，图 3.9.3）。

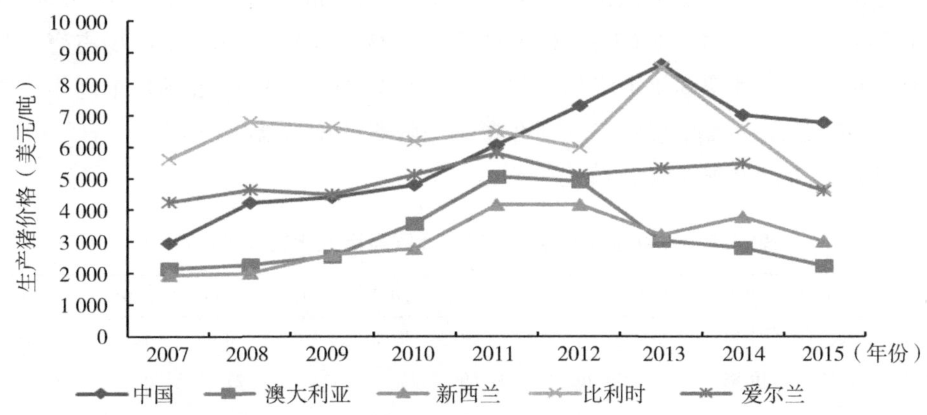

图 3.9.3 绵羊肉生产者价格

注：根据 FAOSTAT 数据库整理.

（2）羊肉产品国际市场占有率

从现有数据来看，新西兰羊肉在国际市场占有率中排名第一位，其占有率在 30%以上，但近年来其市场占有率呈现下滑趋势；澳大利亚羊肉在国际市场占有率中排名第二位，市场占有率在 20%以上，2009 年以后，其市场占有率均

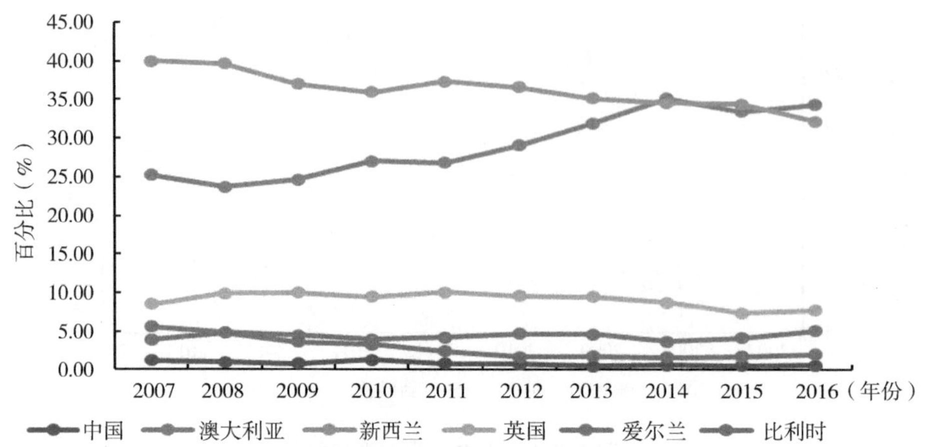

图 3.9.4　中国与世界前 5 羊肉出口大国国际市场占情况

注：根据 COMTRADE 整理所得.

超过 25%；英国、爱尔兰和比利时分别位居第三、第四和第五，三者市场占有率合计超过 14%。中国羊肉国际市场占有率较低，世界排名第十一位，2007—2010 年分别为 1.24%、1.03%、0.85%和 1.28%，2011—2016 年市场占有率均小于 0.85%，且呈现逐年下降的趋势。由此可以看出，中国虽然是羊肉生产大国，但绝非强国，国际市场占有率在短时间较难改变（图 3.9.4）。

（3）羊肉产品显示性比较优势指数

表 3.9.4　中国与世界羊肉出口大国显示性比较优势指数

年　份	2007	2008	2009	2010	2011	2012	2013	2014	2015	2016
中国	0.14	0.11	0.09	0.12	0.08	0.06	0.04	0.05	0.04	0.05
澳大利亚	24.26	19.85	19.54	19.14	17.89	20.38	23.54	27.03	28.71	27.89
新西兰	201.46	203.01	181.45	174.67	178.52	176.22	165.90	153.68	161.54	146.32
英国	2.54	3.22	3.40	3.35	3.48	3.56	3.21	3.15	2.56	2.88
爱尔兰	6.19	5.95	4.71	5.04	5.93	7.11	7.41	5.72	5.35	6.06
比利时	1.23	1.60	1.20	1.20	0.90	0.69	0.64	0.62	0.72	0.77

注：根据 COMTRADE 整理所得.

从表 3.9.4 可以看到在羊肉国际市场中，新西兰羊肉最具国际竞争力，2007—2016 年该国的显示性比较指数均在 145 以上；澳大利亚位居第二，该区仅个别年份显示性比较指数低于 20，由此可以看出，澳大利亚贸易竞争力较强；爱尔兰、英国和比利时显示性比较优势指数虽远低于新西兰和澳大利亚，但其显示性比较优势指数远远高于同期中国，2007—2016 年，中国羊肉产品显示性比较优势最高为 2007 年的 0.14，2012 年以后，中国羊肉的显示性比较指数不断下滑，贸易竞争力变弱，与羊肉贸易大国差距进一步扩大。

（4）羊肉产品贸易竞争力指数

表 3.9.5 中国与世界羊肉出口大国贸易竞争力指数

年 份	2007	2008	2009	2010	2011	2012	2013	2014	2015	2016
中国	-0.18	-0.36	-0.54	-0.39	-0.68	-0.82	-0.94	-0.93	-0.91	-0.88
澳大利亚	1.00	0.99	0.99	0.98	0.99	0.99	0.99	1.00	1.00	1.00
新西兰	0.99	0.99	0.98	0.99	0.99	0.99	0.99	0.99	0.99	0.99
英国	-0.20	-0.09	-0.10	-0.08	-0.02	-0.02	0.00	-0.03	-0.13	-0.03
爱尔兰	0.89	0.84	0.81	0.84	0.86	0.84	0.84	0.82	0.82	0.86
比利时	-0.27	-0.21	-0.26	-0.24	-0.33	-0.37	-0.37	-0.33	-0.28	-0.27

根据 COMTRADE 整理所得.

从表 3.9.5 数据可知，在羊肉贸易中，澳大利亚和新西兰贸易竞争力指数等于或者接近 1，该数据表明两个国家极具贸易竞争力；爱尔兰在 2007 年的贸易竞争力指数为 0.89，此后几年至 2016 年该指数稳定在 0.84 左右；英国和比利时的贸易竞争力指数为负数，代表两国国均为羊肉净进口国，但该数值相对较小；中国羊肉贸易竞争力较差，2007—2016 年该指数均为负值，该数据表明中国羊肉生产极不具有生产效率，在国际市场中竞争力较差。

3.9.3.2 中国肉羊产业国际竞争力的实证分析

（1）研究方法

本研究所用的 GTAP 数据库为第九版，该数据库是基于 2011 年投入产出表和国际贸易等数据构建而成的，相比于第八版数据库，最新版数据库包含了 140 个国家和地区，57 种产品以及 5 种基本要素数据。根据研究需要，将 140 个国家和地区加总为 9 个地区：澳大利亚、新西兰、中国、中国香港地区、吉尔吉斯斯坦、科威特、美国、欧盟、世界其他国家；将 57 种产品加总为 16 种；土地、技术劳动力、非技术劳动力、资本和自然资源这 5 种基本要素分类保持不变。

本研究模拟冲击的变量是 ams，其作用原理是，在其他条件不变，肉羊产业生产技术水平提高，导致肉羊生产成本降低，导致肉羊产品价格下降，从而在国际市场竞争力提升，最终引起肉羊产品出口增加。其在 Tablo 中的语言为：

qxs（i，r，s）=-ams（i，r，s）+qim（i，s）-ESUBM（i）×［pms（i，r，s）-ams（i，r，s）-pim（i，s）］；

pim（i，s）= sum（k，REG，MSHRS（i，k，s）×［pms（i，k，s）-ams（i，k，s）］）；

pms（i，r，s）= tm（i，s）+tms（i，r，s）+pcif（i，r，s）；

pcif（i，r，s）= FOBSHR（i，r，s）×pfob（i，r，s）+TRNSHR（i，r，s）×ptrans（i，r，s）；

本研究设计了基准方案和政策方案两个模拟方案。

基准方案：本研究采用动态递归的方法模拟了 2011 至 2020 年的基准方案，基准方案包含了对 2012—2016 年的历史模拟和 2017—2020 年的预测模拟两部分，

政策方案如下。

政策方案一：中国羊肉产品出口每年增加 1%。

在基准方案的基础上，假设中国在 2017—2020 年羊肉产品出口每年增加 1%，在此条件下，考虑对中国宏观经济和部门经济的影响。

政策方案二：中国羊肉产品出口每年增加 3%。

在基准方案的基础上，假设中国在 2017—2020 年羊肉产品出口每年增加 3%，在此条件下，考虑对中国宏观经济和部门经济的影响。

政策方案三：中国羊肉产品出口每年增加 5%。

在基准方案的基础上，假设中国在 2017—2020 年羊肉产品出口每年增加 5%，在此条件下，考虑对中国宏观经济和部门经济的影响。

（2）结果与分析

第一，对地区福利和实际 GDP 的影响。与基准情景相比，中国羊肉产品出口分别增加 1%、3%、5%，中国大陆福利分别增加 5.00 百万美元、18.00 百万美元、31.00 百万美元；中国香港福利分别增加 0.55 百万美元、1.74 百万美元、3.04 百万美元；吉尔吉斯斯坦福利分别增加-0.79 万美元、-2.91 万美元、-5.10 万美元；科威特福利分别增加 0.66 百万美元、2.05 百万美元、3.56 百万美元。中国大陆实际 GDP 分别增长 0.00008%、0.00030%、0.00053%；中国香港地区实际 GDP 分别增长 0.00020%、0.00061%、0.00104%；吉尔吉斯斯坦实际 GDP 分别增长 -0。00023%、-0.00080%、

-0.00141%；科威特实际 GDP 分别增长 0.00019%、0.00059%、0.00102%。可以看出，对于中国羊肉产品主要出口地区的中国香港地区和科威特，中国羊肉产品出口增加对中国香港地区和科威特的社会福利的增加和 GDP 的增长具有促进作用，而对于吉尔吉斯斯坦，社会福利和 GDP 虽有下降，但下降幅度较小。

第二，对地区间投资环境的影响。与基准情景相比，中国羊肉产品出口分别增加 1%、3%、5%，中国大陆投资分别增长-0.00009%、-0.00019%、-0.00033%；中国香港地区投资分别增长 0.00070%、0，00208%、0.00347%；吉尔吉斯斯坦投资分别增长 0.00080%、0.00227%、0.00381%；科威特投资分别增长 0.00158%、0.00519%、0.00890%。中国大陆投资回报率分别增长-0.000018%、-0，000077%、-0.000130%；中国香港地区投资回报率分别增长 0.000114%、0.000356%、0.000629%；吉尔吉斯斯坦投资回报率分别增长 0.000234%、0.000727%、0.001247%；科威特投资回报率分别增长 0.000236%、0.000733%、0.001282%。可以看出，中国羊肉产品出口虽然增加，但是并未带动投资和投资回报率的增加，相反，投资和投资回报率均有不同程度的下降。而对于中国肉羊产品的主要出口地区而言，中国羊肉产品出口的增加，促进了出口地区投资和投资回报率的增长。

第三，对净出口的影响。与基准情景相比，中国羊肉产品出口分别增加 1%、3%、5%，就总净出口而言，中国大陆总净出口额分别增加 6.71 百万美元、16.28 百万美元、28.46 百万美元；中国香港地区总的净出口额分别增加-0.24百万美元、-0.67 百万美元、-1.06 百万美元；吉尔吉斯斯坦总净出口额增加 0.14 万美元、1.30 万美元、2.46 万美元；科威特总的净出口额分别增加-5.57 万美元、-23.63 万美元、-38.28 万美元。就羊肉产品的净出口而言，中国大陆净出口额分别增加 25.58 百万美元、80.81 百万美元、141.78 百万美元；中国香港地区净出口额分别增加 0.39 百万美元、1.23 百万美元、2.16 百万美元；吉尔吉斯斯坦净出口额分别增加-3.91 万美元、-12.06 万美元、-20.63万美元；科威特净出口额分别增加-8.66 万美元、-26.94 万美元、-46.48万美元。可以看出，中国羊肉产品出口增加，无论是从总的净出口还是单从羊肉产品的进出口，中国始终处于贸易顺差的地位。

第四，对地区间贸易条件的影响。与基准情景相比，中国羊肉产品出口分别增加 1%、3%、5%，就肉羊产品出口额而言，中国大陆分别增长 6.63%、20.94%、36.73%；中国香港地区分别增长-0.03%、-0.09%、-0.15%；吉尔吉斯斯坦分别增长-0.02%、-0.07%、-0.13%；科威特分别增长 0.04%、0.12%、0.21%。就肉羊产品进口额而言，中国大陆分别增长 0.01%、0.03%、0.06%；中国香港地区分别增长-0.03%、-0.10%、-0.17%；吉尔吉斯斯坦分别增长 1.36%、4.18%、7.13%；科威特分别增长 0.04%、0.11%、0.19%。

第五，对产出的影响。与基准情景相比，中国羊肉产品出口分别增加 1%、3%、5%，就肉羊产品产出而言，中国大陆分别增长 0.07%、0.23%、0.41%；而对于中国羊肉产品主要出口中国香港地区和吉尔吉斯斯坦、科威特而言，中国羊肉产品出口的增加，使中国香港地区羊肉产品产出分别增长 -0.16%、-0.50%、-0.88%；吉尔吉斯斯坦羊肉产品产出分别增长-0.11%、-0.33%、-0.56%；科威特羊肉产品产出分别增长-0.26%、-0.82%、-1.42%。由于中国羊肉产品产出增加，带动相关农作物产量增加，小麦产出分别增长 0.000574%、0.001835%、0.003217%，其他谷物产出增长 0.000206%、0.000657%、0.001152%；而对于中国羊肉产品主要出口的中国香港地区和吉尔吉斯斯坦、科威特而言，中国香港地区小麦产出分别增长-0.000440%、-0.001358%、-0.002360%，其他谷物产出分别增长 -0.000110%、-0.000335%、-0.000590%；吉尔吉斯斯坦小麦产出分别增长 0.000248%、0.000797%、0.001364%，其他谷物产出分别增长 0.000285%、0.000800%、0.001334%；科威特小麦产出分别增长 0.004930%、0.015359%、0.026657%，其他谷物分别增长 0.003079%、0.009655%、0.016758%。中国香港地区小麦和其他谷物产出下降原因主要是因为中国羊肉产品 80%以上都出口香港地区，而吉尔吉斯斯坦和科威特在中国羊肉产品出口中占比相对较小，所以中国羊肉产品出口增加并未对该地区相关农作物产出产生负面影响。

3.9.4 结论与政策建议

3.9.4.1 结论

自进入 21 世纪以来，中国肉羊产业生产能力明显提升，在国际市场中占据较大市场份额，羊肉进出口发生较大变化，一方面中国出口羊肉，另一方面又在大量进口羊肉，中国羊肉出口目的地和进口来源地较为稳定，出口主要面向中国香港地区和约旦等中东国家、吉尔吉斯斯坦等中亚国家，而进口主要来源新西兰、澳大利亚等澳洲国家和乌拉圭等美洲国家。国产羊肉产量大幅增长且进口量也在增长，一方面说明中国居民对羊肉的消费需求不断增长，另一方面也反映出中国肉羊产业供给能力尚存在较大进步空间，面对日益上涨的羊肉生产价格，国内肉羊产业面临较大的下行压力。

本文基于GTAP模型，模拟分析了中国肉羊产品出口增加1%、3%、5%，对中国宏观经济和地区间经济环境的影响，总体而言，中国羊肉产品出口增加促进了中国社会福利条件的改善、GDP的增长和贸易条件的改善，但是中国的投资环境并未因此得到改善。同时，对于中国羊肉产品主要出口地区而言，中国羊肉产品出口的增加对出口地区的经济产生一定影响，但负面影响较小，中国和其主要出口地区要合理适当地处理双方的贸易问题，以便做到互惠互利，共同发展。

3.9.4.2 政策建议

针对中国肉羊出现的以上问题，本研究认为可以采取以下措施。

第一，继续大力发展肉羊产业深加工。积极响应供给侧改革的号召，从肉羊深加工入手，按市场需求生产，在肉羊产业进口中，继续加大对活羊的进口，减少对直接可供食用的羊肉的进口，提升中国肉羊行业的附加值与国际市场竞争力。

第二，扩大粮改饲试点，加快建设现代肉羊产业体系。中国羊肉产品价格高于世界平均价格水平，最主要的原因在于羊肉生产成本高，推动粮改饲，提升秸秆综合使用效率，大力发展现代草业，推动现代化牧场的建设进程，改变现有的小规模、分散的生产经营方式，向规模化生产经营的道路发展，国家和地方政府应从财政补贴上多支持肉羊的发展，使肉羊产业形成区域规模效益。

第三，应加大对羊肉生产者的支持保护力度，增加政府对生产者的补贴力度，降低肉羊生产者的相对生产成本。合理调整肉羊生产的区域产业布局，在区域内形成肉羊产业规模效应，增强羊肉产品的成本和价格竞争优势。同时鼓励肉羊行业保险业务的发展，降低肉羊产业经营风险和市场波动对牧民的伤害，避免肉羊产业再次陷入供给失衡的怪圈。

3.10 肉鸡

21世纪以来，中国肉鸡产业持续稳定发展，肉鸡产量由2000年的362 301.2万只，增长至2016年的515 563.5万只，占世界肉鸡产量比重稳定在20%以上。肉鸡产量虽在不断增长，但在世界肉鸡出口贸易中占据较小比重(2015年为0.68%)，同期，中国肉鸡进口额占世界肉鸡贸易额的2.18%，智利、中国香港、波兰、德国、新西兰是中国进口肉鸡的主要贸易来源地，占比达到98.88%。随着“一带一路”倡议实施的推进，中国肉鸡产品将面对更加激烈的国际竞争。基于此背景下分析中国肉鸡生产、贸易现状及国际竞争力影响因素，探讨中国肉鸡产业发展及提高肉鸡产业国际竞争力具有十分重要的政策意义。

本文拟从世界肉鸡产业生产与贸易着手，通过具体数据分析国际肉鸡产业国际竞争力的实际状况，然后设计多个指标对中国肉鸡产业的国际竞争实力进行评价，分析中国肉鸡产业国际竞争力影响因素，并提出相应的对策建议。

3.10.1 世界肉鸡生产与贸易情况

3.10.1.1 世界肉鸡生产情况（表 3.10.1，图 3.10.1）

1961—1969 年世界肉鸡年均总产量为440 257.7万只，2010—2016 年世界肉鸡年均总产量达到2108 510.5万只，是 1961—1969 年的 4.79 倍，而就各洲肉鸡生产情况而言则存在较大差异。从现有数据看，1961—1969 年亚洲肉鸡总产量分别为128 949.4万只，2010—2016 年肉鸡总产量达到1 168 146.9万只，是 1961—1969 年的 9.06 倍，在世界份额中的占比也分别由 29.29%提升到了 55.40%；欧洲肉鸡总产量变动较为稳定，1961—1969 年其年均肉鸡总产量为 142 255.8万只，2010—2016 年其年均总产量为211 792.8万只，是 1961—1969 年的 1.49 倍；1961—1969 年非洲的肉鸡总产量为32 038.84万只，此时在世界份额中占比为 7.28%，到 2010—2016 年，肉鸡总产量分别增长至176 345.3万只，是 1961—1969 年的 5.50 倍，其增长水平略高于世界产量增长水平，其在世界份额中的占比也增长至 8.36%；1961—1969 年大洋洲和美洲的肉鸡总产量分别为2 877.34万只和 134 136.2万只，此时在世界份额中占比为 0.65%和 30.47%，到 2010—2016 年，两者的肉鸡总产量分别增长至12 587.23万只和 539 638.4万只，是 1961—1969 年的 4.37 倍和 4.02 倍，其增长水平略低于世界产量增长水平，其在世界份额中的占比分别下滑到 5.97%和 25.59%。

表 3.10.1 各大洲肉鸡总产量（万只）

年 份	1961—1969	1970—1979	1980—1989	1990—1999	2000—2009	2010—2016
世界	440 257.7	593 214.9	861 316.4	1 247 650.5	1 701 902.4	2 108 510.5
亚洲	128 949.4	177 683.7	312 934.4	597 465.6	901 152.5	1 168 146.9
非洲	32 038.84	46 477.49	68 348.51	101 739.1	137 139.3	176 345.3
欧洲	142 255.8	190 409.8	237 056.1	200 272.2	179 988.0	211 792.8
大洋洲	2 877.34	4 930.62	6 524.81	9 181.65	11 738.21	12 587.23
美洲	134 136.2	173 713.4	236 452.6	338 991.9	471 884.4	539 638.4

数据来源：根据 FAOSTAT 数据整理.

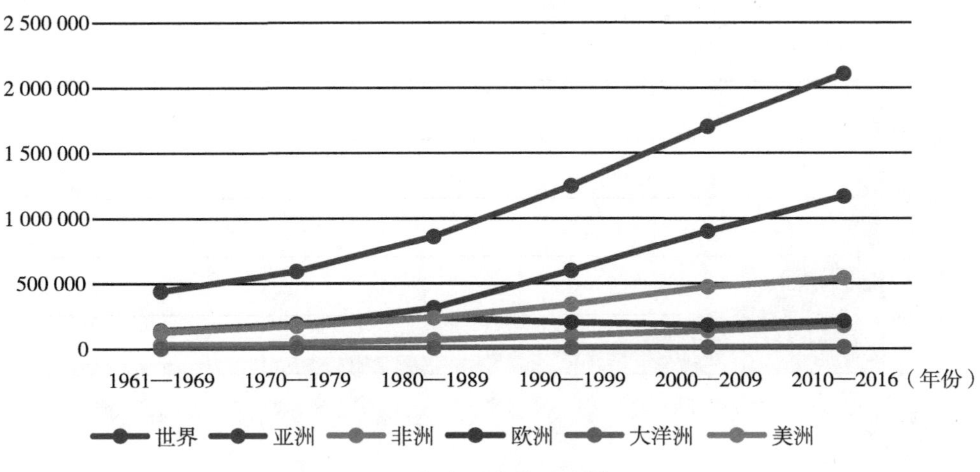

图 3. 10. 1　各大洲肉鸡总产量（万只）

数据来源：根据 FAOSTAT 数据整理.

从分国别肉鸡生产情况来看，选取 2016 年全球肉鸡总产量排名前 20 位的国家作为分析对象，以 2010—2016 年各国肉鸡年均总产量为序，依次是中国、美国、印尼、巴西、伊朗、印度、墨西哥、俄罗斯、巴基斯坦、土耳其、日本、马来西亚、泰国、孟加拉国、越南、缅甸、玻利维亚、乌克兰、摩洛哥、沙特，其 2010—2016 年均总产量分别为 494 938. 8 万只、196 011. 1 万只、175 063. 8万只、128 550. 3万只、93 248. 7万只、71 192. 8万只、52 400. 5万只、44 073. 4万只、40 698. 6 万只、27 537. 9 万只、26 989. 2 万只、26 401. 9 万只、25 600万只、24 858. 16万只、24 067. 7万只、23 175. 1万只、19 418. 4万只、18 769万只、18 384. 5万只、17 708. 8万只。除俄罗斯、乌克兰外，其他 18 国 2010—2016 年均肉鸡总产量依次分别是其 1961—1969 年均总产量的 8. 41 倍、2. 36 倍、28. 24 倍、8. 01 倍、29. 01 倍、6. 41 倍、5. 42 倍、28. 64 倍、9. 74 倍、2. 04 倍、9. 73 倍、5. 41 倍、6. 62 倍、5. 69 倍、25. 54 倍、29. 28 倍、13. 07 倍、83. 89 倍，18 国肉鸡年均总产量均有所增长，其中，沙特、玻利维亚、伊朗、印度尼西亚、巴基斯坦增长明显。表 3. 10. 2 列示了排名前 20 的肉鸡生产大国，1961—1969 年均 20 国肉鸡总产量为224 186. 2万只，而 2010—2016 年均总产量达到 1 549 088. 7万只，是其 6. 91 倍，各国合计占世界份额由 1961—1969 年间的 50. 92%上升到 2010—2016 年间的 73. 47%，其中，中国的贡献由 13. 36%上升至 23. 47%（图 3. 10. 2，表 3. 10. 2）。

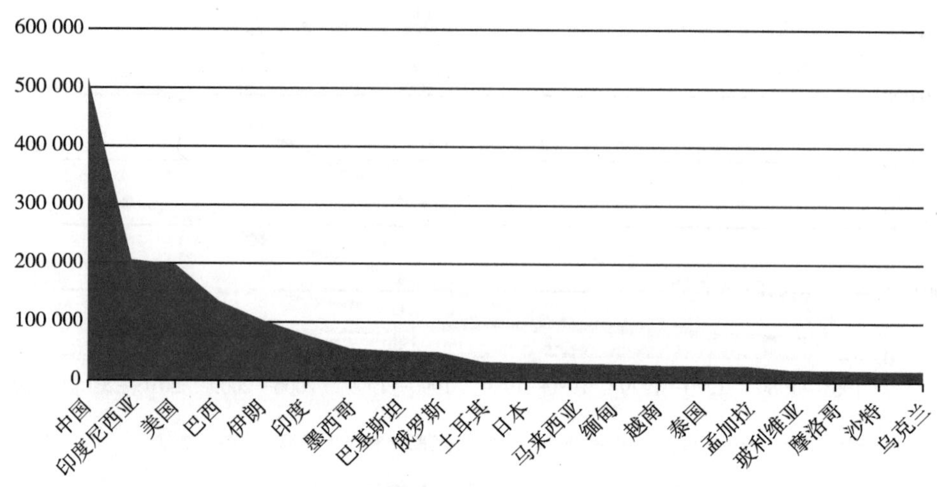

图 3.10.2　2016 年全球肉鸡总产量排名前 20 位的国家（万只）

数据来源：根据 FAOSTAT 数据整理.

表 3.10.2　世界肉鸡生产大国生产情况（万只）

年　份	1961—1969	1970—1979	1980—1989	1990—1999	2000—2009	2010—2016
中国	58 827.1	72 719.9	134 037.1	296 716.2	435 478.9	494 938.8
美国	83 017.8	94 247	113 400	157 060	195 160	196 011.1
印度尼西亚	6 199.4	9 505.3	31 282.5	80 507.4	116 720.9	175 063.8
巴西	16 051.3	29 254.7	47 964.2	69 035.4	100 424	128 550.3
伊朗	3 214.9	6 950	12 105.1	19 051.4	53 737	93 248.7
印度	11 110	14 448	22 923	30 374.5	51 420.4	71 192.8
墨西哥	9 676.1	14 210.3	20 799.8	30 197.8	44 307.2	52 400.5
俄罗斯	—	—	—	47 228.8	34 148.3	44 073.4
巴基斯坦	1 421.1	2 598	6 248	12 980	20 860	40 698.6
土耳其	2 826.8	3 983.7	5 855.2	16 427.5	27 018.6	27 537.9
日本	13 219.2	24 817.7	31 931.9	31 904.4	28 434.5	26 989.2
马来西亚	2 714.3	4 263	5 358	8 301.4	17 611.8	26 401.9
泰国	4 732.6	5 610.9	7 594.6	17 021.9	22 317.5	25 600
孟加拉国	3 755.56	5 635.94	6 695.02	10 890.66	17 817.24	24 858.16
越南	4 231.1	4 627	6 099	10 133	16 412.6	24 067.7
缅甸	907.5	1 656.6	3 008.6	2 989.1	8 400.7	23 175.1

（续表）

年　份	1961—1969	1970—1979	1980—1989	1990—1999	2000—2009	2010—2016
玻利维亚	663.3	1 517	1 369.8	5 232.6	11 150.8	19 418.4
乌克兰	—	—	—	14 458.6	13 000.2	18 769
摩洛哥	1 407	1 915	4 290	9 116	14 450	18 384.5
沙特	211.1	748	4 995	9 350	13 620	17 708.8
20 国合计	224 186.2	298 708.0	465 956.8	878 976.7	1 242 490.6	1 549 088.7
世界	440 257.7	593 214.9	861 316.4	1 247 650.5	1 701 902.4	2 108 510.5
20 国占比	50.92%	50.35%	54.10%	70.45%	73.01%	73.47%
中国占比	13.36%	12.26%	15.56%	23.78%	25.59%	23.47%

数据来源：根据 FAOSTAT 数据整理.

3.10.1.2　世界肉鸡贸易情况

（1）世界肉鸡进口

从世界总体水平来看，世界肉鸡进口呈现不断上升的趋势，由 1961—1969 年进口均值5 011.3万美元增长到 2010—2016 年的231 778.3万美元，2010—2016 年世界肉鸡进口均值是 1961—1969 年进口均值的 46.25 倍。从进口的地区来看，欧洲是主要的肉鸡进口地区，1961—1969 年欧洲肉鸡进口额为2 007.6万美元，占世界肉鸡总进口的 40.06%，2010—2016 年欧洲肉鸡进口额为159 846.2万美元，占世界肉鸡总进口的 68.97%。其中，美洲、亚洲肉鸡进口额占世界进口额的比重下降明显，分别从 18.66%下降至 8.14%，36.66%下降至 18.44%；非洲和大洋洲肉鸡进口额占世界比重相对稳定。具体见表 3.10.3。

表 3.10.3　各大洲肉鸡进口额（万美元）

年　份	1961—1969	1970—1979	1980—1989	1990—1999	2000—2009	2010—2016
世界	5 011.3	16 126.4	40 530.9	74 801.3	120 012.1	231 778.3
非洲	223.1	1 385.3	6 533.1	4 800.7	5 435.0	10 086.4
美洲	935.3	2 367.1	5 814.2	9 352.4	11 800.7	18 871.5
亚洲	1 837.0	5 427.5	15 542.2	26 575.1	26 967.7	42 733.7
欧洲	2 007.6	6 887.2	12 565.6	33 975.6	75 669.4	159 846.2
大洋洲	8.4	59.4	75.8	97.5	139.4	240.5

数据来源：根据 FAOSTAT 数据整理.

表 3. 10. 4 数据显示，选取 2016 年全球肉鸡进口额排名前 20 位的国家作为分析对象，以 2010—2016 年各国肉鸡年均进口额为序。世界肉鸡进口前 20 个国家肉鸡进口总量持续上升，近 10 年进口额占世界总额比例达到 75%以上。其中，荷兰肉鸡进口额逐年快速增长，占世界肉鸡进口总额的比例也由 1961—1969 年的 0. 43% 增长至 2010—2016 年的 24. 3%；比利时也以 13. 45%的进口额位居第二；德国、新加坡、波兰、中国、乌克兰的肉鸡进口额占世界比例紧随其后，分别达到 6. 83%、6. 54%、3. 42%、2. 64%、2. 18%。值得一提的是，中国、西班牙、加拿大、墨西哥 2010—2016 年肉鸡进口额占比相比 1961—1969 年占比有所下降，对肉鸡国际市场依存度有所下降，特别是中国 2010—2016 年肉鸡进口额占比相比 1961—1969 年占比分别下降了 19. 78 个百分点。

表 3. 10. 4　世界肉鸡进口情况（万美元）

年　份	1961—1969	1970—1979	1980—1989	1990—1999	2000—2009	2010—2016
荷兰	21. 6	474. 8	1 418. 2	8 923. 4	21 493. 1	56 314. 4
比利时	—	—	—	—	20 435. 9	31 184. 3
德国	299. 7	786. 0	1 399. 3	2 738. 3	5 830. 2	15 823. 0
新加坡	47. 6	253. 8	2 066. 9	7 705. 0	8 742. 6	15 152. 2
波兰	0. 0	82. 6	0. 0	1 660. 4	2 787. 3	7 932. 2
中国	1 123. 5	2 499. 1	5 673. 6	9 157. 4	6 840. 2	6 125. 2
乌克兰	—	—	—	286. 9	1 962. 9	5 047. 1
俄罗斯	—	—	—	662. 3	2 729. 9	4 396. 7
罗马尼亚	0. 0	0. 0	50. 6	143. 4	1 376. 1	4 134. 4
西班牙	276. 3	284. 0	672. 9	1 809. 3	2 326. 3	4 041. 1
加拿大	350. 8	839. 8	1 882. 1	2 352. 5	2 259. 4	3 681. 1
斯洛伐克	—	—	—	2 524. 9	1 649. 5	3 303. 3
匈牙利	19. 4	103. 2	170. 0	433. 0	528. 1	3 229. 7
英国	131. 5	127. 7	257. 4	600. 9	849. 9	2 751. 6
捷克	—	—	—	1 008. 8	1 417. 9	2 708. 4
澳大利亚	18. 1	131. 8	228. 0	274. 1	645. 8	2 638. 9
墨西哥	128. 6	176. 2	650. 1	1 107. 0	1 585. 4	2 439. 8
法国	114. 0	547. 7	1 098. 3	1 557. 6	1 694. 6	2 267. 5
泰国	5. 0	129. 1	744. 8	1 179. 2	475. 2	2 251. 8

（续表）

年　份	1961—1969	1970—1979	1980—1989	1990—1999	2000—2009	2010—2016
叙利亚	7.3	127.4	256.1	243.7	301.9	1 330.5
合计	2 543.4	6 563.2	16 568.1	44368.0	85 932.1	176 753.0
世界	5 011.3	16 126.4	40 530.9	74 801.3	120 012.1	231 778.3
占比	50.75%	40.70%	40.88%	59.31%	71.60%	76.26%

数据来源：根据 FAOSTAT 数据整理.

（2）世界肉鸡出口

从世界总体水平来看，世界肉鸡出口呈现不断上升的趋势，由 1961—1969 年出口均值4 581.8万美元增长到 2010—2016 年的234 205.2万美元，2010—2016 年世界肉鸡出口均值是 1961—1969 年出口均值的 51 倍。从出口的地区来看，欧洲是主要的肉鸡出口地区，1961—1969 年欧洲肉鸡出口额分别为 1 731.3万美元，占世界肉鸡总出口的 37.8%，2010—2016 年欧洲肉鸡出口额分别为183 886.7万美元，占世界肉鸡总出口的 78.5%，占世界肉鸡出口量的 3/4 以上。其中，欧洲肉鸡出口额占世界出口额的比重上升明显，从 37.8%上升至 78.5%；美洲、亚洲肉鸡出口额占世界出口额的比重有所下降，分别从 33.9%下降至 11.4%，26.3%下降至 9.1%；非洲和大洋洲肉鸡出口额占世界比重相对稳定。具体见表 3.10.5。

表 3.10.5　各大洲肉鸡出口额（万美元）

年　份	1961—1969	1970—1979	1980—1989	1990—1999	2000—2009	2010—2016
世界	4 581.8	15 970.1	37 662.3	72 772.8	115 567.5	234 205.2
非洲	80.7	365.6	476.1	1 197.5	738.6	1 329.4
美洲	1 551.0	3 311.4	7 266.2	13 064.4	15 085.4	26 596.1
亚洲	1 206.1	2 887.3	8 003.0	16 295.7	15 764.8	21 206.6
欧洲	1 731.3	9 356.9	21 819.5	42 110.4	83 591.0	183 886.7
大洋洲	12.6	49.0	97.7	104.8	387.7	1 186.4

数据来源：根据 FAOSTAT 数据整理.

表 3.10.6 数据显示，选取 2016 年全球肉鸡出口额排名前 20 位的国家作为分析对象，以 2010—2016 年各国肉鸡年均出口额为序。世界肉鸡出口前 20 个国家肉鸡出口总量持续上升，2000 年以来前 20 国的肉鸡出口额占到世界肉鸡出口总额的 90%以上。其中，德国、荷兰、法国、美国、马来西亚五国 2010—

2016年肉鸡出口额占世界总额分别为26.65%、16.13%、7.92%、7.62%、6.39%，合计达到64.74%。相比1961—1969年肉鸡出口额占比情况，2010—2016年美国占比下降明显，达到21.26个百分点，德国、马来西亚、法国占比分别上升23.46个百分点、5.64个百分点、3.97个百分点，荷兰占比基本持平。

表3.10.6　世界肉鸡出口情况（万美元）

年　份	1961—1969	1970—1979	1980—1989	1990—1999	2000—2009	2010—2016
德国	146	673	2 059.9	7 059	21 732.5	62 404.2
荷兰	696.5	3 676.4	8 761.2	11 554	18 222.2	37 781.6
法国	181.1	748	3 014.8	7 948.3	13 295	18 553.7
美国	1 324.3	2 667.6	6 094.7	10 759.2	11 142.5	17 906.3
马来西亚	34.2	174.7	1 650.5	6 227.3	8 713.1	14 967
英国	187.6	739.5	1 652.9	5 040.5	9 849.3	12 393.2
比利时	—	—	—	—	4 473.3	8 349.7
丹麦	21.2	45.2	193.7	1 210	1 804.7	7 063.9
捷克	—	—	—	1 054.5	3 322.4	6 992.9
匈牙利	77.3	1 793.5	2 215.6	1 101.4	2 581.7	5 829.1
巴西	2.1	26.6	129.7	509.5	1 010.9	4 986.7
斯洛伐克	—	—	—	176.7	1 213.5	4 373.5
西班牙	25.7	250.9	589.4	1 300.3	1 812.1	3 889.1
波兰	—	—	—	47.2	1 294.3	3 637.5
中国	815.2	1 760.3	4 732.1	8 327	5 186.9	2 356.5
葡萄牙	2.9	18.4	23.9	274.9	1 087.9	2 242.7
罗马尼亚	—	—	—	45.9	45.4	2 047.7
土耳其	—	—	18.9	15.8	230.7	1 372.9
瑞典	11.4	16.9	9.2	137.2	502.6	1 078.8
新西兰	2.5	16.5	25.8	29.4	181.7	909.8
合计	3 528	12 607.5	31 172.3	62 818.1	107 702.7	219 136.8
世界	4 581.8	15 970.1	37 662.3	72 772.8	115 567.5	234 205.2
占比	77.00%	78.94%	82.77%	86.32%	93.19%	93.57%

数据来源：根据FAOSTAT数据整理.

3.10.1.3 世界肉鸡生产与贸易特征

(1) 世界肉鸡生产特征

如图 3.10.3 所示，世界肉鸡生产地区主要集中在亚洲、美洲，占世界肉鸡总产量比例稳定在 90%以上，但内部变化地区间变化明显。20 世纪 60 年代世界肉鸡产于欧洲、美洲、亚洲，其中，欧洲产量超过美洲、亚洲。20 世纪 70 年代开始，亚洲肉鸡产量开始超过欧洲、美洲，欧洲肉鸡产量占比也持续下降，并逐渐扩大差距，2000 年以来，亚洲肉鸡产量占比稳定在 50%以上。

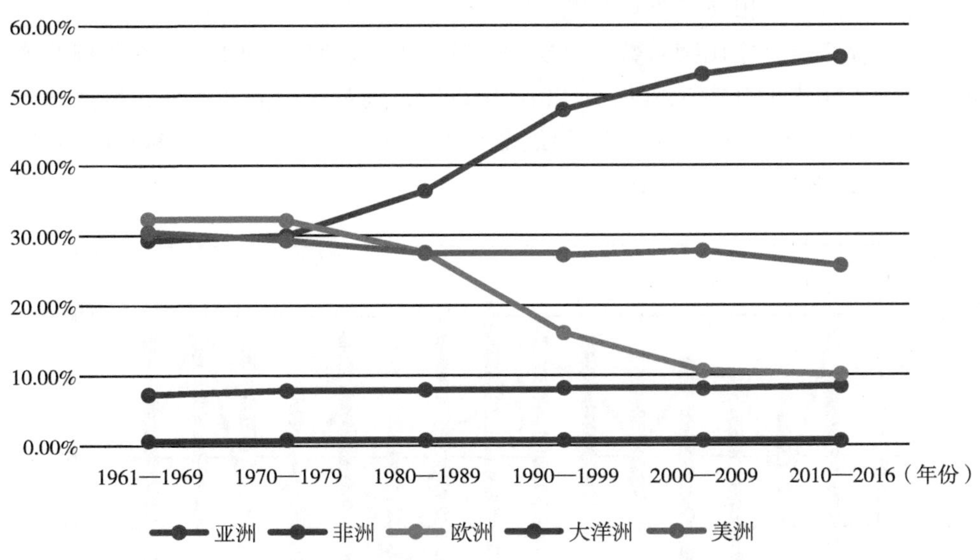

图 3.10.3 各大洲肉鸡产量占世界总产量比例

数据来源：根据 FAOSTAT 数据整理.

中国、美国和印尼肉鸡生产占据重要地位。自 1961 年以来，中国肉鸡产量不断增长，由最初的58 827.1万只增长至494 938.8万只，世界份额占比由当年的 13.36%增长至 23.47%，在肉鸡生产中一枝独秀；美国肉鸡产量呈稳定增长态势，其 1961—1969 年产量均值为83 017.8万只，2010—2016 年产量均值为196 011.1万只；印度尼西亚肉鸡产量持续增长，生产情况与美国相似，基本与美国持平，其占世界比例也由 1961—1969 年间的 1.41%升至 2010—2016 年间的 8.30%。

(2) 世界肉鸡贸易特征

世界肉鸡出口来源地较为集中。贸易额排名前三的国家，分别是德国、荷兰、法国，出口额分别为62 404.2万美元、37 781.6万美元、18 553.7万美元，其中德国肉鸡出口额超过荷兰、法国两国总和，地区间出口额存在较大差距；从地区分布情况来看，这些国家位于欧洲较为广阔的平原地区。

世界肉鸡进口地相对分散，肉鸡进口金额在5 000万美元以上的地区共有7个，分别是荷兰、比利时、德国、新加坡、波兰、中国、乌克兰，遍及亚洲、欧洲，既有发达国家，也有发展中国家；既有人口大国，也有人口小国。

3.10.2 中国肉鸡生产与贸易情况

3.10.2.1 中国肉鸡生产情况

从整体来看，中国肉鸡数量呈现先上升后下降趋势。2001—2010 年肉鸡产量持续上，年均上升在 4%以上；2010 年以后，肉鸡产量有所下降，增速达到 11.16%，并于 2014 年达到近 10 年最低水平；此后，肉鸡产量增速有所回升，产量稳定在 50 亿只（图 3.10.4）。

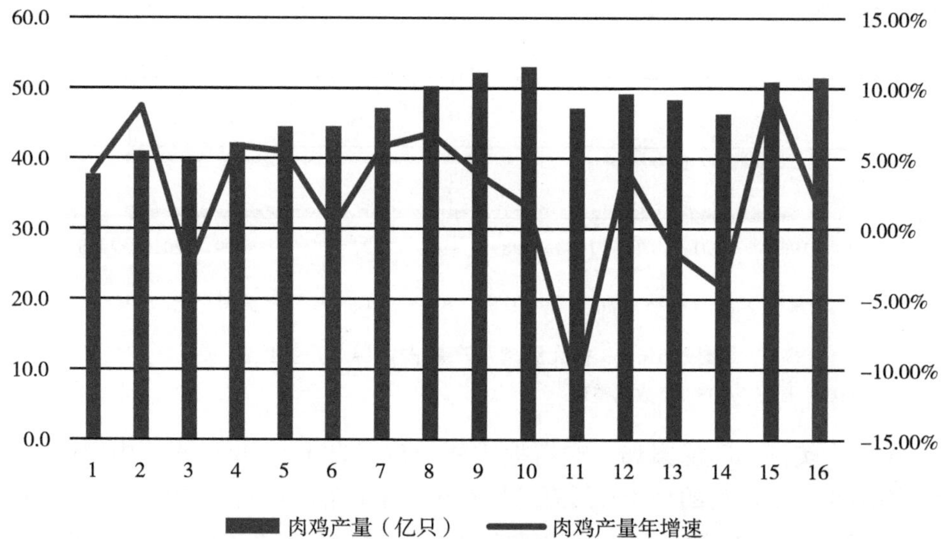

图 3.10.4 中国 2001—2016 年肉鸡产量及年增速

数据来源：根据 FAOSTAT 数据整理.

3.10.2.2 中国肉鸡贸易情况

（1）中国肉鸡进口情况

从图 3.10.5 可以看到，中国肉鸡进口量先下降后增长又下降：2001—2006 年肉鸡进口量持续下降，于 2006 年达到4 986万美元；2007—2013 年持续上升，2013 年肉鸡进口量达到7 630.6万美元；2014—2016 年有所回落；2016 年肉鸡进口量达到5 118.8万美元，相比2013年，年均下降10.97%。

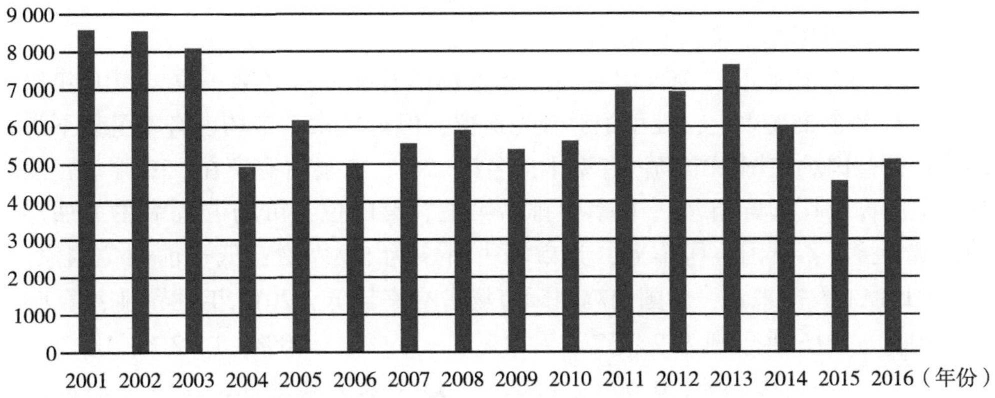

图3.10.5　中国2001—2016年肉鸡进口量（万美元）

数据来源：根据FAOSTAT数据整理.

（2）中国肉鸡出口情况

从图3.10.6可以看到，中国肉鸡出口量基本呈持续下降态势：2001—2003年肉鸡出口量基本在6 000万美元以上；2004—2013年肉鸡出口量基本在3 000万美元上下浮动；2014年以来，长期低于2000万美元。就以往出口情况来看，中国肉鸡出口将有持续下降的可能性，反映出近年来中国市场对肉鸡需求的持续增大。

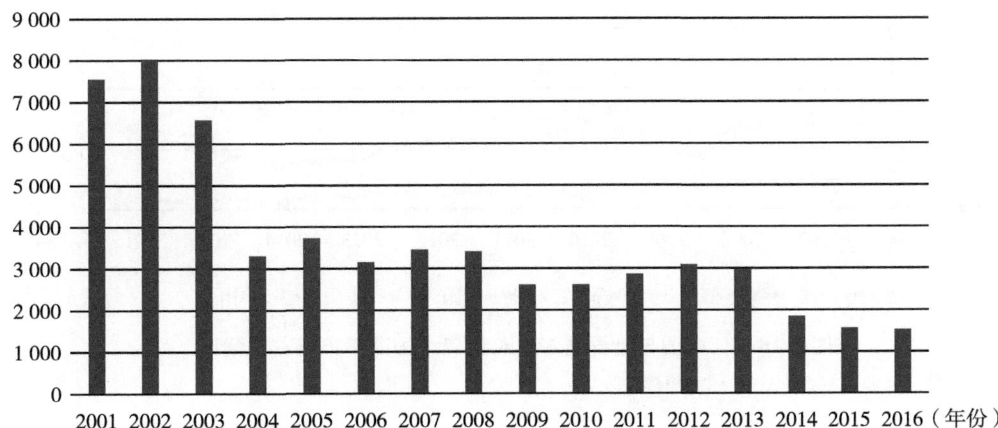

图3.10.6　中国2012—2016年肉鸡出口量（百万美元）

数据来源：根据FAOSTAT数据整理.

3.10.3 中国肉鸡产业国际竞争力分析

3.10.3.1 中国肉牛产业国际竞争力的绩效指标

(1) 肉鸡国际市场占有率

从FAO数据来看，德国肉鸡在国际市场占有率中排名第一位，2010年以来其占有率在25%以上，处于绝对领先地位，但近年来其市场占有率呈现下滑趋势；荷兰肉鸡在国际市场占有率中排名第二位，市场占有率在15%浮动；法国、美国肉鸡在国际市场占有率中排名第三、第四位，市场占有率在10%浮动，基本持平；英国位居第五，其市场占有率为5%左右，低于前四位国家。从FAOSTAT数据来看，中国肉鸡国际市场占有率较低，2013年世界排名第63位，2006—2016年分别为2.77%、2.41%、1.96%、1.40%、1.32%、1.22%、1.30%、1.18%、0.74%、0.68%、0.66%，近年来持续走低，2014年后甚至不足1%。由此可以看出，中国虽然是肉鸡生产大国，但绝非贸易强国，主要用于自给（图3.10.7）。

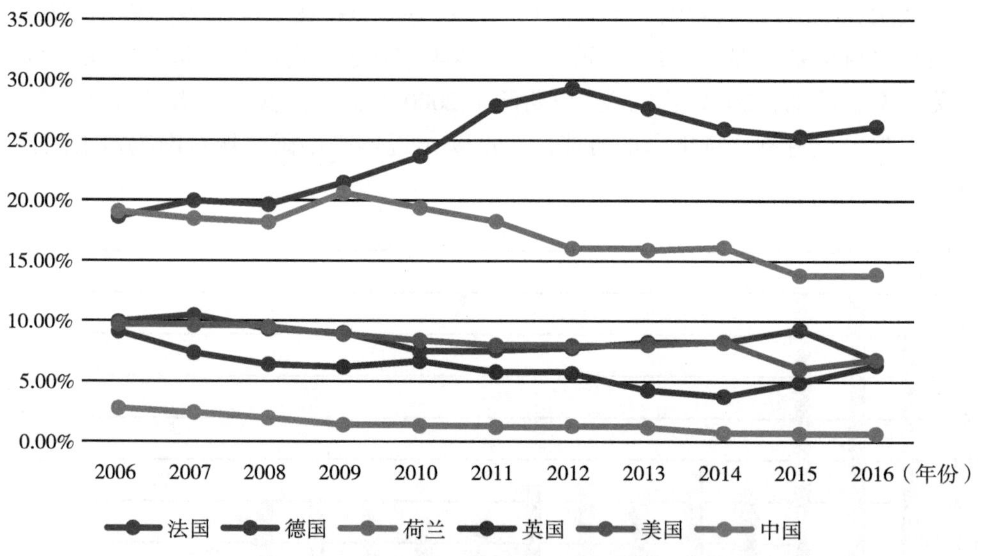

图3.10.7 中国与世界前5肉鸡出口大国国际市场占比情况

数据来源：根据FAOSTAT数据整理.

(2) 显示性比较指数

表 3.10.7 中国与世界肉鸡出口大国显示性比较指数

年 份	法 国	德 国	荷 兰	英 国	美 国	中 国
2006	2.42	2.01	4.96	2.42	1.12	0.22
2007	2.65	2.11	4.68	2.34	1.16	0.19
2008	2.44	2.19	4.60	2.24	1.19	0.15
2009	2.33	2.40	5.19	2.18	1.05	0.10
2010	2.19	2.87	5.15	2.44	1.00	0.09
2011	2.32	3.46	5.01	2.11	0.99	0.08
2012	2.51	3.84	4.51	2.20	0.95	0.08
2013	2.67	3.58	4.45	1.48	0.96	0.07

根据 FAOSTAT 整理所得.

从表 3.10.7 可以看到在肉鸡国际市场中，荷兰肉鸡最具国际竞争力，2006—2013 年该国的显示性比较指数均在 5 左右；德国位居第二，该国显示性比较指数分布在 2~4 之间，且逐年增长，由此可以看出德国肉鸡贸易竞争力较强；法国、英国、美国显示性比较指数虽低于荷兰和德国，但其显示性比较指数远远高于同期中国，2006—2009 年中国显示性指数均在 0.1 之上，2010 年以后，中国的肉鸡的显示性指数均在 0.1 以下，且持续走低，贸易竞争力变弱。

(3) 贸易竞争力指数

表 3.10.8 中国与世界肉鸡出口大国贸易竞争力指数

年 份	法 国	德 国	荷 兰	英 国	美 国	中 国
2006	0.78	0.55	0.05	0.89	0.86	—0.22
2007	0.76	0.56	-0.1	0.82	0.89	-0.23
2008	0.77	0.61	-0.11	0.75	0.91	-0.27
2009	0.76	0.56	-0.06	0.71	0.91	-0.35
2010	0.73	0.6	-0.09	0.72	0.88	-0.37
2011	0.8	0.62	-0.16	0.67	0.88	-0.42
2012	0.8	0.62	-0.23	0.75	0.88	-0.38
2013	0.8	0.6	-0.21	0.76	0.89	-0.44
2014	0.79	0.59	-0.15	0.6	0.88	-0.53
2015	0.82	0.58	-0.26	0.43	0.85	-0.49
2016	0.71	0.56	-0.28	0.57	0.87	-0.54

根据 FAOSTAT 整理所得.

从表 3. 10. 8 数据可知，在肉鸡贸易中，美国、法国贸易竞争力指数等于或者接近 1，该数据表明这两个国家极具贸易竞争力；英国在 2006 年的贸易竞争力指数为 0. 89，此后持续下降，2016 年的贸易竞争力指数为 0. 57；德国贸易竞争力指数分别稳定在 0. 6 左右，略有波动；中国 2006—2016 年贸易竞争力指数均为负，代表该国为肉鸡净进口国，近年来肉鸡贸易竞争力指数持续接近 -1，说明中国肉鸡贸易竞争力较差。

3. 10. 4 结论与政策建议

3. 10. 4. 1 结论

自进入 21 世纪以来，中国肉鸡发生了一定变化，肉鸡生产能力明显提升，总产量也达到世界第一，占世界份额由 1961—1969 年的 13. 36%上升到 2010—2016 年的 23. 47%。肉鸡国际进出口贸易方面，中国始终处于肉鸡净进口状态，一方面说明中国居民对肉鸡的消费能力明显提升，另一方面也反映出中国肉鸡产业供给能力具有一定的提升空间。

3. 10. 4. 2 政策建议

针对中国肉鸡出现的以上问题，本研究认为可以采取以下措施。

首先，加强行业自律，提高标准化规模养殖。中国肉鸡产业规模化程度不断提高，但标准化仍然滞后。为化解消费者对肉鸡的信任危机，需要进一步完善行业标准，加强监督管理，提高从业人员的技术素质，对低于标准的肉鸡养殖单位进行严肃处理，提高规范化水平。另外，联合上下游产业，包括种鸡、饲料、孵化、兽药、放养、屠宰深加工和餐饮在内的多个环节都需要从整体行业利益出发，严格遵守行业协议和法律法规。

其次，注重宣传教育，塑造良好的行业形象。针对网络流传的对肉鸡突发事件的扭曲报道导致消费者恐慌和心理忌惮等问题，肉鸡行业管理部门需要建立及时有效的公共突发事件应急管理机制，以行业发展利益为中心，对负面新闻及时澄清和正名，及时开展行业全面整治，发挥好政府和协会的宣传作用，通过媒体公众号宣传行业积极正面的条例和规定。同时，通过邀请各界相关专家，增强消费者对于肉鸡行业的了解，并能对行业进行教育引导，让消费者放心消费。

此外，加强行业内部沟通，制定有效的战略发展规划。肉鸡行业内部多数企业迫于市场压力，需要加强内部沟通、共同发展。作为好的开端，肉鸡行业内部还需要对细分的品种、环节、市场成立相应的合作组织来增强资源的流通，制定统一的行业发展规划，谋求一致的产能协议，减少或消除市场无序竞争，鼓励发展冰鲜鸡市场，共同抵御行业风险。

4 典型国家农业概况及合作基础

4.1 美国

4.1.1 美国经济社会基本情况

美国国土面积963万平方千米，人口3.2亿。作为世界上最发达的市场经济国家，国内生产总值常年位居世界首位，2015年美国GDP规模达到180 366.48亿美元，人均GDP为5.6万美元。2010年以来，美国GDP开始反弹，2015年年均经济增速达到2.6%，已经走出金融危机的阴影。制造业、金融保险和房地产租赁、专业和商业服务是美国国民经济的支柱产业，农林牧渔业增加值占美国GDP增加值的1.4%左右。市场体制、规章制度和税收体系的完整与完善，可以为外国投资者提供经营自由的市场环境。

相较于其他西方国家，美国交通运输工具和手段多样。汽车产业在美国起步较早，许多城市的发展都提前考虑到了城市住宅区与道路网络之间的连通。另外设计并建造了高通行量、高速度的高速公路，形成了相互连接的国家交通系统。其中最重要的是20世纪50年代经由当时的总统德怀特·艾森豪威尔授权建造的州际高速公路系统。

4.1.2 农业发展情况

(1) 美国农业立法发展历程

美国农业立法体系经过两百多年的发展，已经发展相对成熟。在独立的初期，美国政府颁布了出售公有土地和征收关税等政策及配套法律，为恢复美国的农业经济发展提供了重要支持。在农业半机械化时期，美国农业立法随着工业革命和农业生产技术的兴起逐渐改变，美国政府于1862年颁布了《宅地法》，保证农民拥有足够的土地。在农业机械化时期，美国农业立法逐渐转变为调整农业生产方式和生产关系。在二战以后，美国修订了一批新的法律条例促进国内农业发展，如《1985 年食物保障法》旨在缓解农产品过剩问题；《土壤和水资源保护法》明确规定了保护土壤，节约水资源，旨在追求农业的可持续发展。21 世纪至今，经过美国立法制度的不断修订，法律体系日益完整。2002 年，美国政府提出要加大农业补贴，2014 年，美国颁布了《新农业法案》。

《新农业法案》对农业保险、补贴、环境保护等方面做出具体规定。在农业补贴立法方面，完善了相关的农业补贴方式，政府预先设定农产品参考价格，决定补贴的数额；取消了如乳制品价格补贴等一些不合适的补贴，制定了科学化的补贴公式：补贴金额=项目补贴单产×项目补贴基础面积×补贴率×85%，利用这一公式，提供更加合理和完整的农业生产补贴给农民。在农业保险立法方面。美国《2014 年农业法案》也为农民提供了相关的保险项目，发挥对农业生产的保障作用；此外还提供了棉花生产补贴，使得在补贴政策方面完整。同时，对于那些具有时期限制的灾害援助项目，不限期地扩大保险范围。并引导农民购买相关农业保险。在农业环境立法方面。一方面，高度关注对土地等农业资源的切实维护，如提高退耕还林的规模等；另一方面，加强农产品生产、加工的技术创新，并推动农业高科技的普及。

（2）农业资源丰富，生产率高

美国是世界上最大的农业发达国家，耕地、草原和森林资源的拥有量均位于世界前列，农业用地面积 4.08 亿公顷，其中可耕地面积 1.55 亿公顷。70%的耕地在平原和内陆平原地区集中连片，雨量充沛且分布比较均匀，适宜农作物生长。作为世界主要农产品生产国，以玉米、小麦、棉花、大豆为主要的种植作物，其中大豆、玉米和小麦产量在世界农业中占据优势地位。粮食总产量约占世界产量的近 1/5，玉米和大豆产量均居世界榜首，棉花的产量居世界第三位，小麦产量居世界第五位。

美国运用先进的现代生物、化学科学技术、保护和优化生态环境的现代农业生产技术以及现代农业组织管理模式等，有效提高了土地产出率。

（3）农业生产专业化、商品化和机械化程度较高

美国农业地域分布明显，将农产品属性与地区地理特性的有效的联结，有利于推动农业规模化和专业化种养殖。美国农业以家庭农场生产单位，2014 年，美国共有农场 208.5 万个，农场经营可耕地面积平均为 438 公顷；全国农业从业人员较少，人均经营面积一般超过 110 公顷，农业生产全链条基本全面实现机械化。其中，经营面积在 600 公顷以上的大型农场和特大型农场，集中

了全国75%的可耕地。

美国通过开拓农产品市场、高科技成果转换和优化资源配置，逐步培育和形成了农业产业区。在产业区内又对多层经营主体进行了专业化的分工，不同经营状况的农户占有生产要素不同，形成了规模和竞争优势，提高了生产效率，共同承担农业生产经营风险，加速了农户之间的合作与重组，使农业专业化水平不断提高。美国农业目前处于全面机械化、自动化阶段，具有生产方式机械化、智能化、数字化、生产技术化学化、生物化等特点。

美国历来十分重视农业专业化和产业化生产经营，大力推进农业规模化。在农业管理上运用专业的管理技术，培育农业一体化、专业化和特色化体系，一方面在农业基础设施上加大投入，另一方面将农业产前、产中、产后各个环节有效整合起来，组成了一个统一、高度发达的现代综合农业体系，实现农业生产一体化。

（4）农产品贸易规模大，产品结构和市场结构集中

美国农产品贸易额占全球农产品贸易总额的10%左右，进口额和出口额均居世界第二位，农产品贸易整体表现为顺差。2015年，美国农产品出口额1 418.6亿美元，占全球农产品出口额的10.8%；农产品进口额1 455.3亿美元，占全球农产品出口额的10.4%；农产品贸易逆差36.7亿美元。从产品结构看，美国农产品进出口结构基本稳定，主要出口产品为畜产品、油籽、谷物，这三类产品占美国农产品出口总额的40.3%。主要进口水产品、畜产品、蔬菜、水果和饮品，合计约占进口总额的69.8%。美国农产品进出口市场均较为集中，北美自由贸易协定（NAFTA）相互间的市场开放促进了区域内贸易的增加，区内贸易在北美农产品贸易中占比较大。美国农产品出口总额一半以上面向中国、加拿大、墨西哥、日本和韩国，美国农产品进口主要来源于加拿大、墨西哥、中国、法国和智利五个国家，2015年从五国的进口额合计占美国进口额的46.0%，其中从墨西哥和加拿大的进口额占进口总额的33.7%。

（5）对外商投资政策

对外商投资实行中立政策。包括两个基本原则：一是创设的权利，即外国企业在美国创设新的公司或扩大经营，不会因为外国企业身份而有不同的特殊待遇；二是国民待遇，即外国投资者的待遇与美国国内的投资者有同样待遇。

联邦政府土地政策相对宽松，但对于各州却存在一定限制。依照美国法律，美国联邦政府土地管理局所持有的土地不出售给外国企业或外国人，美国半数以上州的土地法都限制外国人拥有美国政府和农业土地，但限制程度

不同。

美国对外汇的管理较为宽松。美国财政部负责制定资本和外汇的相关规定，美国对非公民的利润、红利、利息和费用的汇出没有限制；对部分列入名单的国家实施贸易制裁和禁运，限制包括贸易支付、汇款和其他类型的合同和交易，所有美国公民、在美国永久居住的外国人、企业及美国公司的海外分支机构，都要遵守上述制裁和禁运规定。按照美国法律规定，外国人个人携带现金进出美国是合法行为，但超过 1 万美元的现金入关时必须申报。

4.1.3 农业科学技术

作为全球最大的农业强国和最大的农产品出口国，美国超强的科技实力和完备的农业科研体系发挥了重要作用，农业科技贡献率高达 80%，这与美国非常重视把新技术、新设备和新的管理方式应用于农业生产密不可分，形成了完善的农业科研体系。农业部是联邦政府负责农业科研的行政部门，主要科研项目由农业部下设的农业研究局（ARS）承担，其他科研及其推广项目一般由公立农学院和各州的农业实验站（SAES）完成。美国的农业科研系统具有布局合理、分工明确、投入主体清晰、管理方法科学、科研与生产结合紧密、成果转化率高等显著特点。尤其值得注意的是，美国私人企业的农业科研力量雄厚，全国有数百家与农业有关的厂商进行农产品种子改良、复壮、提纯等方面的研究。应该说，美国现代农业是以高科技武装起来的大农业，土壤保护、生化防虫、测土施肥、卫星定位等先进技术综合运用于农业生产中，农业生产效率大大提高。

美国农场在全球具有绝对的领先优势及强大的市场竞争力，这些成就的取得主要是持续对农业科技研发的投入发挥作用，使得科研水平领先于世界。2014 年，美国新农业法中再次增加了联邦政府对农业科技研发及推广的财政支持力度，在未来 5 年时间内投入 120 亿美元用于农业科技研发与推广，尤其增强高产新品种的研发与推广，使得美国在全球种业市场上基本处于垄断地位。为了持续稳定这一地位，在 2014 年新农业法中，在未来的 5 年时间内，整合农业公共研发机构与私人公司，共享社会资源，要求各州政府对州立农学院与私人公司的合作提供资金支持及诉讼过程中的豁免保护。在政策支持上保障美国农业科技的研发能力及技术的创新能力。

4.1.4 中美农业合作概况

过去 40 年以来，中美两国农业合作领域不断拓展，在种植业、畜牧业、渔业、农业科研与教育、农产品加工与流通等多个领域达成战略合作关系。中美农业合作既符合两国政府的利益，也符合企业和人民的利益，是一种“多赢”的合作。

(1) 中美农业贸易合作

中美农产品贸易在双边市场占有重要地位。中国是美国的第二大出口市场和第三大进口来源国。2015年，美国对中国的农产品出口额214.1亿美元，占其农产品出口总额的15.1%；从中国进口农产品额74.9亿美元，占其农产品进口总额的5.2%。中美农产品贸易产品结构具有较强的互补性，中国主要从美国进口大豆、谷物、棉花、畜产品等土地密集型农产品，出口水产品、水果、蔬菜等劳动密集型农产品。

(2) 中美农业科研合作

在过去10年中，中美双方加强农业科技交流，现有考察组数百个、中美科学家逾千人，交流合作内容涉及动植物育种、种质资源调查与交换、农业科研与教育、耕作与饲养技术、动植物检疫、水土保持、盐碱地改良、林木改良、农产品加工与贮运、动植物病虫害防治、生物工程研究与应用等，增强了两国长期合作关系。例如，芝加哥大学和康奈尔大学的研究机构正为开发保健产品而研究中国的素食成分；美国从中国引进了小麦、大豆和猪种加以改良。

自2002年中美签订《中国科技部与美国农业部农业科技合作议定书》以来，中美在农业科技方面的合作取得了巨大成效：确定了自然资源管理、农业生物技术、农业节水技术、农产品加工、食品安全、乳品生产与加工、生物燃料七大合作领域；成立了9个联合研究中心，为国家培养大批农业高科技人才，推动了重要领域的科技研发，大批实验成果得到转化。2012年，中美签署了《中国科技部与美国农业部农业旗舰项目合作议定书》，确定在农业生物技术、节水技术、基因库收集技术三大重点领域开展旗舰项目合作，中美农业科技交流大大加深。由中国科技部和美国农业部共同发起的中美农业科技合作联合工作组会议，迄今已成功举办十多届。

(3) 中美农业投资合作

在过去几十年中，中国积极引进外资建设现代农业，美国企业（其中不乏世界500强企业）纷纷来华投资农业，涉及种植、养殖、加工、农机等方面，为我国带来了先进的技术和管理以及资金投入，达到共赢的目标。东北三省在发展新型农机装备制造业过程中，在哈尔滨、佳木斯、齐齐哈尔、大庆、七台河等地建成多个农机产业园区，引进了包括迪尔（JohnDeer）、凯斯纽荷兰（NEWHOLLAND）在内的美国知名农机制造商，迪尔在我国东三省有多个农业设备生产厂，生产拖拉机、喷雾机、播种机和收割设备，有力推动了我国东北地区的商品粮生产。

中国在美国投资的农业企业，其投资规模和经营规模相对较小，平均规模为184万美元。2015年，中国在农林牧渔业领域对美国的直接投资流量为8651万美元，存量资金为22122万美元，占中国农林牧渔业对外直接投资流量和存量的1.1%、0.5%，占中国对美直接投资流量和存量的比例分别为1.08%、0.54%。从投资领域看，对美农业投资业务集中在贸易方面，主要涉及林业砍伐、渔业捕捞和产品加工、作物育种、物流等实体性经济活动。从投资主体看，对美农业投资的主体以民营企业为主，如在美投资的隆平美国公司；大型国有企业也有参与，如中粮集团、中纺集团。从投资模式看，对美农业投资的企业中有70%以上采取“绿地投资”模式，即新注册企业；不到30%为“并购投资”模式；其余为“贸易先行带动投资加工和物流”的模式，以九三油脂、北大荒商贸集团、北大荒马铃薯集团等为代表。综合来看，目前为止，中国对美国农业投资尚未进入美国农业核心区域，投资项目多数集中在美国西海岸，还有少数分布在东海岸。在农业发达的美国中部各州，中国农业投资很少。

此外，中美农业合作也面临劳动力成本高、国家安全审查制度严格和中美文化差异大等挑战与制约。

4.1.5 我国存在的不足及启示借鉴

（1）完善我国农业立法

在农业保险立法方面，我国缺乏长效机制，2016年颁布的《农业保险条例》中的具体细则缺乏可操作性；我国农业保险遵循自愿原则，在缺乏国家强制规定下，容易造成市场失灵，无法切实维护农业主体利益；农业保险的法律关系不明确，保险公司和政府承担的责任和义务不清晰。因此我国一方面要完善立法原则，包括坚持政府扶持的原则，农业保险的购买应坚持强制与自愿相统一的原则，农业保险险种应遵从因地制宜的原则；另一方面要理清各主体的法律关系，相关制度要明确农业保险提供主体的法律关系，构建完善的农业保险运作机制，建立农业保险的再保险制度。

在农业补贴方面，尚未形成健全的农业补贴法律制度体系；未能充分考虑农业发展、农民需求及农业可持续发展；农业补贴立法的结构设计有待完善。因此我国在农业补贴的立法方面，一是要建立健全农业补贴法律体系，明确农业补贴法律制度的概念，明确不同立法主体在立法各环节的职责及义务，切实提高农业补贴立法效率；二是不断改善农业补贴法律实施的社会条件，重视对农业补贴方式的法制化宣传，对农业补贴方向的监管。

在农业环境立法方面，相关法律制度过于原则化以及相对陈旧，已经无法满足现代农业立法需求。我国一方面要完善其立法，建立健全专门的农业环境保护法律，实现农业环境立法的程序化和科学化，提高立法质量；另一方面是要完善农业环境立法相关制度设计，包括构建完善的农业环境影响评价制度，构建完善的农业环境补贴制度等。

（2）扩大投资规模，投资重点领域

目前，美国是中国第三大投资对象国，但农业投资占比较小，仅为1.2%。随着中国经济结构的调整和综合国力的提升，中国企业对美国的农业直接投资规模会逐步增加。中国企业在美国可以采取多种方式进行投资。建议企业采取“贸易现行，投资在后”策略，先通过贸易了解目标投资国法律体系、投资规定以及拟投资领域产业发展状况和产业市场格局，然后谨慎选择投资区域。中国企业也可以采取合资合作等方式，与美国当地农业类企业达成合作共识。也可以采取并购等形式在美国开展投资合作，增强自身的经济实力。

从投资领域看，主要集中在畜产品的种养、加工、流通等领域的直接投资，然后输送至国内，以期弥补重要农产品的供需缺口，激励国内农业企业做大做强，推进全球农业产业链布局。

4.2 英国农业支持政策对中国的启示和借鉴

当前中国处于传统农业向现代农业转型的关键时期，特别是“一带一路”倡议下，绿色发展成为农业发展的主题，如何做好中国粮食安全和农产品有效供给，是中国农业发展面临的主要问题之一。英国作为起步较早的发达国家已经整体实现农业现代化，该国长期以来秉承绿色发展理念，实施健全的政策支持体系对中国促进现代农业发展具有重要的借鉴意义。了解学习英国推进农产品有效供给，促进现代农业绿色发展的举措，将为中国“一带一路”背景下农业现代化政策的制定提供借鉴。

4.2.1 英国农业支持政策现状及特点

当前英国脱欧已经处于进行时，但仍处于欧盟国家的英国，在农业方面实施的仍旧是欧盟的共同农业政策（Common Agricultural Policy，简称CAP）。该政策实施以来，对欧洲，对英国农业的发展发挥了重要作用，随着社会经济的变化，其政策目标也在逐步改革调整之中。

（1）农业管理实施大部制，资源整合力度强

英国农业管理部门全称是环境、食品与农村事物部（Department for Environment Food & Rural Affairs，简称 DEFA），主要职责是保护自然生态，支持世界领先的食物和农业产业，促进农村经济可持续发展。它的职责广泛，在公众日常生活中发挥重要作用，从入口的食物，呼吸的空气到饮用的水都是其管辖范围；其目标是释放食物和农业，自然和乡村的经济潜力，保护环境，防范洪水、动植物病害及其他灾害。该部现有两千多名工作人员，包括政策制定者、科学家和研究人员，大部分人员工作地在伦敦，但也有部分在英格兰地区的约克，布里斯托尔及等其他区域。尽管，DEFA 大部分仅直接在英格兰工作，但与威尔士、苏格兰和北爱尔兰的自治政府有紧密的工作联系，通常在和欧盟及国际谈判中发挥领导作用。

（2）农业政策制定以人为本，注重引导

1962 年颁布的 CAP 政策，是面向国内的农业政策，遵循以下三方面的原则：一是欧盟内部农产品实施共同价格，在统一的市场内自由流通；二是优先选择来自国内的农产品，而不是选择有进口关税的产品；三是通过共同的农业财政计划加强欧盟内部的金融一体化。

CAP 政策制定的首要出发点就是在变动较大的市场条件下确保农民的合理收入，抓手是农民，农民作为政策惠及的主体，获得了稳定的收益，维持了农村的繁荣发展。欧盟国家共有 2 200万农民和农业工人，是最大产业部门——农业食品产业部门的核心力量。依赖于农业的食品加工、食品零售和食品服务为社会提供了4 400多万个就业岗位。

CAP 的资金有两部分的来源，一是欧洲农业保证基金（European Agricultural Guarantee Fund EAGF），主要支持对农民的直接支付以及对农产品市场的调控支持；二是欧盟农村发展基金，支持欧盟的农村发展计划 The European Agricultural Fund for Rural Development（EAFRD）finances the EU's contribution to rural development program.

欧盟各国政府根据 CAP 制定适合本国的政策，以经营土地规模和农业结构对农民生产行为进行补贴，农民要想获得补贴就必须按照政策要求进行生产。欧盟的农民以直接补贴的形式得到补贴，每公顷平均补贴为 266 欧元（2 128 元，每亩补贴折合人民币为 141.9 元），该项补贴占到当前欧盟农业补贴的 72%。欧盟共同农业政策包括一系列的直接补贴政策，包括气候和环境友好型的农业实践绿色直接补贴，应对老龄化的年轻农民补贴等；根据农户的申请要

求，还有中小农户提升补贴、自然环境恶劣补贴、小农户补贴、纳入清单需要维持一定产量和生产水平的农产品补贴等。

（3）CAP 在变迁中不断调整政策目标

根据政策目标 CAP 可分为五个发展阶段：第一阶段从 1962—1980 年，以提高生产力与农业所得为主要政策目标；第二阶段从 1980—1990 年，以解决生产过剩问题及确保农民所得为改革目标；第三阶段从 1990—2000 年，以应对 WTO 乌拉圭回合多边协议，开启农业补贴转型为直接给付的政策方向；第四阶段从 2000—2007 年，落实单一给付计划以确保农民稳定所得及强化农村发展为目标；第五阶段从 2007—2013 年，以应国际高粮价，结合 CAP 健康检查，释放欧盟农业产能，转向市场导向的共同农业政策为目标。

（4）CAP 投入总额及占欧盟预算支出的比例呈下降趋势

CAP 实施以来，在其支持目标变化的同时，占欧盟预算支出的比例在过去的 25 年来大幅减少，从 1985 年的 73%减少到 2015 年的 39%。即使在欧盟在不断地扩张的情况下，支出比例还是减少了，这主要是由于 CAP 的改革和其他欧盟政策指出份额的增加导致的。从图 4.2.1 中可以看到，从支出金额来看 CAP 最高值发生在 1997 年，2005 年和 2006 年最大，按 2011 年不变价计算，接近 600 亿欧元；2012 年以后，减少到 500 亿左右。

（5）CAP 支出经历了从价格补贴为主到与生产挂钩的直接补贴再到不与生产挂钩的直接补贴为主的发展阶段

随着政策目标的调整，CAP 支出结构发生重大变化。在 20 世纪 80 年代，CAP 支出主要在于通过市场机制的价格支持政策（干预和出口补贴），在 80 年代末由于农产品过剩，比例大幅增加。由于 CAP 在 1992 年的改革，市场价格支持减少，由直接支付方式的生产者支持代替，同时增加了农村发展计划的支持。2000 年世纪议程继续了改革的进程，农村被列为第二支柱。伴随 2003 年改革，大多数的直接补贴与当前的生产脱钩，补贴的依据是农民的历史收入，农村发展的支出继续增长。2008 年健康检查延续了 CAP 改革的路径，进一步减少了市场支持。尽管整体 CAP 扩大了支出，但是占 GDP 的比例实际上是降低的，从 90 年代的 0.66%下降到 2016 年的 0.38%（图 4.2.2）。

（6）英国官方对 CAP 的立场

英国在“对共同农业政策的看法”（A Vision for the Common Agricultural Policy）列出它所希望看到的 CAP 在未来 10 到 15 年的改革和变化，认为 CAP 在目前的形式是无效率的，且越来越不适应全球化挑战的需求。英国要求将农

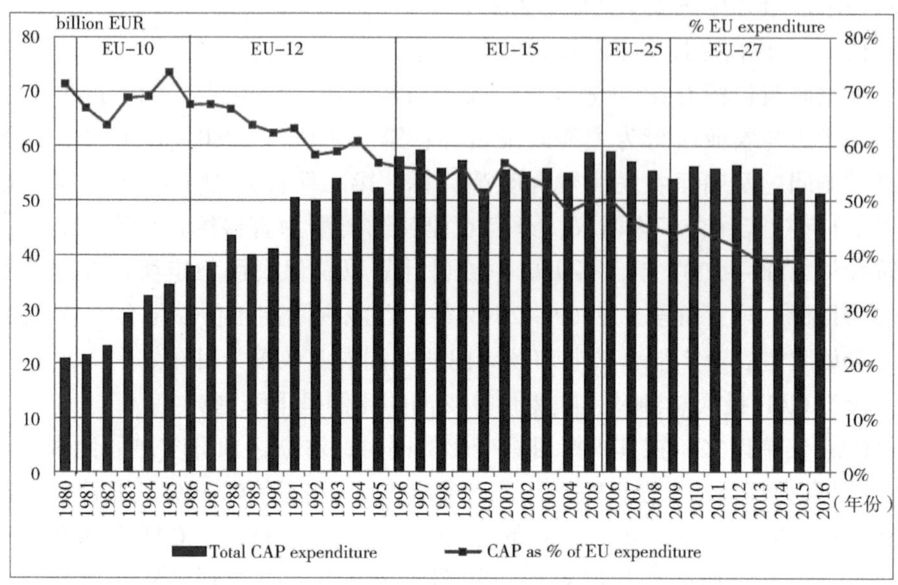

图 4.2.1 CAP 费用与欧盟总费用（2011 年不变价）

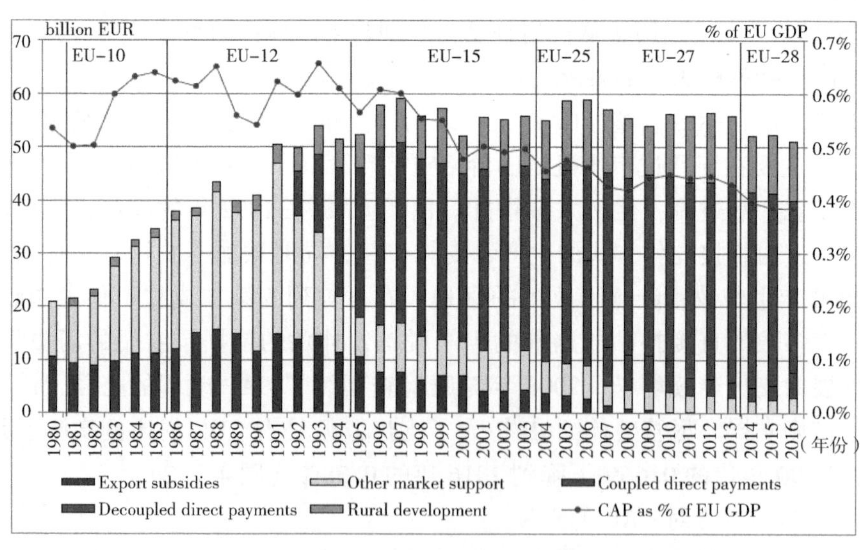

图 4.2.2 CAP 费用 CAP 改革路径（2011 年不变价）

业整合进入欧盟竞争政策和巨额减少第一支柱和市场干预的活动，并显著减少CAP预算。英国政府希望看到一个集中在第二支柱措施的CAP，以维护环境与促进农村 可持续发展为中心。由于英国大农场难以符合现行CAP的补贴标准，现行CAP在英国所发挥的效用有限，英国希望彻底改革CAP，以大幅削减CAP的支出释放资金用于其他领域。法国作为CAP补贴的最大受益者，反对大幅削减CAP的支出。由于CAP的支出约占欧盟总支出的40%，构成欧盟极大的经济负担，CAP未来“减轻监管负担的需求”已在欧盟形成共识。

综合而言，预期欧盟未来CAP的目标应是保证粮食生产，对自然资源进行可持续性管理，维护农村地区的平衡发展与繁荣和保护生物多样性。CAP中的两个支柱—直接补贴措施和农村发展措施将不会改变，未来对农民的直接补贴将不只是依循历史实绩的做法而会朝更客观与更公平的方向修正。

（7）英国农民支持CAP政策，但是脱欧带来的较大的不确定性

英国可利用农地面积为1 736万公顷，占国土面积的71%，直接从事农业的劳动力为42.1万人，农业与食品行业从业人员合计为164.9万人，占英国劳动力总数的13.2%。2016年，英国CAP补贴直接补贴39.73亿欧元，其中直接补贴占76.4%，农村发展占21.4%。这次英国走访的四个农场，不管是仅有50公顷以培训为主的Mash hill Farm，还是面积达到打到1 500公顷的Gilston Estate农场采用了四种以上的作物轮作，并在作物收获后种植绿肥作物保障农田的全年覆盖。据农场管理人员介绍，他们总收入的20%~30%来源于欧盟的农业补贴，农场每年大多可以保障20%左右的利润，但是他们也明确表示如果没有补贴的话，很难实现盈利。根据英国官方的农业统计，2016年，英国减税后农民获得的农业直接补贴为31.48亿英镑，占当年农民36.1亿英镑收入的87.2%。当前英国农业补贴大多来源于欧盟，随着脱欧进程的推进，走访的四个农场及交流的农业专家，都对脱欧后农业发展的前景感到担忧。尽管英国政府也在极力宣传政府会为此买单，可农民担忧农产品生产是否可以盈利，特别是苏格兰地区农产品多为原粮或者加工层次交低，对政府的农业补贴也存在争议。农业专家还担忧脱欧后，当前的合作研究可能会受到一定的影响。

4.2.2 英国农业支持政策对中国的启示

（1）政府农业补贴要有强烈的引导性

英国农业发展从过去强调产量进入当前更加重视保护环境、人类健康和动物福利的发展阶段，以欧盟共同农业政策为主导的农业支持政策框架体系发挥了决定性作用，该体系对农户的生产行为做出严格的规定，农民要想得到补贴

必须遵循政府制定的规则。欧盟给予农民补贴的是让农民在市场价格变动中始终获得稳定安全的净收入，补贴金额并不与产出挂钩。农民得到补贴的前提条件是必须遵守人类健康、动物福利、植物健康和环境等方面的严格规定。所以，我们走访的四个不同类型的家庭农场，每个农场在介绍农场产业发展的过程中都提到生态环境保护，每个农场都严格实施四种以上作物的轮作，保持土地的常年绿色覆盖，并种植缓冲带。这并不表明农户本身有多高的环保意识，而是要获得补贴必循遵守的规定。

（2）政策框架设计要具备可操作性

该补贴政策具备详尽的操作办法，规定了农民申请流程，如何种植管理等等。每年农民和土地所有者，可以根据自身土地生产情况，到农业部网站注册，按照政策的要求，通过国家授权的机构获得直接补贴。在 CAP 财务管理的基本规则下，欧盟负责 EAGF 和 EAFRD 的管理，但欧盟本身通常不直接给受益人拨付款项，而是根据共同管理的原则，拨付款任务委托给各成员国，后者通过国家或者区域支付机构来完成该项任务。这些支付机构在从欧盟预算中申请任何支付之前，必须根据欧盟规定的一套标准进行认证。支付机构不仅负责向受益人付款，在开展这项任务之前，他们必须自己或通过委托机构确保自身满足援助申请的资格。执行的多样化检查要遵循不同部门的条例规定。

（3）农业支持政策争取打通终端市场

经济发展带来的环境问题，在农业领域突出表现在秸秆和农业废弃物的利用。长期以来，中国秸秆和废弃物的利用一直是农业发展同时面临的严峻问题，虽然各级政府也在积极支持秸秆利用，推动秸秆发电、秸秆制汽等，而储运收集运输成为限制企业能否盈利持续运营的重要因素。政府在秸秆利用中既想着补企业，又想着补储运还想着补农户，很难实现市场化运营。在英国，秸秆发电作为绿色能源是电厂生产运行必须的前置条件，秸秆发电是可以实现盈利的，电厂可以按照市场价格收购秸秆，消化了收储运问题虽然近年来秸秆价格变化较大，企业仍旧可以实现盈利。

4.2.3 政策建议

（1）明确农业管理部门职权，扩大农业相关职能。

农业农村部是中国农业的行政管理部门，但其实质只是管理农业的生产过程。从宏观方面，农业规划计划归口发改委，大的农业投资项目多由发改委直接管辖，财政部也直接管理和实施大量的农业项目资金。从生产资料方面，农业生产的土地归国土资源部管辖，大型水利设施归水利部，农产品加工品归食品卫生管理局管辖。农业农村部实质的定位就是农业生产部。而英国农业管理部门上管空气，下管水，中间管农地，农业及农产品都在管辖范围。

（2）中国农业政策要坚持以人为本，切实保障粮食安全。

中国农业政策历来重视粮食安全产业和产业发展忽视人的作用，调整为以确保农民合理收入为主要出发点，结合中国人口大国和粮食消费大国的实际，在绿色发展前提下保障口粮安全和主要农产品有效供给。中国当前的农业政策由重视产量到产量质量并重的转变，再到当前强调绿色发展，都在强调产业的发展，而缺少对产业从业人员的足够重视。建议中国借鉴欧盟共同农业政策的制定目标，根据当前中国发展阶段，将中国农业政策支持目标调整为以确保保障农业从业人员在市场变动下的合理收入，在此基础上保障国家的粮食安全。

（3）政策的制定必须具备可操作性的细则

中国农业政策有国务院及各部委等国家部门制定的规划和支持政策，地方政府的相关支持政策，但是大多强调管理部门的调控作用，缺乏对农业从业人员落实国家政策落地操作。2016 年和 2017 年，各部委颁布的农业政策、规划据不完全统计超过 100 项，加上地方制定的政策，多到让人眼花缭乱，炒概念，造名词，但是认真落实的话大多数难以落实。建议在国家层面借鉴欧盟农业共同政策，能指导农业从业成员落实。

（4）政府应重点支持农业绿色发展

秸秆及畜禽粪便等废弃物的利用，各级政府的支持很多，但是由于秸秆利用不赚钱，畜禽粪便处理没有形成产业，限制了其消纳和处理，对环境造成了很大的压力。因此，建议国家在制定类似政策时，更多的要考虑产品是否有市场，秸秆绿色发电，废弃物处理等产品必须纳入发电厂和养殖场的前置条件，作为绿色发展政策的重点产品。

4.3 日本

日本土地面积狭小，农业人口少，农业资源有限，拥有特殊的自然地理环境和经济条件。在农业发展在向现代化不断迈进的过程中，存在着农业生产规模小、生产效率比较低、农业生产能耗高、农业生产方式粗放等不利于农业长期可持续发展的弱点。从日本农业发展历程来看，无论是其战后的经济复苏时期，还是经济起飞乃至高速发展时期，日本政府出台的农业投资政策，都能发挥农业发展对总体经济的巨大作用，同时缓解或者消除那些对农业生产的不利因素，使日本经济取得突飞猛进的发展。日本农业投资的成功做法及管理体系的构建对于我国现代农业发展，提高农民收入水平及深入农村经济改革等都具有很大的借鉴意义。

4.3.1 日本农业投资的历史变化

在明治维新之前，日本政府基本未对农业领域进行投入资金，甚至对农业征收高额的税收，将农业税收用于发展工业。20 世纪 60 年代，工业发展面临环境污染问题，农业发展远远落后，日本政府意识到农业的危机，开始重视农业发展，从 1961 年到 1980 年这 20 年间，日本中央政府大大增加对农业的预算投入。为适应农业财政投入结构的调整，日本的农业财政支出统计自 2000 年后采用新的技术指标和统计方法。在 2000 年前，分类统计能明确体现 WTO 体制前日本财政支出的结构性特征和变化走向。日本农业财政投入至 2000 年前的 30 多年间的总体变化趋势是：财政投入方式以价格支持为主，并不断降低其作用力度，财政投入重点集中在农业农村公共事业建设。2000 年后，财政投入不仅关注农业生产领域，也适度向普通消费者、食品产业倾斜。

（1）以农产品价格支持为主的农业投资阶段（20 世纪 70 年代前）

20 世纪 70 年代前，日本农业财政集中农产品价格和流通领域，更确切地说是用于大米的价格支持，因为大米是日本人的主食，水稻是日本最主要的粮食作物。利用价格支持对水田种植业实施保护的政策由来已久，二战后日本对大米实施统购统销的调控政策，保护国内粮食生产和供给的稳定，由政府决定生产、流通和消费环节的大米价格，并实行市场价格低于政府收购价格的差价政策，产生的收支赤字由国家财政提供补贴。进入 60 年代后，国内大米生产和供给均出现过剩，造成库存增加，用于大米价格支持的财政支出膨胀。

（2）更加重视农业农村公共事业建设，价格支持逐步削减阶段（20 世纪 70 年代到 2000 年）

20 世纪 60 年代中后期，日本农业机械化水平较以前大大提升，改善农业生产条件以适应机械化生产的土地整理等公共事业增多。进入 70 年代，汽车在农村得到普及，农村道路建设成为重点。70 年代后期，为缩减城乡居民生活条件和水平的差距，改善农村生活环境的垃圾处理、生活用水设备和道路建设等成为财政支持的重点。农村公共事业建设由最初的偏重生产领域转向生产和生活并重。农业基础设施建设逐渐成为重点关注领域，对其投入额占农业财政支出的绝大部分。1999 年，农业基础设施投入达到农业财政支出的近一半，投入领域包括农田水利设施、水田和旱地等农业生产设施的整治、农道等农业生产环境的完善、耕地保护和管理等。

(3) 农业支持政策逐渐由“黄箱”向“绿箱”转变，财政投入不仅关注农业生产领域，也适度向普通消费者、食品产业倾斜（2000 年以后）

在 WTO 框架下，日本农业财政投入的基本方式已经由价格支持转为直接收入补贴，财政投入的重点转向一般公共服务。农业财政投入的基础目标是保护农业，最终目标则是保障粮食安全，强化农业竞争力，保障农户合法权益等。自 2000 年后，日本不再使用“农业财政”一词，而改为“食品、农业、农村财政”，表明财政投入不仅关注农业生产领域，也适度向普通消费者、食品产业倾斜，逐渐覆盖涉农领域的相关产业和群体，具体实践中对其增加公共性财政投入，扩大直接补贴的领域和范围。2012 年日本正式开始实施“农业环境补贴”，表明农业财政支出将会提高直接补贴的比重，倾向于于国土保护的土地综合整治及农业农村资源环境保护，表明日本公共性财政支出将倾斜于支持农业、农村的可持续发展。

4.3.2 日本农业投资的重点领域

日本政府公共财政对农业投资主要是用于农业基础设施建设、农业技术开发及农产品流通方面的补贴。2015 年，日本农林水产业相关投资额达到24 055 亿日元。日本农业投资可以分为十一大类，各类补贴占总决算的比例依次为：农业用地集聚、集约化等推动结构改革项目占 7.05%，实施新经营投资项目占 29.64%，农林水产基础建设投资项目占 28.99%，提高畜产、奶酪畜牧业竞争力的投资项目占 8.87%，推动农林水产物、食品的高附加值化等投资项目占 0.95%，促进日本食品、饮食文化的魅力传播和出口项目投资合计占 0.74%，分品种进行生产振兴对策的投资项目占 9.30%，确保饮食安全项目占 0.35%，在人口减少的社会中搞活农山渔村项目占 4.46%，推动林业产业化发展、应对森林吸收源项目占 8.49%，恢复日本水产项目占 5.34%（详见附表）。

4.3.2.1 农用地集聚、集约化等推动结构改革

为了加快对农业用地集聚、集约化方面的改革，针对农业用地中间管理机构的项目运作以及对农业用地出租人进行了资金支援。公共项目是农业用地中间管理机构联合进行农业用地租用、出借，推动农业用地的大区化、通用化的发展。目前，农用土地主要出租给企业和农业法人。

(1) 改善农用地耕作条件

改善农业用地耕作条件是新设投资项目，农业用地中间管理机构对负责人进行农业用地集聚、集约化的区域以及对去除田埂以扩大分区的措施和灵活整顿暗沟排水等的农业用地的举措进行支援。例如，昭和 40 年也就是 60 年代，

日本实行农业现代化，制定农业法，所有的水田变成30公亩以上的规模，从而提高了机械化水平。2013年以前，水田的规模在30公亩以上的有13%，这个30公亩就是60年代农业现代化的目标，为提高效率，日本80年代提出的目标是1公顷以上，2013年1公顷以上的实现率为9%。起初日本的水田是100米×100米的，但是随即发现10公亩对机械来讲规模太小，随着70年代农业机械化进入高速增长期以后，水田就都是100米×300米，即30公亩。因为灌溉情况的不同，大部分地区是100米×300米，也有一部分地区是100米×100米，水田的面积本着成本最低，效率最高的方式进行。旱田跟水田不一样，水稻的重点是以运输、交通为主，蔬菜的种植需要灌溉。1964年，水稻灌溉率是4%，到2013年高达75%。这些年水田在排水方面做得比较多，暗渠主要是排水用的，排出的水可以种蔬菜。

（2）荒废耕地再利用应急方案

对实施荒废耕地再利用的措施等进行支援，政策、法律进行配套，鼓励去除杂草杂树、培育土壤。比方土地改良法就比较细致，农田水利如何实施，最重要的是投资后如何管理，这些问题在土地改良法中都有非常细致的阐述，包括中央的职责、地方政府的职责任务等。农业需要大量的资金，中央政府和农社各投入一部分，农民投入资金由农村金融公库来开展。除了公库外，民间机构也可以做这些事情，农业现代化资金融通法，规定谁出援资，政府就贴息给谁。有公库进行长期的投资，农业现代化资金流动投资，和贴息就调动起了民间机构的积极性。在农业补贴方面，中央财政每年都有预算，中央财政也有拨给地方的交付金，且地方财政里面有固定给农田水利。行政方面，有七个土地改良计划，地方政府对于大规模的田地有相应的项目准则。地方设有47个督导组县，需要补贴的时候，从地方农政局将补贴拨付，农户自己承担10%左右的费用。若这些荒废土地不做耕地使用，则需要将这些土地保护起来，日本将这些地区视为地方文化遗产保护。日本改善撂荒耕地的另一个方法是发动地产地销的活动，不但能提高撂荒耕地的利用率，还能降低农产品运输成本，增加地区农产品的自给能力，发掘地区文化优势，扩大地区知名度。

（3）鼓励青年进入农业领域

近年来，由于农业劳动力比重在下降，部分农民群体出现后继无人的现象，为保证农业的发展，激励青年进入农业领域是当务之急。为激发青年从事农业的积极性，政府向务农前后的青年务农者、经营继承者发放补助金，支援农业法人的实践研修等促进农业就业；在加强地区农业领导人才层面，强化农业经营者的教育，提高农业从业者的素质。为协助村落农业经营的组织化、农业经营的法人化发展，农地负责人的顺利经营、继承等项目的拨付资金。此外，针对地区的中心管理机构，在引进农用机械、设施等方面给予协助支持。

4.3.2.2 实施农业新经营

(1) 旱田、水田作物直接补助

首先是旱田作物直接支付的补助金。对生产小麦、大豆、甜菜、马铃薯等作为淀粉原料使用旱田作物的认证农民，发放用于维持稳定经营的补助金。其次是水田活用直接支付的补助金。保证饲料用大米、小麦、大豆等战略作物本地化生产的同时，通过利用产地补助金，引进高产专用品种、签订多年的加工用米合同、打造具有地区特色的魅力产品产地，促进扩大自主性生产等举措。例如，作为国家直补，对在面积为1 000平方米的地块种麦子、大豆、大米饲料等作物的农户，补贴35 000日元。对在夏天种大米，冬天种麦子、大豆的农户，国家给予一千平方米补贴15 000日元的补贴。关于水田、旱田两方面的发展对策包括三个方面，一是扩大利用饲料用米的畜产机械开设出租项目；二是完善促进活用饲料用米的混合饲料的供给、利用等体制。例如，农民专门种植的饲料大米，根据大米的收获量给予每千平方米（0.1公顷）55 000~100 000日元不等的补贴。三是针对为降低大米生产成本，利用机械或引进不同种植季节的品种的稻农进行支援。

(2) 刺激谷物产业发展

为扩大谷物年度供需量，对着力拉动谷物需求的地区给予财政支援。就拉动谷物内需方面，政府提出全民吃早饭的口号。这样做的目的是在于，一定程度上会刺激增加谷物的消费。以后日本的托儿所、小学、中学的午餐慢慢地也会将主食改成以谷物为主。与此同时，政府还为农民和谷物需要者搭建了平台，通过这些行动会增加谷物的供求量，刺激谷物产业的发展。

大米直接补贴项目，对生产大米的农民发放补助金以稳定经营收益，决算金额为760亿日元。政府规定若种植大米的农户跟畜牧联合起来，比如田里的草给牛吃，国家也会给予一些种植方面的支援。为保障农民有一个稳定的收入，对加入收入下降影响缓和对策的农民给予补贴，每年当农民的收入未达到标准时，国家会给予补贴。例如，60千克一麻袋大米补贴的标准是15 000日元，但是若因为大米太多未全部卖出，只卖了13 500日元，那么1 500日元这个差价国家要给予补贴，总体上讲国家对农民收入的补贴比率为90%。对未加入收入下降影响缓和对策的农民，当大米的收入低于标准收入额时，以收入下降影响缓和对策的国家经费的50%进行填补（限26年产）。

（3）支持农业保险体系的发展

虽然生产方面国家给予了良好的政策支撑，然而因农业自身的属性，天灾难以避免，因此农业保险方面的制度和补贴不可忽视。目前，日本的农业灾害保险是根据农业灾害补偿法成立的，全部都来自财政补贴，其中包括保险机构所有的行政人员的经费。日本政府专门成立的这个保险机构，农民也出一点钱加入这个灾害合作社，大部分资金政府出，全部买成保险。目前为止，所有种植大米的农户都买了这个保险。

4.3.2.3　农林水产业基础建设项目

日本国土面积狭小，为加强竞争力，强化国土强韧性，促进农、林、水产业实体经济的发展，日本提出要大力发展农林水产业，加大政府扶持力度。

（1）完善农林水产业的基础

一是完善农业农村的项目。推动农业用地的大区化、通用化和水路的管道化，以加速农业用地集约化、提高农业附加值，推动老旧农业水利设施的长寿命化、抗震化对策等。二是，完善森林项目。在构筑稳定的国产木材供给体制的同时，推动间伐等森林培育措施，完善路网，以防止地球暖化。此外，为强化针对地震、局部暴雨等的山地防灾能力，推动实施荒废山地修复措施和抗海啸的海岸防护林的保护措施等。三是，完善水产基础设施的项目。推动完善流通基地渔港的卫生管理对策和水产资源恢复对策、老旧渔港设施的长寿命化对策和应对地震、海啸的对策。四是，完善农山渔村地区补助金。针对根据各地区实际承载量而实施的农林水产业的基础设施完善措施和农山渔村的防灾、减灾对策进行支援。

（2）完善农林水产相关设施

为了国产农畜产品的稳定供给、扩大出口，打造从生产到流通环节的强大农业，针对完善所需的共用设施等方面进行支援。为保证国产木材的稳定、高效供给，设立森林、林业再生基础的补助金，对完善CLT等木材加工流通设施、木造公共建筑物、高性能林业机械等方面进行支援。为强化水产业，针对完善共用设施、实施渔港、渔村的防灾、减灾对策等方面进行支援。针对配备应对火山灰灾害的清洗机械设施等和随之实施的确保用水对策等方面进行支援。

（3）推动产地结构改革

针对设施园艺的发展，民间企业、实际需求者、研究机构、生产者等的联合，加速引进新时代设施园艺的支援项目。对于转向生产需大量进口的加工、业务用蔬菜的产地，强化加工、业务用蔬菜生产基础设施的项目，协助改良稳定生产所需的土壤、土层和引进相关资源等。为夺回国产份额，实施延长花卉保质期对策，创造新需求，并且协助打造2020年东京奥运会、残奥会的花卉稳定供给体制，为2016年参展土耳其国际园艺博览会做准备。此外，为了实现蔬菜水果流通的合理化、高效化，对引进和验证与物流业界联合实施的新运输系统进行支援，并新设升级蔬菜水果流通系统的项目。针对农业界与经济界联合确立先进模范农业，打造低成本生产技术体系、活用ICT的高效生产等体制进行支援。农业技术推广方面，为确保收获期等繁忙期的劳动力的供应，通过推广员等协助介绍与老年人人力资源中心、公共职业安定所等联合的援农者，并对援农者进行技术培训等。

4.3.2.4　提高畜产、奶酪畜牧业的竞争力

为促进日本地区畜产、奶酪畜牧业的发展，增强日本畜牧业的竞争力，日本政府针对地区的发展推出了一系列的农业投资项目。

(1) 提升畜产、奶酪畜牧业的收益

构筑高收益型畜产体制的项目，对畜产农户和畜产相关人员（承包人、饲料厂商、实际需求者等）的联合进行支援，构建畜产集群，以促进畜产地区整体效益的提高。畜产业新设畜产收益力强化项目，该项目旨在对畜产管理机构所需机械的租赁体系、设施等方面进行支援。为扩大畜产物行业中的国产份额，支援技术开发等以促进国产畜产物的加工原料的利用，特设国产畜产物新市场的技术开发促进项目。

(2) 提高畜产、奶酪畜牧业的生产力

为提高畜产、奶酪畜牧业的生产力，设立畜产、奶酪畜牧业生产力的应急方案项目，支援日本牛受精卵移植、性别判别、精液的有效利用和相关机器的配备。采取促进肉用牛繁殖的新措施（发情发现装置的引进等）以扩大日本牛的生产，提升鲜奶供给力。此外，为扩大日本牛的生产，提高怀胎率，推动提高性别判别精液的评价准确度和研发改善繁殖功能的技术，新设支援研发项目。

(3) 扩大自给饲料的生产

为推动活用租用牛的肉用繁殖牛等的放牧，支援生态饲料的增产，设立饲料增产综合对策项目。为实现弃农农户的草地的顺利继承，完善草地相关基础设施，改良草地并拆除弃农用设施以确保设施用地，对此进行支援的同时，推

动拆除栅栏等，完善简易的基础设施。支援扩大自给饲料生产的研发，确立将饲喂带穗玉米（谷粒、芯、穗皮构成的雌穗）等新自给饲料的生产和放牧相结合的牛肉生产技术体系，并促进该体系的研发。

（4）实施畜产、奶酪畜牧业的稳定经营对策

根据各畜种的特性对畜产、奶酪畜牧业的稳定经营（包括混合饲料价格高涨时的对策）进行支援，为有意愿努力继续经营、发展的生产者完善环境。

4.3.2.5 促进农林水产物、食品附加值提高

农林渔业成长产业化支援机构，对生产、流通、加工等产业间联合措施，进行一体化的资本供给和经营支援，积极应用农林渔业成长产业化基金。

（1）促进六次产业化发展

六次产业化又名农业共计组合，追求目标是大面积高效率。一、二、三产业融合，1+2+3=6，1×2×3=6，1 次产业为农业，二次为加工业，3 次为服务业。农家生产的产品占比 18%，加工品为二次产业，占比 53%，销售业占比 27%，六次产业中一次农产品生产出来的太低，必须借助二次产业、三次产业，这样收入才会增加，六次产业个人无法做到的，必须将三大产业结合起来。这个过程如此表述过于烦琐，特举出事例加以说明。例如，现在开展自家做蛋糕，先对老奶奶说自己做蛋糕，农协派出指导，告诉他们怎么做蛋糕，250 元钱的成本可以做出 1 000元钱的蛋糕，孩子们吃着自己母亲做的蛋糕比买的吃起来更高兴，除了钱以外加强了亲人之间的联系。再如，纳豆，对健康很好，开展 20～50 元钱自给运动，10 只鸡，一头猪，跟农民讲，要放养出去，养鸡不要做鸡窝，要放养，这种做法是传承下来的做法，猪圈的管理交给爷爷奶奶去做，每家都有自己的工作要做，这就是六次产业。

（2）推动“汇聚知识”搞活民间活力项目发展

为进一步加强产学合作，汇聚民间企业、大学的“知识”，支持民间企业等针对产业化的研究，推动不同领域知识的融合研究，重点支持搞活民间活力项目，通过汇聚知识推动产学合作。为促进完善地理标志保护制度，促进商标权等知识产权管理的推广，支援海外知识产权侵犯应对措施等项目，并新设立的地理标志保护制度推动项目。

4.3.2.6 促进日本食品文化传播和出口投资

（1）开展地产地销活动

为充分利用当地食材，挖掘地区特色，促进地区发展，并运用媒体等将日本食品、饮食文化的魅力传播到国内外，以日本井冈县为代表的县级地区发动

了地产地销活动。该活动形式多样，内容丰富有新意。为了促进这项活动，该县还设立了自给消费日和自给消费周，每年 6 月定为食育月，每月 19 号定为食育日。与此同时，19~23 号叫富士之国，命名为地产地销周，为地产地销活动特设了图标，创建了地产地销网站，网站由地产地销协会运营，这个网站上会不断推出产品以及产品的销售地点如餐厅等。为进一步支持地产地销活动，该地区还开展了地产地销品尝活动，每年的 8 月和 2 月作为地产地销的长话月，期间会召开类似晚会的活动来吸引消费者参加。在这个月中也会开展孩子与父母可以一起参加的农业学习班，来培养孩子对农产品的兴趣，发掘农产品研究博士。这样的学习班参加之后会有考试，考试结束后给通过的孩子授予农业小博士称号。此外，为取得良好的宣传效果，还对生产的蔬菜水果尽量艺术化。

(2) 强化“和食”文化

为促进日本当地食品“和食”文化的发展，日本地方还组织了初中生、高中生有关“和食”的比赛，这个活动在县里目前有 7 个地方在进行。初高中生比赛得到奖项的产品会拿到小学、幼儿园，作为他们免费提供的食品。在文化宣传月中还会表彰优秀的厨师，他们的功劳是将当地农产品宣传出去，推动消费者的购买欲望。日本通过这种方式进一步加强了日本人对本国文化的认知，促进了日本文化的宣传。

4.3.2.7 分品种促进生产振兴

为稳定生产者的经营，设立蔬菜价格稳定对策项目，在蔬菜价格跌落时向生产者发放补助金等，投资决算金额为2 147亿日元。在支援果树及茶的对策方面，为加速产品的改良换代，对果树和茶叶改种过程中产生的无收益情况进行支援。为支援甜味资源作物生产者，调整国产糖和进口糖的国内外成本差，向甜味资源作物生产者发放补助金，以稳定甜味资源作物生产者的经营。

4.3.2.8 确保饮食安全项目投资

(1) 促进环保型农业发展，确保食品安全

为促进环保型农业的发展，日本制定了一套比较严密的审核体系，目的是确保农产品的质量安全。(日本为建立环保型农业，根据化肥用量，做出了环保程度金字塔，它的顶端是完全不使用化肥、农药。若农产品被认定是不使用化肥农药的，那么该产品就会被授予有机产品称号；金字塔的第二层表示减少化肥和农药程度达到50%以上较特别栽培的农产品，这些产品可以贴上特别销售农产品的标签进行销售；第三层表示化肥农药的使用量减少了 20%的农产

品，叫作环保农场。

从2011年国家开始对环保农业方面设定了补助金制度。2015年根据法律开始实施这个制度。获得国家补助金的前提是获得上述金字塔中的任意一个称号。每亩地补助金的单价、支付标准是化肥农药的减少量在50%以上的才有资格获得补助金。绿肥的标准，每0.1公顷的用量是8 000日元。他们的主要目的是使植物不被侵蚀以及保持土壤肥力。追肥的标准是每0.1公顷4 400日元。追肥的重要性是改良土壤，绿肥和追肥两种方法可以保持土壤中的碳元素。有机农业，目标是要做到不施化肥农药。这也是各地区特别认证的工作，它的补贴为每0.1公顷3 000~8 000日元，这些措施是由地区特点决定的，有助于生物的繁衍生长和生态保护，这是对防虫害和杂草的环保措施。这些措施使用后，达到农产品化肥农药的施用量给予的补贴。

（2）加强农产品安全防控

针对农产品安全方面，目前日本还没有追溯系统，但是农协会给予农民相应的指导。例如，农药该用多少，化肥怎么使用等都必须要符合规定。一旦出现不符合规定的情况，或者质量不符合标准，那么农协对农民所提供的农产品，就会放弃收购。农协在收购农产品过程中，对不同质量的产品，会分等级收购，价格也会有所差异。此外，农产品信息系统会对产品相关信息进行记录，如果检测到糖度、颜色等指标存在差异，系统就会出现反应，农协就会根据情况，要求农户在生产中做出相应的调整，以保证商品质量。国家对于农产品信息标识的投资，80%的资金都是由中央和地方政府来出的，剩下的由农民和农协承担。待到农产品信息标识系统建成，运行的成本就主要由使用者来负担了。目前，富士公司也在独立做系统，然而，各种各样的系统模式都存在风险，这些企业也正在寻求一个相对比较好的农业模式。除富士公司外，丰田汽车公司的一个子公司也在介入农业，将系统中的部分模式引入农业生产中，建成丰田模式，这种模式效率高、浪费少。由此可以看出农产品信息系统的建立对农业生产是很有必要的。

4.3.2.9 在人口减少的社会中搞活农山渔村

日本对于搞活农山渔村项目方面的投资决算金额为1 029亿日元，主要包括四个方面的投资。

首先，实施日本直接支付，向为维持当地农业用地的农业团体和为谋求地区资源发展的居民团体所支付的补助金。为了补偿丘陵地区不利的农业生产条件，针对继续在极陡倾斜地等条件不利地区从事农业生产活动的农民等发放的补助金，以及对抵制全球变暖进行务农活动的农民等农业从业者发放补助金。

其次是日本对促进与其他省厅结合的村落网络化、定居项目进行补贴，对维持、搞活地区的措施进行支援，为谋求山村收入的提升、就业的发展，对充分利用薪炭、野菜等未利用资源实行奖励措施。对离岛上的渔业村落的再生活动提供财政支持，以提升渔场生产力促进产业发展。

再次，对城市与农山渔村的共存、对流等项目进行支援。加强相关省厅间的合作，对儿童农山渔村住宿体验项目和福利农园项目以及充分利用闲置房屋、停办的学校来进行交流、发展观光旅游等项目进行支援。协助完善生产基础设施、农产物加工·销售设施、地区间交流基地等进行投资，以促进农山渔村地区间的交流。此外，为促进城市农业多样化功能的发挥，开展城市农业相关制度的研讨，对城市农业功能发挥对策项目进行补贴。

最后，对引进可再生能源等项目进行补贴。为搞活农山渔村，将可再生能源发电项目所得收入运用于发展农林渔业，并对农业水利设施进行的小水利发电等相关调查设计进行支援。生物保护方面，对地区生物质产业化过程中所需要的设施进行补贴。此外，为促进木质生物质的利用，对面向扩大能源利用的全国性调查、咨询窗口的设置以及纤维素纳米纤维技术开发等方面进行支援。

4.3.2.10 推动林业产业化发展、应对森林吸收源

这是新设项目，这部分投资主要是针对开发中可应用到的中高层建筑的CLT（交叉层压木材）等新产品、技术，新设新木材需求创造综合工程项目。以加速推广扩大利用地区木材、推广国产森林认证木材，构建满足需求者要求的国产木材的稳定供给体制等方面进行支援。为加速森林·林业资源的再生，对公共建筑物、CLT生产线、木质生物质利用设施等，包含自伐林家在内的各种负责人根据地区特点采取的措施进行综合性支援。森为了充分发挥森林、山村的各项功能，协助当地组织实施森林保护管理和森林资源利用等措施。加速造林集约化，针对造林集约化而进行的森林信息的收集和森林边界的明确化等措施进行支援。在林业人才培养方面，向进入林业就业前的青年发放补助金，加强通过“绿色就业”项目的扩充等进行人才培养。在构建稳定的国产木材供给体制的同时，加强防止地球暖化的间伐等森林培育措施、完善路网。

4.3.2.11 恢复日本水产业发展

针对引进IQ方式的效果验证、渔民等进行的资源管理计划的评价、验证，

新设推动资源管理项目。实行多种鱼类轮流养殖的多元化经营方式，对引进高性能渔船以提升收益等方面进行支援。针对策划·落实“海边活力再生计划”、渔民等进行的海滩救助、海草床·海滩等的地区保护活动、离岛中渔业村落的再生活动进行支援。在放养鲑鱼、鳟鱼的新鱼苗、进行玻璃鳗的大量生产体系实证化的同时，支援开发鸬鹚、外来鱼的防受害对策和新驱除方法等。捕鲸对策方面，为了顺利有效地进行，以国际法院（ICJ）判决的新调查计划为基础的鲸类捕获调查，进行非致死性调查，应对妨碍行为，强化与国内外研究机构的合作等。

4.3.3 对我国的启示和借鉴

（1）加快农业投资立法，规范政府的投资行为

日本政府在对农业投资的方向、方式与目标方面有着严格立法，防止投资的随意性。从中国目前的实际情况看，各级财政对农业的投资缺乏法律依据，对农业投资未形成严格的规范体系，容易造成投资目标不确定，影响农业的稳定发展。我国应该尽早制定有关政府对农业投资方面的立法规范，确保政府对农业投资的理性规范。

（2）适时调整农业投资项目

近些年来，日本农业劳动力结构老龄化、少子化和以土地撂荒、耕地利用率降低为主的资源环境变动的双重制约，构成了日本农业特殊性转移支付改革的宏观背景。同时，为了保障农业经营者的收入，日本对农业特殊性转移支付进行合理调整，设立了综合性的农业经营者收入补偿制度。针对我国目前出现的农业劳动力转移和人口变迁态势，可以借鉴日本的相关经验。

（3）依托专项投资，扩大农地规模经营，推进组织化进程

专项投资是政府进行宏观调控的有效工具。日本建立健全了资金扶持、技术支持、人才培养等一整套农业支持体系，来推动农地流转。例如，日本政府将农地流转补贴制度与骨干农民培养制度相结合，来解决农业劳动力缺乏，并将农地流转补贴的重心由补贴“土地出租方”转至补贴“土地租入方”。因此，我国也可以借鉴日本经验，依托专项补贴，促进土地流转与规模经营。

（4）培育新型农业经营体，提高粮食保障供给能力

日本大米生产结构调整过程中，为有效扩大生产经营规模，维护粮食供给的稳定，设立了“认定农业者”和“村庄营农组织”等骨干农业生产者培育制度。随着我国农业结构的不断调整，以专业大户、家庭农场、农民专业合作社和农业企业为代表的新型农业经营主体日益显示出发展生机与潜力。

借鉴日本经验，鼓励支持新型农业经营主体的良好发展，尤其加大种粮方面的生产性补助力度，以此提高农业综合生产能力、市场竞争能力以及抵御风险能力。

（5）完善国家农业补贴政策，逐步将对农业的投入改为对生产的直接补贴

日本农业的稳定发展，农业生产力的显著提升和农业现代化的转变根源于日本政府农业财政政策的大力支持。对于中国来说，目前中国工农业发展呈现工业具备坚实基础，但是农业远远落后的局面。农村市场不景气，造成了农民的有效需求严重不足，从而制约了农业现代化的进程。在这种情况下，中国可以借鉴日本农业财政政策经验，建立和健全农业财政政策保护体系，加大对农业和农村的财政支持力度，不断完善相关的政策配套建议措施，从而为中国农业的健康发展和现代化农业提供制度保障。农业处于国民经济中重要地位，但受制于财力有限，很难做到以大量资金反哺农业。在对农业的支持和保护中，除了对农民实行直接收入补贴外，还应增加科技投入补贴、减轻农民负担。例如，负责农民子女的义务教育支出，统筹农村失去劳动能力的人的生活补助，从而实际有效地起到了财政补贴的作用。

（6）深化农业产业结构调整，提高农业国际竞争力

根据各地不同的发展情况，深入调整产业结构，促进种植业、畜牧业、渔业、林业以及农业商品化生产的发展，提高农业生产集约化程度。此外，在综合各种要素考虑的基础上实施财政补贴，合理运用反补贴政策，提高农产品竞争力，必须从我国国情出发，探索出一条具有中国特色的农业发展道路，提高中国农业的国际竞争力。

表 4-3-1 2015 年日本农业投资项目汇总表

类 别	金额（亿日元）	占总决算比重（%）
1. 农业用地集聚、集约化等推动结构改革项目合计	1 628	7.05%
1.1 农业用地中间管理机构的正式运作	190	0.82%
1.2 推动农业用地的大区化等	1 089	4.72%
1.3 改善农业用地耕作条件项目	100	0.43%
1.4 荒废耕地再利用应急方案补助金	17	0.07%
1.5 新农业就业、继承经营的综合支援项目	195	0.84%
1.6 负责人经营发展支援项目	5	0.02%
1.7 管理机构培育支援项目	32	0.14%

（续表）

类　别	金额（亿日元）	占总决算比重（%）
2. 实施新经营投资项目合计	6 844	29.64%
2.1 直接支付的旱田作物补助金	2 072	8.97%
2.2 直接支付的水田活用补助金	2 770	12.00%
2.3 扩大利用饲料用米的畜产机械出租项目		0.00%
2.4 混合饲料供给体制完善促进项目		0.00%
2.5 水稻农业的体质强化应急方案项目		0.00%
2.6 扩大谷物年度供需量的支援项目	50	0.22%
2.7 大米的直接支付补助金	760	3.29%
2.8 降低收成下降带来的不良影响的对策	802	3.47%
2.9 收入下降影响缓和对策的灵活过渡对策	385	1.67%
2.10 收入保险制度研讨调查费	5	0.02%
3. 农林水产基础建设投资项目合计	6 694	28.99%
3.1 完善农业农村的项目	2 753	11.92%
3.2 完善森林项目	1 203	5.21%
3.3 治山项目	616	2.67%
3.4 完善水产基础设施的项目	721	3.12%
3.5 农山渔村地区完善补助金	1 067	4.62%
3.6 打造强大农业的补助金	231	1.00%
3.7 打造森林、林业再生基础的补助金	27	0.12%
3.8 打造强大水产业的补助金	35	0.15%
3.9 应对特殊自然灾害的设施的应急配备项目	1	0.00%
3.10 加速引进新时代设施园艺的支援项目	20	0.09%
3.11 强化加工、业务用蔬菜生产基础设施的项目	8	0.03%
3.12 国产花卉的生产、供给对策	7	0.03%
3.13 升级蔬菜水果流通系统的项目	1	0.00%
3.14 农业界和经济界联合确立并证实先进模范农业的项目	3	0.01%
3.15 援农队协调支援项目	1	0.00%

（续表）

类　别	金额（亿日元）	占总决算比重（%）
4. 提高畜产、奶酪畜牧业竞争力的投资项目合计	2048	8.87%
4.1 构筑高收益型畜产体制的项目	1	0.00%
4.2 畜产收益力强化对策	75	0.32%
4.3 旨在获取国产畜产物新市场的技术开发促进项目		0.00%
4.4 提高畜产、奶酪畜牧业的生产力的应急方案项目		0.00%
4.5 支援研发以扩大日本牛的生产	3	0.01%
4.6 饲料增产综合对策项目	11	0.05%
4.7 饲料生产型奶酪畜牧业经营支援项目	66	0.29%
4.8 混合饲料供给体制完善促进项目		0.00%
4.9 完善草地相关基础设施	62	0.27%
4.10 支援扩大自给饲料生产的研发		0.00%
4.11 畜产、奶酪畜牧业的稳定经营对策	1 830	7.93%
5. 推动农林水产物、食品的高附加值化等投资项目合计	220	0.95%
5.1 积极应用农林渔业成长产业化基金	150	0.65%
5.2 6次产业化支援对策	27	0.12%
5.3 推动医疗福利食品农业联合	4	0.02%
5.4 新品种、新技术应用型产地培养支援项目	6	0.03%
5.5 确立药用作物等地区特产作物产地的支援项目	4	0.02%
5.6 推动“汇聚知识”搞活民间活力等	13	0.06%
5.7 开发、推广先进机器人等革新技术	14	0.06%
5.8 推动知识产权保护、应用的项目	2	0.01%
6. 促进日本食品、饮食文化的魅力传播和出口项目投资合计	172	0.74%
6.1 日本食品、饮食文化魅力的传播工程	24	0.10%
6.2 推动“日本料理”的保护、继承	3	0.01%
6.3 强化出口战略的实行体制	11	0.05%
6.4 出口综合支持工程	14	0.06%
6.5 推动全球食品价值链战略	2	0.01%
6.6 国际农产物等市场构思推动项目	1	0.00%
6.7 完善出口应对型设施	112	0.49%
6.8 针对完善可长期保存出口蔬菜水果的低温储藏设施等进行支援		0.00%
6.9 完善有利于促进出口的动植物防疫体制	5	0.02%

（续表）

类　别	金额（亿日元）	占总决算比重（%）
7. 分品种进行生产振兴对策的投资项目合计	2147	9.30%
7.1 蔬菜价格稳定对策项目	167	0.72%
7.2 支援果树、茶的相关对策	69	0.30%
7.3 支援甜味资源作物生产者等的稳定化对策	81	0.35%
7.4 畜产、奶酪畜牧业经营稳定对策	1830	7.93%
8. 确保饮食安全项目投资合计	80	0.35%
8.1 消费、安全应对补助金	21	0.09%
8.2 家畜卫生等综合对策	55	0.24%
8.3 加强打击伪造产地等的对策	3	0.01%
8.4 降低食品损失等综合应对项目	1	0.00%
9. 在人口减少的社会中搞活农山渔村项目投资合计	1029	4.46%
9.1 多方面功能支付补助金	483	2.09%
9.2 丘陵地区等直接支付补助金	290	1.26%
9.3 环保型农业直接支付补助金	26	0.11%
9.4 支援搞活农村村落的项目	6	0.03%
9.5 搞活山村支援补助金	8	0.03%
9.6 离岛渔业再生支援补助金	12	0.05%
9.7 城市农村共存、对流综合对策补助金	20	0.09%
9.8 搞活农山渔村工程的支援补助金	62	0.27%
9.9 城市农业功能发挥对策项目	2	0.01%
9.10 搞活农山渔村和引进可再生能源等的促进对策	10	0.04%
9.11 地区生物质产业化推进项目	8	0.03%
9.12 扩大利用木质生物质	5	0.02%
9.13 防止鸟兽受害的综合对策补助金	95	0.41%
9.14 森林鸟兽受害对策高技术化实证项目	2	0.01%
10. 推动林业产业化发展、应对森林吸收源项目投资合计	1 960	8.49%
10.1 新木材需求创造综合工程	17	0.07%
10.2 加速完善森林·林业再生对策		0.00%
10.3 森林、山村多方面功能发挥对策	25	0.11%
10.4 加速造林集约化	2	0.01%
10.5 森林、林业人才培养对策	62	0.27%

（续表）

类　别	金额（亿日元）	占总决算比重（%）
10.6 搞活山村支援补助金	8	0.03%
10.7 完善森林的项目	1 203	5.21%
10.8 治山项目	616	2.67%
10.9 打造森林、林业再生基础的补助金	27	0.12%
11. 恢复日本水产项目投资合计	1 233	5.34%
11.1 推动资源管理	15	0.06%
11.2 渔业稳定经营对策	364	1.58%
11.3 水产物的加工、流通、出口对策	15	0.06%
11.4 搞活渔村、多方面功能发挥对策	41	0.18%
11.5 确保负责人的对策	9	0.04%
11.6 水产养殖对策	14	0.06%
11.7 捕鲸对策	19	0.08%
11.8 完善水产基础设施的项目	721	3.12%
11.9 用于打造强大水产业的补助金	35	0.15%
实际总决算额度	24 055	100.00%

4.4 韩国

4.4.1 韩国经济社会基本情况

韩国国土面积为9.97万平方千米，人口5 107万（截至2015年年底），是一个单一民族（朝鲜族）国家。到2010年，韩国农村人口占总人口的6.3%，而在2007年农村人口中年龄在65以上的人口比率为32.1%，属超高龄化人口结构，年龄在65岁以上的农业经营主占总农户的46.4%。

近年来，韩国经济保持低速增长势头。据韩国银行统计，2016年韩国GDP为14 110亿美元，位居世界第11位；人均GDP为27 633美元，位居世界第29位。此外，二、三产业占比超过95%，韩国一、二、三产业比重分别为2.2%，35.2%和62.6%。另一方面，就拉动经济的三驾马车——投资、消费和出口而言，这三者中对经济贡献最大的是消费：2016年韩国国内投资总额为485.9万亿韩元（约合4 187.8亿美元），消费为1 047.5万亿韩元（约合9 026.9亿美元），出口为5 960.1亿美元，分别约占GDP的29.7%，64.0%和42.2%。

韩国出口产品排在前十的主要有电子产品、汽车、船舶、通信设备等，主要出口国家或地区是中国、东盟、美国、欧盟。2016 年，韩国出口总额4 955 亿美元，同比减少 6.0%，主要出口商品中集成电路及微电子组件（523 亿美元，同比增长 0.2，下同）、客运或货运船舶（251 亿美元，16.5%）、电气音响或视觉信号装置（65 亿美元，14.5%）等出口增长，汽车（375 亿美元，同比-10.1%，下同）、石油（255 亿美元，-16.6%）、无线通信设备（247 亿美元，-17.1%）等出口减少。2016 年韩国向中国、东盟、美国、欧盟出口占比分别为 25.1%、15%、13.4%和 9.4%。

韩国投资环境总体良好，具有较强吸引力。韩国在世界银行《2017 年经商环境报告》对全球 190 个国家和地区的营商便利度排名中列第 5 位。近年来政局较为稳定，经济发展态势总体较好，产业发展水平较高，研发创新能力较强。尤其是韩国日益重视环境保护、劳动者权益、反对不正当竞争等问题，法规清晰。韩国政府积极鼓励利用外资，并出台了一系列有利于外商投资的政策与措施。政府采取负面清单的形式管理外国投资，对拉动效益较大的外资企业给予税收减免等一系列优惠，提供“一条龙”服务，设立了各具特色、布全国、实行较为宽松行政管理的特殊经济区。

4.4.2 近代农业发展历程

（1）20 世纪 50 年代的农地改革

1949 年制定《农地改革法》，从 1950 年起对农地进行全面改革。农地改革的主要目标是，取消日本殖民时代的佃耕制度，建立自耕体制。为此，政府买进佃耕农地及超过 3 公顷的个人所有农地，以分配给自耕农，自耕农地所占比例由 1945 年的 35%，上升到 1951 年的 92%。2000 年数据显示，韩国土地 27.3%属国家公有，72.7%属私人所有。农地改革让韩国的农民获得土地，提升了种粮积极性，农民在土地上进行集约式的生产，小农经济在一定程度上促进了粮食增产。再者，小农经济还为城市建设提供了廉价的原料和劳动力。此外，由于韩国年平均气温 10~13 摄氏度，年平均降水中部地区1 300毫米，南部地区1 500毫米，降水主要集中在 6~8 月，韩国气候特别适合种植水稻，不太适合种植禾谷类作物。水稻生产属于劳动力密集型，农业生产吸纳闲置劳动力有利于维持社会稳定。

（2）20 世纪 60 年代绿色革命

韩国自 20 世纪 60 年代后期正式着手进行良种开发，致力于国家粮食的自给。1965 年，国际水稻研究所育出高产水稻品种“IR8”开创了热带农业增产的新纪元。韩国原汉城大学校农科大学的许文会教授将日本的“YUKARA”和籼稻“台中在来 1 号”进行了杂交，于第二年将其杂交一代和“IR8”再次杂交，育出短秆高产的三交种“IR667”，将其中最好的品种定名为“统一”。统一米替代传统米后，20 世纪 70 年代水稻生产得到很大的提高，即从 1971 年的 393 万吨提高到 1975 年的 444 万吨，1978 年的 600 万吨，1979 年的 579 万吨。韩国在 1976 年大米实现了自足，实现了所谓的“绿色革命”。

绿色革命实际上是科学育种技术的一次成功的运用，在地少人多的国家，通过科技提高单产，实现主要粮食的自给，这种成功的经验在很多的发展中国家具有借鉴意义。

（3）20 世纪 70 年代新村运动

韩国 20 世纪 60 年代优先发展重化工业和劳动密集型工业，到 20 世纪 60 年代末，韩国农村人口大量流入城市，到 1970 年，韩国农村人口占总人口的 45%，人均耕地仅有 0.6 公顷，农村基础设施非常差，农村农民的文化素质低下。城乡收入差距扩大导致社会矛盾尖锐。但是，当时的政府看出农民对摆脱贫困、建设美好家园、投身农业生产的热情，开始组织农民建设乡村。政府向全国所有 3.3 万个行政村和居民区无偿提供水泥，用以修房、修路等基础设施建设。然后，政府又筛选出 1.6 万个村庄作为“新村运动”样板，带动全国农民主动创造美好家园。“新村运动”在短短几年时间里改变了农村破旧落后的面貌，并让农民尝到了甜头，“新村运动”由此逐步演变为自发的运动。

第一阶段，改善农民的生活条件。政府起初无偿为每个村平均提供 300 袋水泥，后增加到 500 袋水泥、1 吨钢筋等物质，激发农民自主建设新农村的积极性和创造性。

第二阶段，增加农民收入。对新村建设成绩突出的农村提供贷款，并在各方面提供优惠政策；动员学有所长的知识分子到农村推广科技文化知识与技术。

第三阶段，巩固和成果的拓展。推动乡村文化的建设与发展，同时鼓励发展农产品加工为主的农村工业。既重视物质文明建设，又强调精神文明建设。

韩国农协在新村运动中发挥了不可替代的作用。新村运动和韩国农协的精神是一致的，都包含自助、协同的内涵。基层农协的内部组织，是当时的部落会、作目班、青年会、妇女会，被培养成新村运动的实现主体，所以基层农协的内部组织和新村运动的实现主体是几乎一样的。基层农协的内部组织是部落会，推进新村事业费用是政府和农协，以后村民自己的公积金出钱。部落会的主要事业是农田道路建设、房屋改良、下水道改造等环境改善事业，这是新村运动的主要事业之一。作目班是由 50 户左右的农户组成的共同生产和共同出产组织。青年会，农村青年组织，一般一个基层农协有一个青年会组织。主要工作是消除迷信、消除浪费和奢侈、消除赌博等。妇女会主要的任务是稳定农户的家计，主导消费者生活合理化运动和遵守家庭礼仪运动。学习会是组合员自己组织的学习组织，是由 10~15 名组合员和学习指导者一名，干事一名组成。主要任务是每一周，或者每十天，每两周一次进行有关营农及生活环境的改善和新村运动推进方案的教育和讨论。

政府的一系列努力大大提高了粮食产量和粮食自给率，到 1976 年韩国实现了大米的自给自足，农民收入甚至一度超过了城市居民。

（4）20 世纪 80 年代推动农业开放化

20 世纪 80 年代，农产品贸易成为市场自由化的主要目标。1978 年韩国政府确立了农产品输入自由化的基本方针，并于 1984 年引入农产品输入自由化预备制度，逐步开放农产品市场；根据 GATT 协议，到 1995 年韩国须开放所有农产品市场。随着农产品市场的逐步开放，大量低价的农产品流入国内，本国农业受到冲击，越来越多的农民开始兼业或者直接放弃农业进入工业，其影响利弊参半：一方面，农产品的自给率下降，对国外市场的依赖性更高；另一方面，农村劳动力不足，促进农业生产的机械化。

（5）21 世纪初韩国推动第六产业化

第一、第六产业的概念提出。第六产业这一概念最早是在 1996 年由日本东京大学名誉教授今村奈良臣提出的。所谓第六产业，指的是通过鼓励农户从事多种经营，以获得更多的增值价值，为农业增效、农民增收开辟新的空间。其中，多种经营指不仅仅种植农作物（第一产业），而且从事农产品加工（第二产业），此外还从事销售农产品及其加工产品或服务业（第三产业）。按照行业分类，农林水产业属于第一产业，加工制造业是第二产业，销售、服务等为第三产业。“1+2+3”等于 6，“1×2×3”也等于 6，这也就是第六产业的取名之意。

第二，第六产业化的背景。20 世纪 80 年代以后，韩国政府大力提倡农业多元化，先后尝试了开发农家乐体验式旅游、加工制造食品、资源产业化、扩大产地直销等方法，从而形成了第六产业化的基础。韩国提出发展“第六产业”主要是因为内外因素的共同作用：一方面，内部因素是随着农产品在全球范围内自由贸易，低价农产品涌入市场，挤压本地农产品的利润空间。农业收入和非农收入差距悬殊，在农村的推力和城市良好的公共服务和就业前景好的拉力下，可以在城市立住脚的较为年轻的农民转移到城市工作、生活，农民占总人口比例下降，且从事农业经营的劳动力老龄化严重。另一方面，外部因素是城市居民对食品安全的关注，对口感好、质量高的农产品的需求以及对农村除了农业生产之外的其他功能的认知深化，如农事体验活动、农耕文化教育、农村生态保护等。为了让青壮年愿意回到农村从事农业生产，必须丰富农业的内涵，通过多种经营，内在延伸农业的增值空间，通过三产融合的方式提升农民收入。假设从事农业的收入和城市工薪阶层的收入是一致的情况下，很多人由于种种情怀，如亲近自热的本性、乡愁情怀等，会乐意返乡就业的。

第三，政策法律、资金支持。2013 年 10 月，韩国农林畜产食品部为了促进“农业第六产业化”，出台了《农业农村及食品产业发展五年规划（2013—2017 年）》以产业园区带动农业产业发展，2015 年出台了《农村融合和复合产业培育及支援相关法》，这部法律的第一条指出：“为了农村融复合产业的培育及支援，需要对有关事项进行规定，不仅为农业增加值创造基础，力图搞活农村经济和促进农业发展，而且为增加农民收入，发展国民经济做出贡献。”从立法的高度指导并支持韩国农业农村的发展和农民增收。

除了以立法形式支持第六产业的发展，还为发展第六产业提供充足的资金支持。韩国农林食品部于 2013 年 8 月设立了“第六产业相生资金”，规模达到 100 亿韩元（约6 000万人民币），其中政府方面出资 70 亿韩元，民间出资 30 亿韩元。2014 年韩国政府又追加了 100 亿韩元。

4.4.3 中韩农产品贸易分析

据联合国贸易数据库数据显示，2016 年中国出口到韩国的农产品总价值 31 亿美元，出口产品排在前五的分别是蔬菜、海鲜、鱼类、棉花、羊毛，出口产值分别为 6.19 亿美元、5.83 亿美元、4.05 亿美元、1.41 亿美元、1.26 亿美元，分别占比 19.97%，18.81%，13.06%，4.55%，4.06%。

据联合国贸易数据库数据显示，2016 年韩国出口到中国的农产品总价值为 13 亿美元，出口产品排在前五的分别是橡胶、皮革、精制糖类、海鲜、冻鱼，出口产值分别为 5.27 亿美元、2.08 亿美元、1.01 亿美元、0.977 亿美元、0.973 亿美元，分别占总出口额的比例为 40.54%、16%、7.77%、7.52%、7.48%。

2016 年中国和韩国的农产品贸易存在顺差情况。中国自韩国进口农产品 13 亿美元，出口到韩国的农产品总额 31 亿美元，顺差 18 亿美元。利用贸易竞争力指数计算公式：贸易竞争力（Trade Competitiveness）=（出口额-进口额）/（出口额+进口额），计算得到中国农产品的贸易竞争力指数为 0.41，说明中国农产品具有较强的竞争力。韩国主要从中国进口的农产品是食用品，而出口到中国的农产品主要为非食用性农产品，这也在一定意义上反映了韩国农业在食物的自给率差、对国际市场的依赖性高。

4.4.4 韩国农业约束性问题

（1）务农人口老龄化、农业及非农就业收入差距大

2018 年 4 月 8 日～11 日，博鳌亚洲论坛在海南博鳌召开，韩国农林畜产食品部副部长 KIM Jong Hoon 在分论坛“转型中的农民与农村”上发表了观点表示，农民的收入是城市收入的 64%左右。现在务农人口严重高龄化，年龄的壮年在务农人群 1%左右，面临的问题人口，劳力流失的问题是非常严重的。现在归农将近有 30 万人口，这个群体是其的希望所在。现在韩国也逐步掀起了回农村创业的热潮，政府加大扶持的力度，加大鼓励的力度。给一百万韩币左右的创业基金，今年的申请人数是1 200人，同比增加了 3. 8 倍，来发展温室大棚蔬菜，同时也推动了一些项目。

无论是从长远角度看，还是从当前形势看，引导青壮年进入农业生产都是十分有必要的。如果没有青年人的加入，30 年或 40 年后，农业将何去何从？从当前形势看，广大消费者对安全、绿色食品的关注程度以及消费结构的升级，需要有知识、有文化、有市场洞察力的年轻人来进入到农业相关行业。务农人口老龄化、农业和非农收入差距大的问题不仅仅是韩国农业需要面对的问题，也是中国农业现阶段需要正视的问题之一。

（2）农业人口绝对量与比重结构在不断下降

从农业在全部产业中的就业比重来看，第二次世界大战后韩国农业中的就业人数（包括农林渔）在三次产业比重最高，1970 年农业占整个就业人数 50%以上，其后其下降的速度较快，到 1995 年已减少到 11%，2010 年只有总人口的 6. 4%。同期农业就业人数的绝对量从 1970 年的1 440万人减少到 1995 年的 485. 1 万人，2010 年农业人口则减少到 306. 3 万人。日本农林水产省日前发布数据显示，日本的农业人口今年首次跌破 200 万人，与 1990 年相比减少了 60%，而今后支撑农业生产的人口还将进一步减少。、

劳动力是农业生产必不可少的因素之一，就 2016 年报道的数据而言，农业人口 200 万，全国人口5 000万左右，在假设这些农业人口都是劳动力的情况下，一个劳动力需要养活 25 个人，虽然在韩国 20 世纪 80 年代后机械化水平达到一个很高的水平，但韩国作为一个多山的国家，耕地并非集中连片的情况下，机械的作用会大打折扣，农业劳动力的缺乏影响农业生产。从纵向看，韩

国的农业人口一直呈减少趋势，这种趋势如果一直持续下去，将会导致农业的凋敝。然而，农业是工业和服务业发展的基础，就算在开放的市场下，农业的弱势将会对本国粮食安全造成严重影响。

（3）人多地少，耕地资源不足

韩国多山，耕地面积较少，占国土面积 16.51%，韩国人均耕地面积不足 0.04 公顷。小型的家庭农场是韩国农业的主要组成部分，农场的平均面积不到 2 公顷。此外，随着城市的扩展，耕地面积大大缩减。按照大韩民国国家统计局数据显示，1961—2009 年韩国农业本土种植面积由 211.3 万公顷持续减少到 185.8 万公顷。

韩国由于耕地面积少、人均耕地面积不足的国情，一直发展着小农经济。20 世纪 50～60 年代的土地政策让多数农民分得了土地，实行土地私有制，农民获得了土地后在当时的情境下确实起到了一定的促进作用，比如缓解了地主和无地人口的社会矛盾、激发了农民生产的积极性等。但是，由于小农容易自我满足的心理，小农在收获后除了满足自己家庭的消费，就只是进行简单再生产，不会购买机械、加工机器等进行扩大再生产，这不利于农业的长期发展。

4.4.5 韩国农业发展经验借鉴

（1）加强农民专业合作组织建设

韩国的农协制度在保护农民利益，农业发展方面起到非常重要的作用，保障了农业现代化的来良好发展。我国目前农民专业合作社发展较快，但其多而分散的特点，功能发挥极为有限，不能很好地把所有的社员组织起来，农民一般是坐等经销商收购，价格、数量、质量等级也完全由其来确定，致使收购中农民利益受到严重的损害，所以我国在实现农业现代化过程中，农民专业合作组织必须得到加强。

（2）适应新形势，及时调整农业政策目标

农业政策制定必须要随着农业发展环境和发展任务的变化，而进行相应的调整。总体上看，韩国农业政策的基本目标，以 20 世纪 80 年代中期为界，前后有较大不同：前期主要致力于提高农产品产量和增加农户收入，保证粮食自给；后期重点在于调整结构，提高产业素质和市场竞争力。这些政策目标基本上与当时韩国农业经济发展所处的环境和任务相关。长期以来，我国农业发展的主要目标是解决人口大国的温饱问题，并为工业化奠定良好的发展基础。这也符合我国当时的国情。目前，我国农业的上述两大任务已基本完成，而且也将面对加入世贸组织后的新机遇和新挑战。因此，提高我国农产品的国际市场竞争力和增加农民收入，应成为我国农业政策的两大主要目标，围绕这两大目标不断完善相关政策和措施。

（3）加快城市化进程，扩大农户土地经营规模

农户土地经营规模小是制约韩国农业生产力和农产品市场竞争力的一个重要因素。我国人均耕地虽比韩国多，但由于工业化和城市化水平远不如韩国，加之城市化水平又远远落后于工业化水平，农户的土地经营规模比较小。实现工业化和城市化，减少农业和农村人口，是扩大农户土地经营规模的必要前提和物质基础，因此，积极推进我国工业化，同时带动城市化进程，对扩大我国农户的土地经营规模，提高我国农业的生产力和市场竞争力意义重大。同时，韩国的经验也表明，土地制度的改革对于扩大农户的经营规模也有十分重要的意义。所以，在积极推进工业化和城市化的过程中，不断地进行土地制度的创新，为实现土地规模经营创造良好的制度环境，也是一项重要的工作。

（4）制定相关政策措施，合理规划和布局

全国各地已经呈现出“农业第六产业化”发展趋势，农业农村基础设施不断得以建设和完善，信息化和科技化应用也不断加快，但是，当前的中国仍然处在初级发展阶段，存在着农业与第二、第三产业融合和复合程度低、层次浅，新型农业经营体发展缓慢，现代科技利用率低等问题。因此，中国的“农业第六产业化”的发展，应当从以下几个方面考虑。第一，政府应制定相关政策和法律引导“农业第六产业化”发展，不能只靠市场行为任其发展。第二，将农业、教育、金融、法律、财政协作发展“农业第六产业化”。第三，由农业部主管，建立一站式服务机构统一规划，向社会公开组织和管理。第四，大力培育新型农业经营体，培养“农业第六产业化”专业人才。第六，以市场为导向，利用现代科技提升“农业第六产业化”科技含量。

（5）增进文化内涵来促进“三农”问题的解决

提高农民的文化素质和职业技能，使农民乐意接受新观念、新文化、新知识是城乡社会和谐发展的一项重要内容。韩国非常重视这方面的工作，新村运动是鼓舞农民奋发进取意识和勤劳致富精神的自助致富活动。新村运动中除了有农村基层设施建设的内容，还有文化教育的部分，以丰富村民的精神世界，让村民学会增加收入的技能，我国在开展新农村建设的同时，要把农村社会视为一个整体，从提高人的素质入手，经济、社会、文化整体推进，应融入更多的文化内涵，应把重塑健康向上的价值观念放在重要地位。我们可以从加强思想宣传、宣传传统道德观念、增强技术技能培训、建立乡村图书馆等方式提供

基础条件，此外，可以通过对村民的技能培训，拓宽增收渠道，激发村民受教育的主动性和积极性。

（6）完善保险体系，科学防范风险

农业生产和工业生产相比，农业生产受气候等条件的限制非常大，经常由于自然灾害而大大影响了农业生产。由于农业的弱质性，韩国政府为了减小农业自然灾害对农业带来的危害，采取了韩国农林渔业灾害保险。

韩国的保险可以概括为：农林渔业灾害保险诸险种合一，中央与地方政府分担保险费运营费补贴，山林合作组织、水产业合作组织与普通保险公司共同经营，保障自然灾害风险范围广泛，投保人自愿投保，政府提供再保险，诸项法律综合调整，各级政府及其部门协调配合等。

我国目前主要依靠《保险法》以及分散在《农业法》等法律法规中的内容简单有限的条款，来调整农业保险关系，尚存在许多问题，事实已证明是不成功的。农业保险的特质决定了其需要专门的法律加以规范。我国农业保险立法的滞后，已经严重影响和制约了农业保险试验的顺利进行。我国必须在总结试点经验的基础上，相应地制定专门的农业保险立法，将试验成功的政策和实践经验以法律形式固定下来，完善农业保险的制度架构，以保障农业保险事业持续有效进行。

（7）以科技进步推动农业发展

无论是20世纪60年代开展的绿色革命，还是80年代机械化的基本实现，都对当时的经济发展起到了很积极的影响。韩国自20世纪60年代后期开始研究良种，，保障国家水稻的自给。韩国绿色革命的成效比较显著，得益于政府对绿色革命的政策支持和对农业科技和推广的高度重视，没有政府的重视和正确引导，很难在在韩国粮食极度紧缺的情况下，实现了粮食的自足。粮食的自足，节省了外汇，也等于农业大大支援了工业。韩国在20世纪80年代机械化的基本实现得益于当时城市化的进程加快，很多农业人口专务非农人口，农户的家庭可耕地面积变大。机械化的基本实现也对农业的发展起到了促进作用，提高了劳动生产率，降低生产成本，增加农民的农业经营性收入。民生科技的应用可以为农民提供高效率农业生产的设备、提高农业生产效率。为了实现上述目的，当地政府应该在充分了解新农村实际发展需求的基础上，从整体角度入手，统筹规划，合理布局，进而促进新农村的高效率、高质量发展。

（8）改善基础设施

过去相当长的时间里，韩国政府优先发展经济的工业化，农业基础设施的改善受到了限制。韩国政府充分认识到了利用乌拉圭回合农业协议中有关“绿箱政策”，用来改善农业基础设施，包括灌排设施建设、农地整治、大规模区域开发等在内的基础设施建设方面做出很大改进。如为解决土地所有细碎化、地块形状不规则、田间道路低质量等问题。韩国自 20 世纪 60 年代起一直重视农地的整治工作，到 1997 年，已有 65. 8 万公顷的水稻田得到整治。

在新村运动中，政府引领村民进行自我建设，增加农业生产基础设施的建设，主要包括改善农村公路、改善住房条件、农村电气化、通自来水、建村民会馆等。其中，村民会馆的作用在于：妇女会在村民会馆中举办了公共交易场，降低了产品的流通费用，节省了村民的购物时间。村民会馆收集了包括农业生产统计资料和农业收入统计资料在内的各种统计资料。农民不在各种实况展示、讨论和社会实践中亲身体会，可以通过自己的勤劳来共同改变农村落后面貌。

4. 5　波兰

4. 5. 1　波兰概况

波兰位于欧洲中部，西与德国为邻，南与捷克、斯洛伐克接壤，东邻俄罗斯、立陶宛、白俄罗斯、乌克兰，北濒波罗的海。海岸线长 528 公里，国土面积 31. 27 万平方千米，是欧洲第九大国。境内地势平坦，水资源丰富。波兰 1 月平均气温-5～-1℃，7 月 17～19℃。

波兰有人口 3 843万（2016 年 11 月），其中波兰族约占 98%，此外还有德意志、白俄罗斯、乌克兰、俄罗斯、立陶宛、犹太等少数民族。农村人口占全国人口数的比重约为 40%。官方语言为波兰语。波兰治安状况整体较好，社会安定。

波兰经济发展潜力较大。2004 年加入欧盟后经济发展突飞猛进，2007 年，增幅达 6. 5%。尽管 2009 年，受国际金融危机影响，经济明显下滑，但仍好于欧盟多数国家，为欧盟内唯一实现正增长的国家。2010 年，经济继续增长，增幅为 3. 8%，居欧盟前列。为此，世界银行和国际金融公司联合发布的《2013 年营商环境年度报告》指出，波是自 2005 年来致力于营商环境改善速度最快的欧盟经济体。2015 年，国内生产总值 5 480亿美元，人均国内生产总值 14 423美元，国内生产总值增长率达 3. 6%，经济总量居欧盟成员国第 8 位。

4. 5. 2　波兰农业发展概况

波兰是欧洲重要的农业生产国，土地肥沃，农业生产技术发达，果蔬肉奶谷物品种繁多，尤其是苹果和奶制品享誉世界，有“欧洲花园”和“牛奶蜂蜜之乡”的美誉。

（1）农业生产自然资源条件相对优越

第一，农业气候条件优越。波兰靠近北大西洋，属于从海洋性向大陆性过渡的气候区，处中高纬度（与中国的黑龙江省纬度差不多），受波罗的海的影响，全域气候温和，雨量充沛，年均降水量大部分地区为600~700毫米，降水时空分布较均匀，无明显的雨季和旱季，常年湿度较大。波兰1月平均气温-5~-1℃，7月17~19℃。灾害性天气出现机会少，75%在海拔200米以下，有着发展农业的优越气候条件。

第二，耕地数量多，质量较好。2015年波兰农用地1 437.10万公顷，占国土面积比重46.94%。其中农用地中耕地占75.76%，人均耕地面积为0.29公顷（中国人均耕地位0.087公顷）。其中绝大部分是私有土地，以私人和家庭农场为主要形式。从耕地质量上看，96%的耕地在海拔500米以下，地势平坦，无明显的阴阳坡之分；土壤类别较单一，以灰沙土、沙壤土为主，耕性好，便于机械化作业。只有南部一侧才出现山地土壤。并且在市场竞争的推动下，为了提高经济效益，波兰农村已经出现了规模化经营的趋势。

第三，淡水资源丰富。波兰境内湖泊河流众多，淡水资源丰富，灌溉方便。综合来看，农业生产的自然条件好。

（2）波兰农业发展的外部环境变化带来诸多机遇

2004年波兰加入欧盟，波兰出口食品需要符合所有欧盟安全和质量标准和法规，众所周知，欧盟是世界上食品安全管理最严格的区域之一。波兰加入欧盟对其农产品出口有具积极的促进作用。波兰农业与乡村发展部最新数据显示，2016年前三季度，波兰向欧盟以外市场出口的食品数量出现大幅增长。从前三季度波兰对外食品销售额看，波兰对尼日利亚出口达3 370万欧元，同比增长近三倍；对南非出口5 100万欧元，同比增长62%；对沙特阿拉伯出口达2.58亿欧元，同比增长40%；对澳大利亚出口达4 800万欧元，同比增长75%。同时，由于猪肉和内脏销售量增加，波兰对中国香港地区的食品出口也同比增长了48%，达1.28亿欧元。

同时，对于波兰来说，中国的“一带一路”倡议、“中欧班列”等陆路网络运输发展，也成为其深度融入全球经济，特别是中国的切入点。而波兰对欧盟食品出口趋于饱和，中国市场成其新的目标市场。从与中国内地的贸易往来看，波兰还有很大的发展空间。2015年，波兰的农产品出口总额约为250亿欧元，其中对中国内地的出口大约为 2.8 亿欧元。就整个数据看，中国对波兰仍拥有巨大的贸易顺差。

（3）农业是波兰经济的重要产业

波兰属于中等发达国家，工业化程度较高，但农业仍然是波兰国民紧急的主要组成部分。根据 2016 年 11 月 28 日欧盟统计局公布的数据，2015 年波兰农业产值在欧盟中排在第七位，农业产值 223 亿欧元，同比降低 3.1%，占欧盟农业总产值的 5%。2016 年，波兰农业总产值为 112.17 亿美元（现价美元），同比增加 6.71%，占 GDP 比重为 2.69。

（4）波兰农业就业人员占就业总数比重较低

波兰经济发展水平处于较高的发展阶段，二三产业更为发达，其农业就业人员占就业总数比重较低，并且呈现下降趋势，2017 年为 10.9%（同期中国为 27%）。

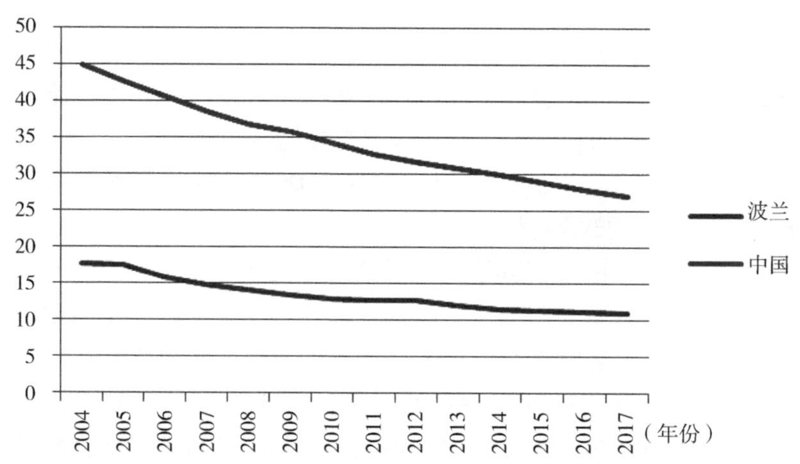

图 4.5.1　农业就业人员占就业总数的百分比（%）

数据来源：世界银行.

（5）波兰农业增加值

第一，波兰农业人均增加值。图 4.5.2 显示，相对于中国稳步上升的特点，波兰的农业人均产值平稳中有小幅波动。2004 年，双方农业人均产值差别很小，均为 350 美元左右（2010 年不变价美元），而 2016 年波兰为 309.48 美元（2010 年不变价美元），远低于中国的 532.05/人（2010 年不变价美元）。

第二，波兰农业增加值占 GDP 比重。从图 4.5.3 可以看出，波兰和中国农业增加值占 GDP 的比重均在减少，中国减少的趋势更为明显，波兰则是在波

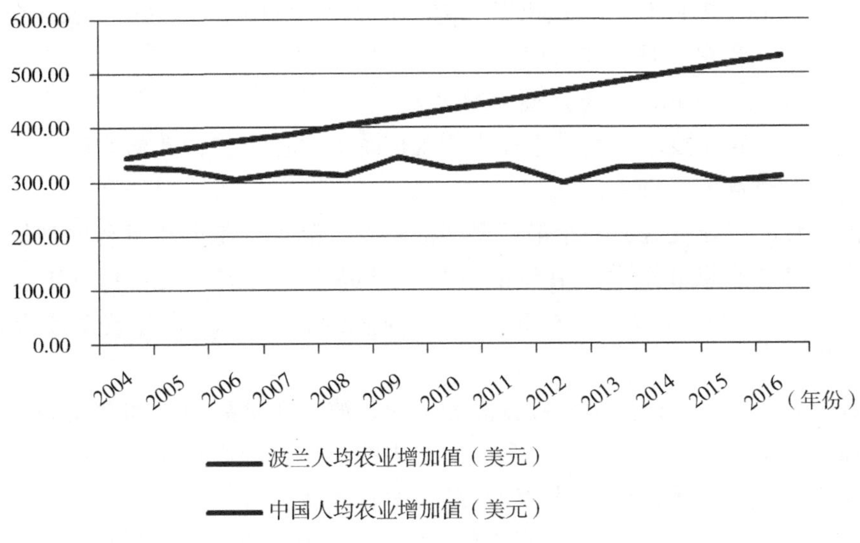

图 4.5.2　人均农业增加值

注：数据为 2010 年不变价美元.

数据来源：世界银行，农业人均增加值是根据农业增加值与人口数量计算所得.

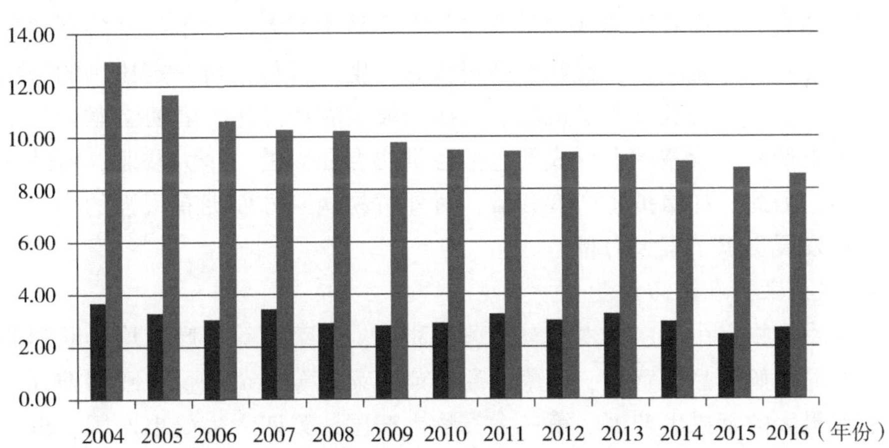

图 4.5.3　农业增加值占 GDP 比重

注：数据为 2010 年不变价美元.

数据来源：世界银行，农业人均增加值是根据农业增加值与人口数量计算所得.

动中不断减少，2006 年这一比重下降为 2. 69%，比中国的 8. 59%低 5. 9 个百分点。可见，波兰农业对 GDP 的贡献小于中国。

（6）食品安全和高品质是波兰的优势

波兰现代农业技术发达，也非常重视传统的农业生产，严格实施‘从农田到餐桌’的食品安全理念。

波兰食品工业发展的一个最重要特征是农产品加工工业化进程的加快，包括鱼类产品、水果和蔬菜、乳制品等加工产品迅速发展。波兰食品工业的发展、产品质量的提高以及上佳的口味均为波兰食品出口的健康发展提供了保障。

近年来，波兰国内大力发展食品加工业。波兰在食品加工和食品安全上享誉欧洲，向中方出口了包括牛奶和牛肉在内的优质波兰产食品，让远在东亚的中国民众，也可以随时品尝到欧洲高品质的农产品。

（7）波兰农业生产者协会联盟的强大力量，为农业发展做着不懈努力

该联盟有百年的历史，4 年换届一次，每月收取会费，协会靠会费维持，没有来自政府支持的部分，因此，完全可以充分代表生产者利益，可以为生产者争取到很好的法律权利和市场环境，其中的毛皮协会已经在中国上市。

波兰的农业生产者协会联盟，首先与农产品生产者建立了很好的利益共享机制，每月收取固定会费，在农产品销售后，生产者再支付一定比例的费用给联盟，形成了很好的利益共享机制。其次，波兰农产品生产者协会联盟，是在不同类型农产品协会基础上形成的包括各类协会在内的一个大联盟，对外谈判能力很强，因此，在保护生产者利益，对外贸易谈判方面拥有很强的力量，对波兰农业发展贡献了很大力量。

4. 5. 3　波兰主要农产品产量

主要农作物有小麦、黑麦、马铃薯、甜菜、油菜籽等，产量均居欧洲前十位。肉制品、奶制品、苹果、洋葱、卷心菜和菜花等果蔬产量居欧洲前列。波兰是欧洲最大的苹果生产国、第三大谷物生产国、第四大牛奶生产国，也是全球最大的冷冻水果、冷冻蔬菜和伞菌供应国。

（1）小麦、黑麦、马铃薯、甜菜、油菜籽是波兰主要的大田作物

从播种面积来看（图 4. 5. 4），2004—2016 年，小麦是波兰种植面积最大的作物，播种面积稳定中有波动，2016 年为 238. 41 万公顷。在这一年油菜籽的播种面积位居第二位，其次为黑麦、马铃薯和甜菜。从单产水平来看（图 4. 5. 5），甜菜和马铃薯单产水平有明显优势，2016 年，分别为 66 万吨/公顷和

28 万吨/公顷。其次为小麦，2016 年单产水平为 4.5 万吨/公顷。黑麦和油菜籽为 28 万吨/公顷。从总产量数据来看（图 4.5.6），甜菜产量水平最突出，其次为小麦和马铃薯，2016 年总产量分别为 1 352万吨、1 083万吨和 887 万吨。黑麦和油菜籽总产量约为 220 万吨。

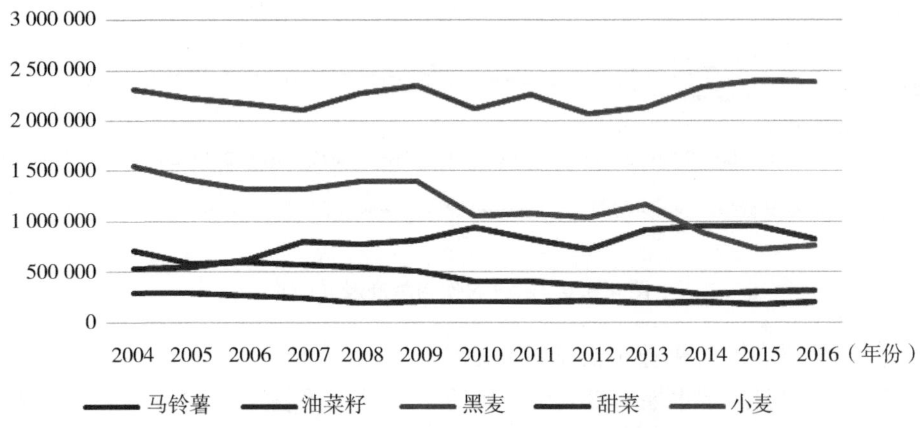

图 4.5.4 部分农作物收获面积（公顷）

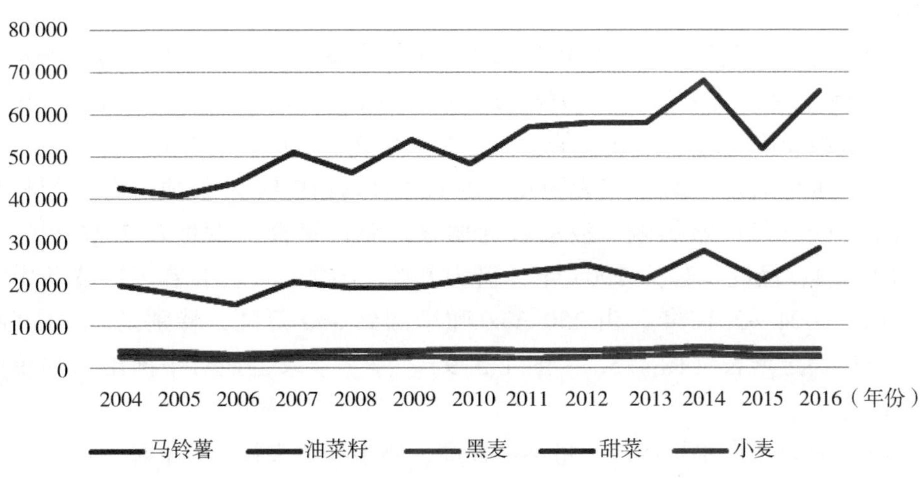

图 4.5.5 部分农作物单产（千克/公顷）

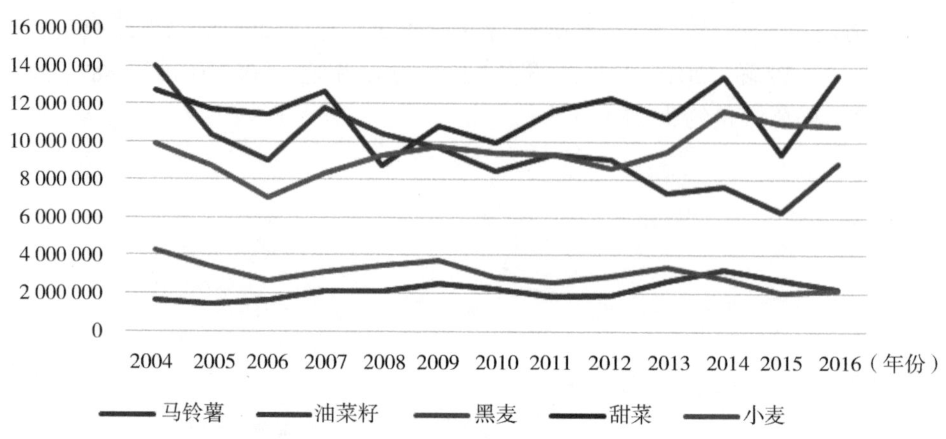

图 4.5.6　部分农作物总产量（吨）

（2）苹果在波兰果业中占据重要地位

波兰是欧洲温带水果的最大生产国之一。波兰果树最多的是苹果，苹果对波兰果业至关重要。波兰苹果产区春季气候干燥，夏季阳光充足、天气暖和，采收期间温度适宜，为生产优质苹果提供了优良的生态条件，相对于荷兰、比利时及法国等西欧国家的苹果，波兰的苹果在色泽和果型大小上均呈现出优势。

2013 年波兰苹果产量世界排名第四，人均产量排名第二。波兰每年人均消费水果 55 千克，其中苹果占 51%。近些年，波兰水果按人均产量计算，比意大利、法国和德国高 1.5~2.0 倍，尽管产量与这三个国家差不多。

波兰水果的种植面积较为稳定，2017 年保持在 18 万公顷。而单产和总产量由于受气候因素影响，波动较为明显。单产最高值发生在 2016 年，为 20 吨/公顷；最低年份为 2007 年，仅为 6 吨/公顷。波兰水果产量波动中有所增加，2004—2016 年，由 250 多万吨增加到 360 万吨，特别是从 2010 年开始持续稳定增长（图 4.5.7~图 4.5.9）。波兰苹果也是对中国出口的重要农产品之一。

（3）鲜奶单产水平和总产量不断提高，奶牛养殖头数不断下降

如图 4.5.10 所示，波兰奶牛养殖头数不断下降，2004—2018 年从 278 万头下降到 215 万头。但是单产和总产水平却不断提升，单产水平 4 吨/头上升到 6 吨/头，总产量由 1 182万吨上升到 1 324万吨。

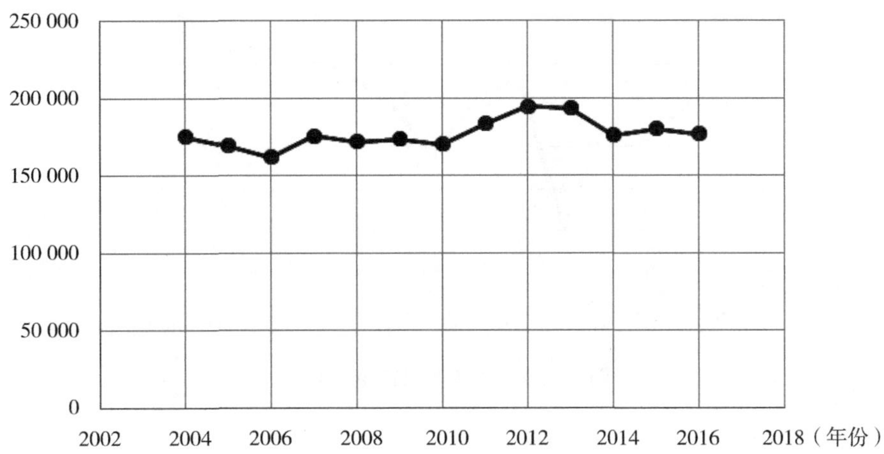

图 4.5.7 苹果收获面积（公顷）

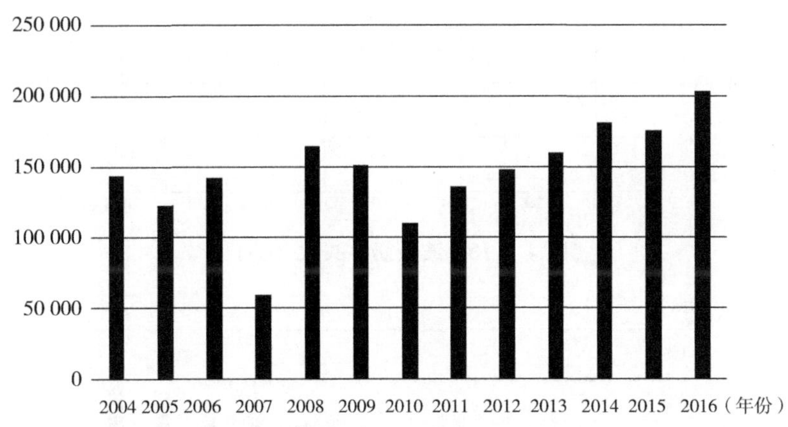

图 4.5.8 波兰苹果单产

波兰是欧盟第四大乳制品生产国，但乳制品产量却在不断减少。波兰是欧盟第四大乳制品生产国，约占世界产量的 2%。2004—2014 年，奶制品产量不断下降，由 2004 年的 483 万吨下降到 2014 年的 428 万吨。最低点发生在 2011 年，为 420 万吨；最高值产生在 2005 年，为 498 万吨。其中，液态奶和奶粉是波兰拟向中国出口的重要农产品，特别是波兰当前奶粉库存充足，急需向中国出口（图 4.5.9~图 4.5.14）。

图 4.5.9　波兰苹果产量（吨）

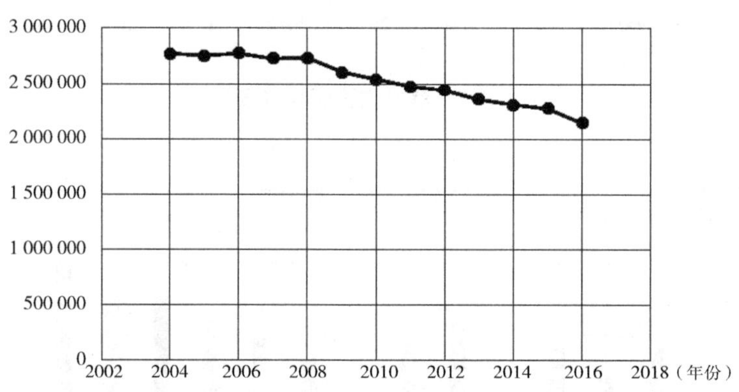

图 4.5.10　波兰奶牛头数（头）

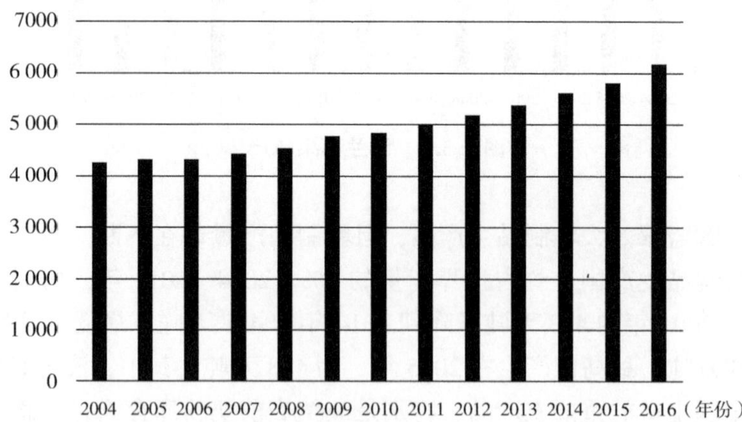

图 4.5.11　波兰单头产奶量（千克/头）

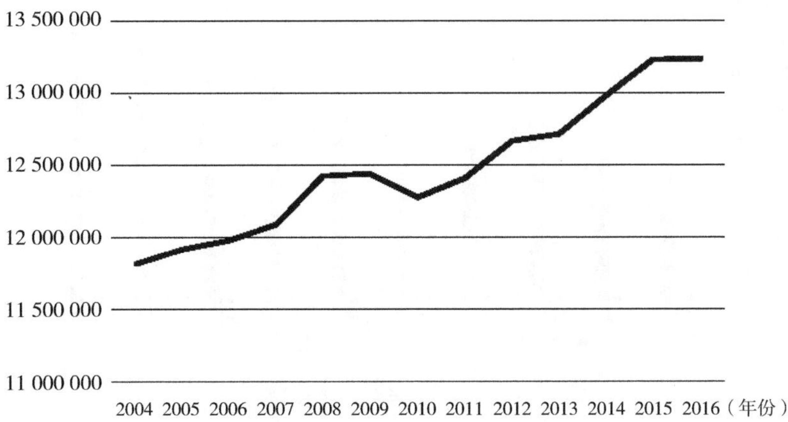

图 4.5.12 波兰鲜奶产量（吨）

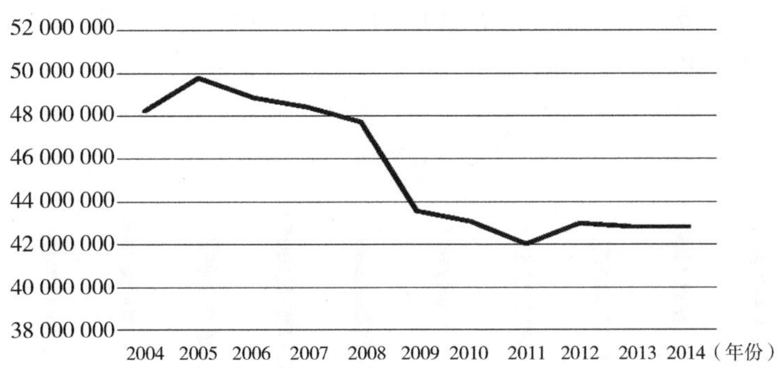

图 4.5.13 波兰奶制品产量（吨）

注：奶制品由 Milk，skimmedcow；Milk，skimmeddried；Milk，wholedried；Milk，wholeevaporated 数据加总.

数据来源：FAO（所报告的数据到 2014 年）.

（4）猪肉产量持续下降，禽肉产出水平提高

2004 年以来，波兰的猪养殖头数持续下降，2016 年为 1776 万头；与之对应的猪肉产量也不断下降，由 2004 年的 195 万吨下降到 2013 年的 153 万吨；单产水平为 85 千克左右，较为稳定。调研发现，波兰希望中国从对波兰猪口蹄疫的担忧中走出来，增加对其猪肉的进口量。波兰家禽养殖数量自 2004 年以来不断增加，2013 年达到 8.4 亿羽，约为 2004 年的 2 倍；单产较为稳定，每羽在 15 千克左右；禽肉总产量不断上升，由 2004 年的 75 万吨增加到 2013

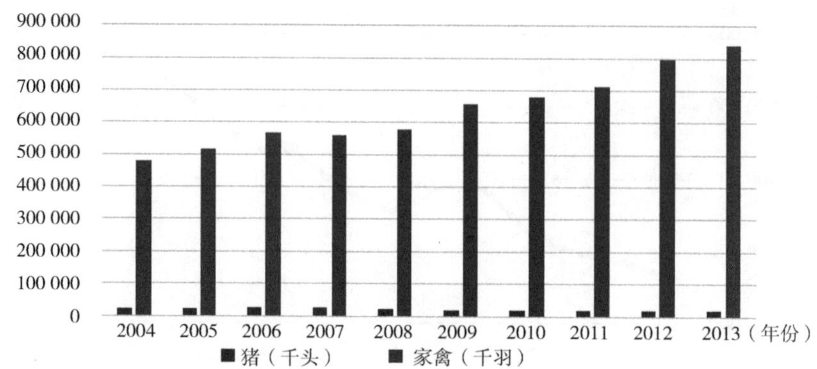

图 4.5.14 猪禽养殖头数

注：家禽为鸡鸭鹅数据加总.

数据来源：FAO（最新数据为 2013 年数据）.

年的 156 万吨，增长了一倍多。据团队对波兰的调研显示，禽肉也是急需向中国出口的农产品之一。

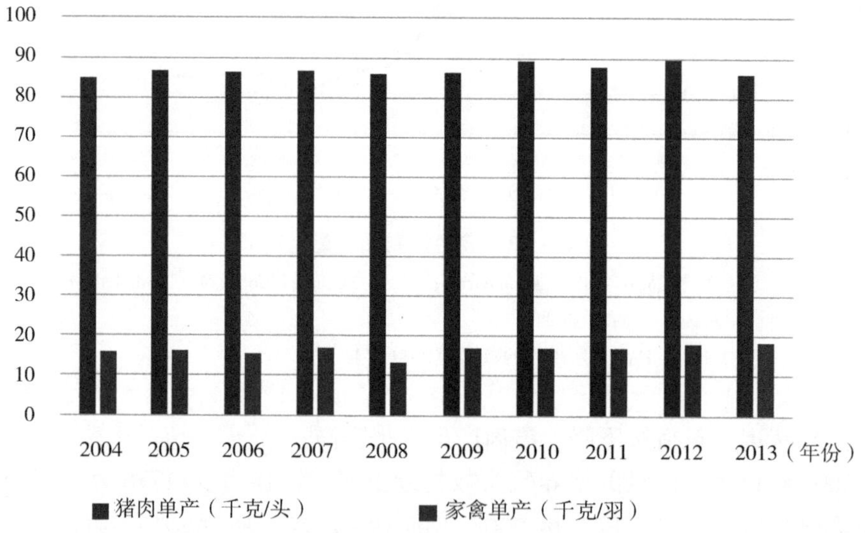

图 4.5.15 猪禽肉单产

注：家禽单产为鸡鸭鹅总产量除以鸡鸭鹅养殖数量所得.

数据来源：FAO（最新数据为 2013 年数据）.

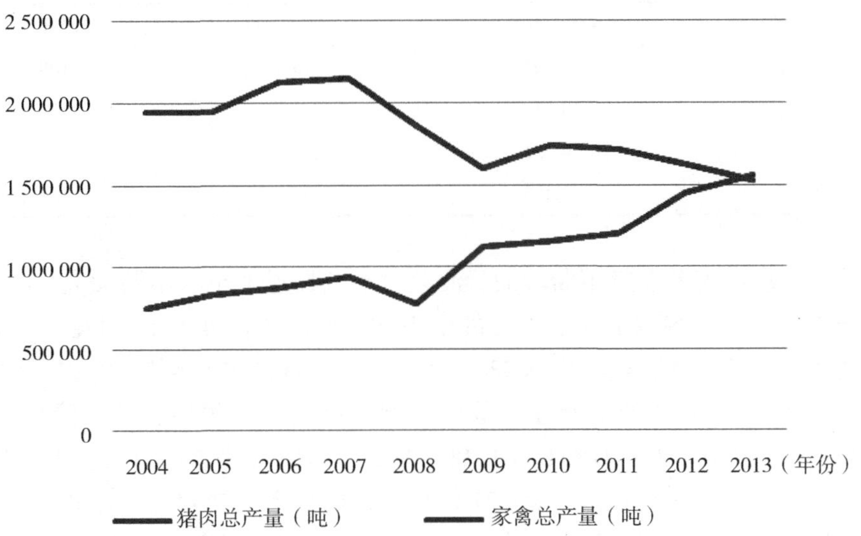

图 4.5.16 猪禽肉总产量

注：家禽为鸡鸭鹅数据加总.

数据来源：FAO（最新数据为 2013 年数据）.

4.5.4 中波双边农产品贸易合作关系不断加强

（1）双边经贸关系概况

第一，系列合作协议促使双边经贸关系日益紧密。2004 年 6 月，中国和波兰政府签署了《中华人民共和国政府和波兰共和国政府经济合作协定》，使中波贸易发展增长更加迅猛。随着中波两国高层频繁交往，波兰成为中东欧地区首个与中国建成战略伙伴关系的国家。2011 年、2015 年波兰两任总统访华，2012 年温家宝总理访波，中国——中东欧领导人首次会晤在华沙举行，开启了中国——中东欧 1+16 合作机制，中波两国关系不断升温，为经贸合作营造了良好氛围。习近平总书记提出的“一带一路”倡议，使双边经贸合作不断增强，中国企业对波兰开展投资合作踊跃。

第二，中国是波兰第二大进口来源地。从双边贸易来看，中国也是波兰第二大进口来源地，2017 年前三个月波兰从中国进口了 4 371 百万美元的商品，仅次于德国的 14 417 百万美元（见表 4.5.1）。

表 4.5.1　2017 年 1—3 月波兰自主要贸易伙伴国进口额

国家和地区	金额（百万美元）	同比（%）	占比（%）
总值	52 427	10.3	100
德国	14 417	7.6	27.5
中国	4 371	16.5	8.3
俄罗斯	3 452	35.3	6.6

第三，中波贸易总额不断增加，波兰对华贸易逆差也在不断加大。波兰是首个与中国贸易额突破 100 亿美元的中东欧国家。由图 4.5.17 可见，2004 年后双边贸易增长迅速，贸易额从 23.31 亿美元增加到 2016 年的 176.32 亿美元。其中仅 2009 年，受全球金融经济危机影响，双边贸易额出现了下降的情况，降为 90.67 亿美元。UNCOMTRADE 数据显示，2016 年中方出口波兰 150.94 亿美元，同比增长 5.22%，进口 25.37 亿美元，同比下降 7.45%。与此同时，波兰对华贸易逆差也在不断加大，由 2004 年的 14 亿美元增加到 2016 年的 126 亿美元，其中 2009 年贸易逆差出现了减少，逆差额为 61 亿美元。

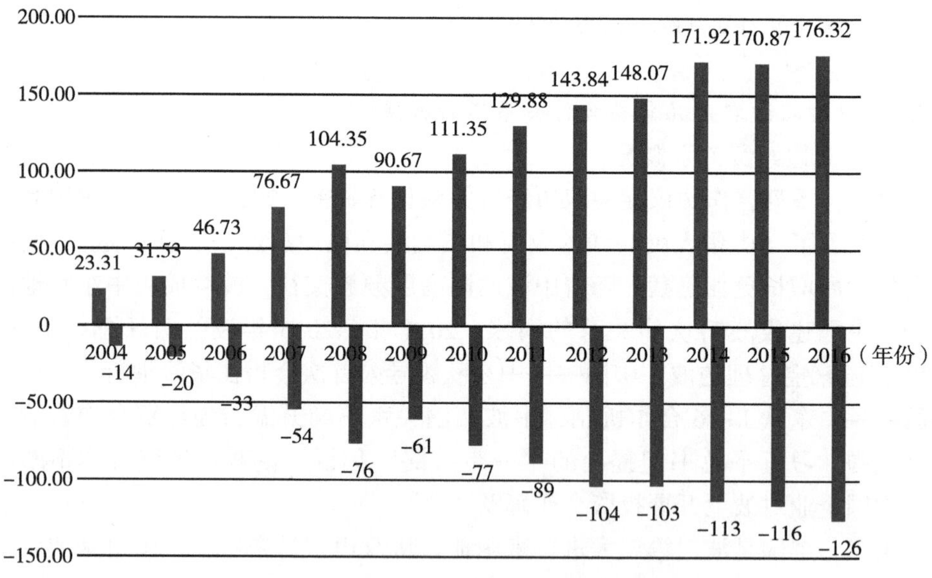

图 4.5.17　中波双边贸易总额及贸易逆差（亿美元）

数据来源：根据 uncomtrade 数据加总绘制.

中国向波兰出口前五大商品类别为：机械器具、纺织制品、光学仪器、金属制品、化工产品。中国自波兰进口前五大商品类别为：铜及铜制品、机械器具、运输设备、塑料橡胶及其制品、化工产品。

（2）双边农产品贸易情况

第一，波兰是中国在中东欧地区最大的农产品贸易伙伴。波兰作为中东欧的农业大国，农业资源丰富，农业科研水平较高，既是我“丝绸之路经济带”沿线重要支点合作国家，也是农业科技、农产品贸易和投资的重要合作伙伴。近年来两国农业部通过中波农业合作工作组及中国与中东欧国家农业经贸论坛等双、多边合作机制，在农业科技、畜牧兽医、农产品质量安全、农产品贸易等领域开展了富有成效的合作。自 2005 年以来波兰是中国在中东欧地区最大的农产品贸易伙伴。

第二，双边农产品贸易额不断增加，波兰处于贸易逆差状态。通过图 4. 5. 18 可见，2004 年波兰加入欧盟。使波兰农产品及食品贸易与欧盟的依存关系进一步加强，这是 2004—2005 年中国对波兰农产品出口减少的原因之一。整体上看，2004 年—2016 年，中波农产品贸易总额不断提升，2016 年为 3. 16 亿美元，是 2004 年的约 2 倍。波兰对中国的农产品贸易无论进口还是出口都有较大幅度的增加，但是依然处于逆差状态，2016 年逆差额接近 1 亿美元。

4. 5. 5 当前波兰对中国农产品贸易的重点产品——苹果、奶制品、猪肉和禽肉（图 4. 5. 18）

通过团队对波兰农业部的调研发现，波兰方很了解中国历史上的丝绸之路，而且对现在的“一带一路”很感兴趣，他们认为“一带一路”为提升波中双边贸易、拓展农业领域合作提供了机遇，中欧班列为推动两国经贸合作提供了新动力。希望以后能有更多的中欧班列经过波兰返回中国，波兰希望优先出口到中国的产品主要有苹果、奶制品（特别是奶粉）、猪肉和禽肉。

（1）苹果

调研显示，波兰苹果栽培在欧洲空气新鲜且日照充足的地区，具有独一无二、新鲜美味的特点。波兰苹果符合严格的欧盟生产流程所控制的规范、标准。因此，波兰苹果外表好看，闻着清香，吃着爽口，是波兰的骄傲。目前，在中国的波兰农产品展示会上，苹果以优异的表现已经吸引了中国消费者的青睐。波兰希望中国能加快审批波兰苹果的进口申请，同时波兰方面正在努力完善中欧班列上的能够满足果蔬运输的配套设施。

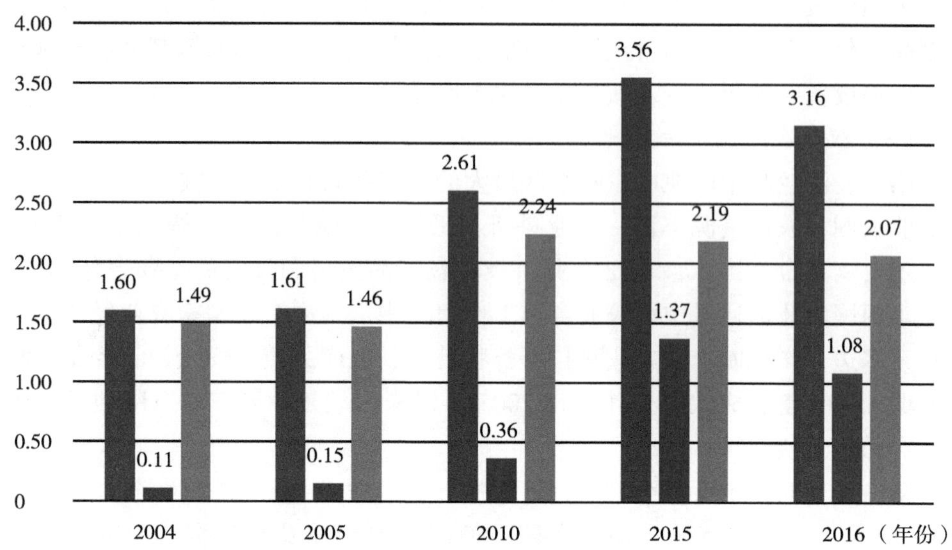

图 4.5.18　中波双边农产品贸易额

注：农产品贸易数据由 HS01-HS24 加总所得.

数据来源：根据 uncomtrade 数据加总绘制.

但是波兰方面也指出，苹果出口的数量要取决于当年的气候条件，如果遇到霜冻天气，产量减少（如 2017 年），则必须在满足本国人民需求的情况下，剩余的数量才考虑出口，也就是说，可以用于出口的数量也相应减少。

（2）猪肉

尽管食品安全和高品质是波兰的优势，前几年波兰发生的猪瘟事件使其暂停了对中国猪肉出口。波兰希望中国将对波兰分区域对待，从没有发生过猪瘟的地区进口猪肉，增加对波兰猪肉进口的力度。

中国也高度重视进口肉类的质量，仅 2016 年 10 月，就有两个中国食品安全方面的代表团访问波兰，直接参与出口肉类检疫检验。

（3）乳制品

尽管中国多个乳品企业的多款产品在国际乳制品质量评比中获奖，或通过国际权威机构的认证，但国产乳品的质量问题依旧让老百姓怀疑。同时中国现代奶业发展滞后，企业生产成本越来越高。加上欧洲牛奶市场已经饱和，中国确实一个巨大的奶制品消费市场。在这一背景下，波兰依靠奶制品质量有保证和中欧班列的便利，可以让更多的中国消费者品尝到波兰的奶制品。

波兰拥有最现代化的乳制品生产线，能生产出符合世界最严苛标准的产品。目前出口到中国的牛奶约占波兰牛奶总产量的3%，他们期待这一比例会进一步提高。据预测中国乳制品消费总量到2020年可以达到6 000万吨，届时波兰乳制品的补给将有效填补中国市场供给的空缺。

根据调研访谈，波兰目前有充足的奶粉储备，希望能尽快出口到中国。对于中国市场消费者较为青睐的婴幼儿配方奶粉，波兰方没有生产好的婴儿奶粉可供出口，但是他们有充足的可供生产婴幼儿奶粉的原材料可供出口，或者满足中国投资企业在波兰设厂生产的需要。

（4）禽肉

2007年12月1日，波兰马夫舍生（Mazowieckie）发生2起H5N1型高致病性禽流感。为防止禽流感传入中国。保护畜牧业安全，依据《中华人民共和国进出境动植物检疫法》等有关法律法规的规定，农业部会同国家质检总局发布公告，禁止从波兰直接或间接输入禽类及其产品。

调研结果表明，目前波兰禽肉库存较多，急需出口。波兰作为欧盟成员国，实施的是全世界最严格的禽肉生产标准法规之一，希望能够尽快打开中国市场。但是根据中国消费者的禽肉消费习惯，波兰可以出口的空间相对于苹果、猪肉和乳制品而言，空间较小。

4.5.6 政策建议

（1）中国应当将波兰作为“一带一路”农业合作的重点区域，共同建设农产品贸易合作平台

“一带一路”倡议可以带动沿线国家的经济发展，借助中欧铁路货运通道将波兰和欧洲产品运往中国，有助于平衡双边贸易结构，实现互利共赢。

波兰国民教育程度较高，其经济发展水平在中东欧国家中具有领先地位，是进入欧洲市场的门户，在欧盟内部的政治地位和话语权逐步提升。波兰是“一带一路”倡议实施上的重要一环，也是首个加入亚投行的中东欧国家，自2013年以来，中波开通了两条直达铁路线路：一条由成都到罗兹；另一条由苏州到华沙。另外，格但斯克港也是波罗的海唯一一个可以靠泊巨型远洋集装箱船舶的码头，为双方农产品贸易提供了便利的运输条件。

波兰与中国在“一带一路”倡议上的成功合作将会对“一带一路”沿线其他中东欧国家产生良好的示范作用。因此，中国要充分利用“一带一路”所带来的政策红利，与波兰建成一条通畅的贸易之路，使中国的产品可以更为顺

畅地到达波兰甚至西欧市场，把包括波兰在内的中东欧贸易变成双边贸易增长的亮点。中国应当将波兰作为“一带一路”农业合作的重点区域，依托双方农产品优势，共同建设农产品贸易合作平台。

（2）中国企业到波兰建厂再出口到国内的方式比较适合奶粉行业

到波兰建立婴幼儿奶粉生产企业，再将乳制品出口中国是较好的双边贸易方式。波兰目前有着充分的生产婴幼儿奶粉的原材料，但是并没有产出过剩的婴幼儿奶粉用来出口，中国对奶制品特别是婴幼儿奶粉的市场需求量较大，而波兰拥有丰富和优质的奶粉原材料资料，如果中国企业进口婴幼儿奶粉原材料进行加工生产，生产出的产品可能依然得不到国人的信任，如果在波兰建厂，产品质量符合欧盟标准，再出口的中国市场，可能会是很好的农产品双边贸易方式。

（3）中国也应当提升产品品质，扩大对波兰农产品出口

首先，要了解波兰国民的消费习惯，准确定位产品。中国的肠衣、海产品、菠菜、水果、坚果等出口都很受欢迎。其次，调整对波兰产品出口的竞争策略，规避欧盟对中国出口产品的“双反”调查。由于波兰加入欧盟后很多贸易政策措施和准则都执行欧盟标准，所以中国在向波兰出口农产品时应避免使用单一的价格竞争手段，而应注重产品差异化、质量优质化等方面，尽可能避免欧盟的“双反”调查。同时还要兼顾与欧盟不同的一些农产品方面的法律法规，以确保出口的农产品符合波兰法规要求。最后，提升产品质量。波兰加入欧盟后，对农产品进口的质量卫生等方面要求也与欧盟趋于一致，这就对中国农产品出口质量提出了更高的要求，采用新品种、新技术，推行良好的生产规范，加强关键点控制等质量管理模式，推进农产品的标准化生产，成为出口产品质量提升的关键。

4.6 印度

4.6.1 印度农业科技取得的成绩

印度独立后，特别是20世纪60年代中期以后，印度农业科技有了较大的进步。具体表现在如下方面。

（1）培育和推广高产优良品种

农作物品种对作物产量关系极大。20世纪60年代初期，印度就从墨西哥引进优良小麦品种，在印度各种气候条件下进行培育，从而培育出适合印度种植的优良小麦品种，并选定自然条件较好的旁遮普邦、哈里亚纳邦及北方邦西

部等地区播种良种小麦。在取得良好成效后，迅速扩大其种植面积。1966—1967 年度其播种面积仅为 200 万公顷，1980—1981 年度就增为4 470万公顷。在培育和种植良种小麦的同时，印度还培育出良种水稻、良种玉米等，并逐渐推广。近年来，印度又培育出转基因作物品种，并已开始试种。同时，印度还从国外引进优良畜种和鱼种，经过培育并逐渐在印度推广。值得一提的是，印度利用本地丰富的水牛资源，培育出以青草为饲料的奶牛。

（2）增加化肥和农药的施用

优良作物品种的高产需要有化肥和农药等的密切配合。为提高农作物的产量，独立后特别是 60 年代中期以后，印度不断增加化肥的施用。1960—1961 年度印度化肥消费量为 29.2 万吨，1970—1971 年度增加为 217.7 万吨，1980—1981 年度达到 551.6 万吨，1998—1999 年度更增加为1 617.1万吨。印度对氮肥的施用量 1965—1966 年度仅 60 万吨，1981—1982 年度增加为 410 万吨，16 年间增加近 6 倍。20 世纪 50 年代，印度氮肥施用量年均增长 14%，60 年代年均增长提高到 24%，70 年代年均增长更提高到 132%。同时，为提高农作物产量，印度还不断增加农药及除草剂等的施用，加强对农作物的保护。1967—1968 年度，印度受到保护的农作物面积仅 640 万公顷，1977—1978 年度增加为 7500 万公顷，10 年间增加了 11 倍。

（3）扩大灌溉面积，改进灌溉方法

灌溉极大影响着农业新技术的使用及其效果。为了充分发挥农业新技术的作用，印度大兴水利，除修筑大型综合水利工程外，还修建中小水库、池塘、管井等水利基础设施，从而有力地促进了灌溉面积的扩大。水稻、小麦、玉米、豆类、杂粮及甘蔗、棉花和油菜等农作物的灌溉面积从 1970—1971 年度的3 380万公顷增加到 1980—1981 年度的4 430万公顷，1990—1991 年度达到5 620万公顷，1995—1996 年度预计增加到6 390万公顷。特别提出的是，印度在扩大灌溉面积的同时，也不断改进灌溉方法。长期以来，印度农业中普遍采用的耗水量极大的水漫灌法。随着工农业及人们生活用水的急剧增加，印度水资源逐渐出现短缺，其逐渐采用并不断推广喷灌和滴灌等节水灌溉方法。

（4）不断提高农业机械化水平

现代农业机械化不仅能够体现农业新技术的发展水平，还能够促进其他农业新技术的推广使用为，印度注意不断提高农业机械化水平，逐渐推广拖拉机、抽水机、收割机等的使用，以增加农业新技术的使用。1965—1966 年，印度农业中使用的电动抽水机和柴油抽水机仅50万台，1978年增加到390万台，增加6倍多。1960—1961年，印度农业中使用的拖拉机仅3.1万辆，1978年增加到40万辆，增加12倍多。播种机、除草机、联合收割机等的使用也有大幅度增加。

近年来，一些农作物生长剂，如人工根瘤菌和耐旱化肥等，也逐渐在印度农业中使用。一些新的农作物种植方法及保护方法也在印度农业中逐渐推广。综上所述，印度独立后，特别是20世纪60年代以后，印度农业科技有了很大进步。

4.6.2 印度农业科技创新的重点方向

印度农业科技创新的使命是处理好农业、食物和自然资源以及所有与初级生产、加工、包装和储存相关的产业链各环节的关系。随着对跨学科研究需求的日益增长，农业创新需要逾越学科间的界限，促进学科间的交叉融合。未来的农业研究要更加注重强调粮食安全和农业技术，缓解气候变化带来的影响，适应低碳和节水政策，来缓解生物对气候变化产生的反应。综合来看，印度农业科技发展主要突出在通过生物技术提高农产品产量，推进可持续集约化生产，提升农业机械化水平，发展农产品加工业，提高农民收入，加强能源的开发与管理等方面。

（1）加强基因改造，提高作物、家畜和水产品产量

提高农业产量是保障世界粮食安全的重大使命。在多种生物和非生物胁迫压力下，加强基因改造被认为是弥补供需鸿沟的最佳选择。多年来，生物技术改良了作物的遗传性状，增强了对天然杂草和病虫害的抗性，提高了土壤生产力。虽然转基因生物（GMOs）可以解决耐盐、抗旱等诸多难题，但这种方法并不是最佳选择，常常引发了消费者的担忧与质疑，并带来生态环境破坏，扩大贫富差距。未来的重点是发展绿色生物技术（关心植物及其生长）和白色生物技术（主要集中于利用生物有机体来生产物品）。目前，植物科学界开展的一些重要研究，包括：借助生物（基因组学、蛋白质组学、代谢组学等）、纳米、经济和地理空间的方法提高生产率和对环境变化的适应性；基于深度测序的、收益好的快速诊断工具在DNA指纹识别、知识产权保护、转基因检测以及植物分类鉴定中的重要作用；高光谱遥感技术在物种划分中的DNA条码指示作用；植物基因组中编码区和非编码区的结构和功能的多样性；害虫（包括昆虫、真菌、细菌、病毒、线虫）分布监测和杂草检疫的数字化；提高谷物、水果和蔬菜的品质，延长保质期。畜牧和渔业进行的前沿领域研究着重致力于

有效提高系统的效率，重要研究包括干细胞、药物动力学和营养基因组学、小干扰 RNA 技术、转基因动物、蛋白质组学分析、生物传感器、纳米靶向药物、体外受精—胚胎移植等。此外，还重点开展一些调查研究，包括利用表型基因组型、基因组学和生物信息学工具改良家畜遗传性状；繁殖转基因动物，生产特制的牛奶和肉，满足特定的需求；了解家畜品种的遗传抗性基础，通过抗病基因的 DNA 标记和诊断特定基因型标记来评价易感和耐药表型；利用纳米技术促进动物体对营养物质的高效利用；加强生物安全管理。鱼和甲壳类动物的细胞遗传学和基因毒性；具有治疗和工业意义的生物分子提取和鉴定等。其他行业的前沿领域研究包括：鉴定水生细菌生物的生物合成基因簇，促进新型生物活性物质的生产，以及再生医学、生物微机电系统、芯片药库、植入式身体调节器、基因预防医学和生物电子学。

(2) 推进可持续集约化生产，提高生产力

可持续集约化农业有两层含义：一是确保主要粮食生产的安全性，二是保护自然资源基础。因此，它理所当然地成为未来农业研究和发展议程的核心。可持续集约化技术和实践是特定环境的产物，只有在水资源充足时选择集约化才是有意义的。这方面需要研究的问题包括：①世界可恢复地理空间的国家对土地、水、植物、动物、鱼、微生物资源信息系统资源的本底调查与规划。②理解加强生态农业的重要性，运用新兴技术发展低投入、低碳技术，增强驯化作物、家畜、水产养殖对生物和非生物胁迫的适应性。③集聚水、营养、能源和知识智能技术，包括设施农业和精准农业，提高土地生产力。④利用新型肥料配方和输送系统来提高养分利用效率及农作物、家畜、鱼和森林系统间的整合，提高经济效益、降低负面影响。⑤废物管理系统。从家庭和工业废水中提取营养素，生产生物肥和疾病控制的微生物菌剂，以及提高废物回收利用来提高土壤有机质和土壤健康状况。⑥创新有机农业，充分利用日益增长的有机食品市场，在贫瘠的土地和丘陵地区实行低投入农业实践。同时，印度将采取综合措施解决畜牧饲料、保健和管理问题，确保动物领域的集约化生产。随着畜牧业的发展，潜在的新病原体出现的可能性加大，并可能在世界范围内的动物和人类之间传播。因此，开发新的疫苗、疾病诊断产品和工具，收集必要的流行病学信息，方可有效保障动物健康。此外，畜牧生产管理制度的创新也将会促进集约化生产力的提高。

(3) 提升农业机械化水平，提高生产力

农业机械化的最终目标是通过输入应用提高操作时效性和精确度，从而实

现操作自动化，节省劳动力，节约能源，降低生产成本，提高整体生产力。配备有作物和生物信息学的智能传感和监控系统是一种创新，印度亟待开发机械化、大型精准化的绿色渔船养殖，之后关键还要做好物流、大规模加工及供应链管理。在不同阶段会有不同的地理信息系统和自动化相联系的信息技术，通过可以遥感控制的车辆和机械系统，不断优化生产体系和农场工场所。预计能够现场收集、存储和传输有关作物、农田和农用机械的信息系统有望在第四个十年计划结束时出炉。

（4）发展农产品加工业，提高食品价值和安全性及农民收入

印度是世界主要水果、蔬菜、牛奶、肉类和鱼类生产国，但这些农产品极易腐烂。由于供应链的加工水平较低，因此这些商品主要以高损耗、无组织的形式存在。开发新工具、方法和技术将为提高粮食安全水平提供创新突破，也可以使农业企业提高 2~4 级加工水平，增加收入。同时，随着国际贸易的发展，印度农产品出口面临新的机遇，迫切需要及时开展针对农产品（特别是园艺作物、奶制品、家畜和鱼）深加工的多学科、多利益相关方的研究，恰当地处理与动植物卫生措施相关的问题。未来研究的重要领域是对收获过程和收获后产品的生命周期评价（LCA）。随着对价值链和市场组织性的加强，以及对深加工食品需求的日益增长，农产品加工重点将逐步从初级加工和二级加工转向更高级的加工水平。为此，创新研究需要重点关注的问题包括：①建立适用于促进作物加工的理想属性文档库。②建立适用于从农场到零售商产品运输的智能冷链系统。③通过生物传感器自动控制存储条件。④采用生物传感器、纳米生物传感器和分子标记等技术快速检测食品掺假，真菌和细菌毒素，以及其他污染物。⑤应用机器人技术、人工神经网络、营养基因组学、无损/在线测试技术、超临界流体萃取技术等生产高附加值的产品。⑥与转基因食品和纳米技术相关的伦理和安全问题。⑦开发以纳米技术为基础的包装用生物聚合材料和结构生物复合材料。

（5）加强能源的开发与管理

能源是经济增长的核心，鉴于化石燃料的日益减少和不可再生性，通过光合作用生长的植物成为一种可再生能源。因此，生物质燃料似乎是解决能源短缺问题的途径之一，但关键是如何开发更有效的生物质燃料。农业燃料资源包括动物粪便和农作物秸秆，主要来自谷物及油料作物种子。印度的生物质燃料大部分来源于非粮食作物和含有木质纤维素的废弃物。因此，利用木质纤维素废弃物开发不同性能的工程用植物是当务之急。太阳能研究者则期望提高太阳

能捕获效率，从而获得无污染的能源并降低生产成本。未来，分散的太阳能发电将广泛应用于农业生产，如抽水、干燥粮食、风干水果、冷藏牛奶等，这也将吸引更多的财政投入。

（6）创新农业研究的计算举措

农业研究正在趋于高度定量计算，因此，在农业基因组学、蛋白质组学、地理信息科学和气候变化等领域，高性能计算（HPC）正成为大数据处理的需求。印度因此建立了国家农业综合资源信息系统（INARIS）及农业研究和技术知识管理系统（KMART）。但是，随着对国家农业生物信息学（NABG）需求的增长，必将开发更高级别的超级计算软件。

4.6.3 印度农业科技优先支持领域的趋势

“十二五”计划（2012—2016 年）期间在资源开发利用与管理技术方面，印度提出国家层面的“示范综合养殖系统”以及国家倡议的三个研究平台，即“气候变化适应性农业”“保护性农业”“农业固体废物管理”。至 2020 年，印度农业技术研究将继续以可持续发展为目标，把重点放在确保利益相关者获得更高回报的创新技术上来，并且将优先支持以下农业科技领域发展：①精准农业、保护性农业、山地农业的机械化和园艺及其他经济作物的机械化；②通过使用与电源配套的农业机械提高机械化作业的能源使用效率；③发展定制农业机械的科技企业；④在全国不同地区成立以需要为基础的“农机推广中心”，为促进本地设备制造和为企业的人力资源开发起到孵化的作用；⑤对可再生能源和农产品中的副产品和残余产品的创新利用；⑥利用农业残留物的生物甲烷化和气化实现分解发电；⑦通过加工和产品增值减少采后损失并且提高生产效率；⑧从农业和园艺作物、渔业、畜牧业部门利用主要商品和副产品生产开发其产品潜力，比如生产壳聚糖、果胶、维生素、保健品等；⑨其他领域：如基于传统农产品的保健食品的开发，在生产过程中建立基于价值链的农产品加工中心，为加工食品的质量检测设立检测设备和实验室。

4.6.4 印度农业科技政策对我国的启示

（1）深化农业科技体制改革，发挥政府的主导地位

我国和印度都是农业大国，具有以家庭农户为单位，生产效益低的共同特点，因此要充分发挥农业科技服务的重要作用。我国在深化农业科技体制改革时，要认识到科技服务机构的公益性，在财政方面加大对其的支持，鼓励和支持高等院校、企业等组织以各种形式参与到科技服务中来，调动服务机构的主动性，提高科技服务队伍的素质，从而更好地发展“科技兴农”，致力于农民

脱贫致富。

（2）加强农业科研、教育和推广的结合，实现各环节的连接

我国农业科研、教育与生产之间的脱节问题较为突出，科研成果无法在农业生产中得到实践，从而生产服务能力大大降低。因此，要从体制上解决农业科研、教育和推广机构分散管理的问题，明确各级农业科研、教育和推广机构由同级农业主管部门统一领导。同时要完善对农业科技机构的考评和奖励机制，使研究和教育机构与农业生产紧密结合，促进科技成果转化与落实生产。

（3）优化农业科技服务推广形式，加大科技宣传力度

目前，我国的农业科技推广形式较为单一，在互联网和大数据迅速发展的背景下，充分利用电视、网络、广播等传播手段的高覆盖优势，方便快捷地向农民、农村干部、农业技术推广人员提供和宣传全面的农业科技服务。

4.7 摩洛哥

摩洛哥地处非洲大陆西北端，东部及东南部与阿尔及利亚接壤，南部为西撒哈拉，西濒大西洋，北临地中海，隔直布罗陀海峡与西班牙相望，海岸线长达1 700多公里，是连接欧洲、中东和非洲的枢纽。国土面积 45.9 万平方千米（不包括西撒哈拉 26.6 万平方千米），全国划分为 12 个大区，49 个省和 13 个省级市、1 503个市镇。

4.7.1 摩洛哥资源状况

该国气候多样，西、北部为地中海气候，东、南部为热带沙漠气候。夏季炎热干燥，冬季温和湿润。据统计，该国可耕地 895 万公顷，草地和牧场2 000万公顷。全国降雨量在 200~600 毫米，总量分布不均，由北向南、由沿海向内陆逐渐减少，大体分为干旱、半干旱和湿润三个类型，以半干旱、干旱为主，淡水资源稀缺，丘陵山区温差大，光照时间长、强度大，但遮阴处凉爽，气候宜人，享有“北非花园”之美誉。

摩洛哥矿产资源丰富，其中磷酸盐储量巨大，占世界已探储量的 75%，是世界磷酸盐出口第一大国；渔业资源丰富，是非洲第一大产鱼国，沙丁鱼出口量居世界首位。基础设施条件较好，沿海港口多达 30 多个，公路网通达，交通便利，与欧洲 32 个城市、非洲 34 个城市和中东 6 个城市直航。经济增长较快，近 5 年来年均经济增速 4.9%，经济总量在非洲总排名第五，2017 年全国总人口3 533万人，人均 GDP 为3 075美元。劳动人口素质较高，该国视教育为国家发展的根基，全面普及教育，从小学到大学均实行免费教育，拥有超过

300 所国立和私立高等院校。全国人口城市化率达 60%，城乡居民家庭通自来水率、通电率分别达到 95%、98%。

4.7.2　摩洛哥农业特点

农业在摩洛哥经济发展中占有重要地位。2016 年，该国农业增加值占其 GDP 的份额为 12%，全国 42%的劳动人口在农业产业（种植业、畜牧业、渔业）中就业，柑橘、橄榄油等农产品出口约占该国出口收入的三分之一，粮食总产量 340 万吨，估计 2017 年粮食总产可达 500 万吨，但国内粮食生产不能自给，主要从俄罗斯、欧盟、加拿大、美国等国进口食品以满足国内食物需求。该国农业生产及食物消费和农业科技发展有以下特点。

（1）致力于解决干旱缺水问题

摩洛哥为解决干旱缺水问题，因地制宜鼓励社会各方，投资兴建农田水利及灌溉系统，提高农业产出。目前该国总灌溉面积已达到 166.4 万公顷，其中永久灌溉地为 136.4 万公顷，季节性灌溉为 30 万公顷。根据权属关系其灌溉系统包括三类：一是大型灌溉系统，灌区面积 88 万公顷，为政府所有，有水库、堤坝及干渠、支渠、斗渠等分水渠，均为政府投资建设并运营，农民需向政府管理部门支付水费。到贝垦和马拉喀什考察的灌溉系统就是这一类型。二是中小型灌溉系统，灌区面积 48.4 万公顷，由农民协会等组织所有。无水库、堤坝，均为引河水灌溉，政府提供分水口并建设支渠，为农民提供培训农民无须支付水费，由农民协会负责管道维修、水资源分配和水费收取，水费主要用于设施维护。三是私人灌溉系统，由政府授权，为农民所有。如农民挖井抽取地下水或从河道引水灌溉等，政府为农民建引水设施提供补贴，农民无须支付水费。农业部在全国 9 个大区中设有地区农业发展办公室，负责水资源调配管理、水利设施建设、农民协会管理及农业补贴发放等，在大区内的省、市、社区还设有其分支机构。据介绍，灌溉到农场田间的水费为每吨 0.45 迪拉姆（1 人民币元等于 1.46 迪拉姆）。由于从水库到田间需经上百公里的渠系及梯级传输，在滴灌前还建有不同流量的过滤站点，对灌溉水中的泥沙进行过滤、清洁再利用，灌溉水过滤站点的电费为每度 6 迪拉姆。

（2）灌溉水利用以市场为导向

摩洛哥实行灌溉的耕地主要种植高收益作物，以实现水资源价值的最大化。摩洛哥农业生产类型多样，主要是投入很少的传统型雨养农业和高产出的灌溉农业两大类型。谷物等大田作物以及天然草场，均为雨养农业、雨养牧业，农牧业生产靠天收成，其年度间产量水平因气候波动起伏较大。由于地处干旱半干旱地区，该国水资源极为宝贵有限，灌溉水利用程度高，无论是大田经济林果还是设施园艺，都装置有经济实用的滴灌系统，按需灌溉。据介绍，灌溉耕地包括两种类型，一为规模化种植的经济林果，如橄榄、柑橘、苹果、葡萄、薄荷等；二为集约化程度较高的设施农业，主要为香料、花卉、蔬菜。滴灌产出的生鲜产品大多出口，主要通过人工分拣、分级、称重及包装后，经冷链陆、海联运，当天即可通关输往西班牙、法国等欧洲国家，少部分供国内高档消费。由于大田生产中施用的农药、化肥较少，部分设施园艺滴灌采用水肥一体化技术，耕地肥料使用量不多、高效利用。据当地食品监测实验室介绍，该国农产品重金属残留、农药残留等检出值均低于欧盟标准，出口农产品都获有欧盟和美国颁发的有机食品认证。

（3）农产品加工属于传统加工行业

摩洛哥加工利用程度不高，主要为原生态的粗加工产品。全国约有2 000家食品加工企业，产值约800亿迪拉姆，占其工业总产值1/3。其加工食品包括两类，一类为出口产品，主要有橄榄油、罐头水果、蔬菜、花卉和水产品。欧盟市场中四分之一的沙丁鱼罐头，都产自摩洛哥。一类面向国内供应，如烤制成囊饼的蒸粗麦粉、面粉以及意式面制品、糖、奶制品、食用植物油及果汁饮料等。全国有20家糖厂，总产量仅能满足国内需求的一半，国内消费仍依靠进口。据橄榄油加工厂介绍，油用橄榄果每公顷定植1 300株，盛果期产量每公顷40吨左右，每百千克橄榄果可冷榨橄榄油20升，其中初榨的8～10升为高档油品。果渣粉碎后还田用作肥料。当地超市出售的橄榄油每升为49迪拉姆。在每个城市，都建有商（食）品步行街，绵延数公里，随处可见鲜榨果汁及传统食品当街制作销售，无任何添加，色香味诱人。

（4）饮食以甜食为主，膳食模式为地中海饮食

伊斯兰教是摩洛哥国教，绝大多数居民信奉伊斯兰教，主要为逊尼派，其余人口信奉基督教和犹太教。阿拉伯人、帕帕尔人各占该国总人口的80%、20%。由于宗教信仰原因，该国不食猪肉、不饮酒，也很少抽烟。当地居民热情好客，宴请招待前必上薄荷甜茶，茶叶主要从中国进口。薄荷甜茶加糖量大，一杯约100毫升的茶水添入的糖量在15克左右。鸡肉、牛肉、鱼肉等肉食蒸煮中，几乎都覆有厚厚一层的蜜枣，肉味甜腻。主餐分为三道：第一道为蔬菜沙拉，主要有番茄、生菜、胡萝卜、甘蓝、甜椒、马铃薯丝等，用橄榄油、奶油凉拌食用，佐餐的还有腌制橄榄；第二道为主食，囊饼、蒸煮的米饭（大米或小米）及肉食，依个人口味添加食盐、橄榄油拌食；第三道为餐后水果，

如苹果、柑橘、梨等以及甜品，餐毕再上薄荷甜茶。饮食主味始终甜蜜。据观察，人们每餐摄入的糖、生用橄榄油及盐量人均各在10克左右，橄榄油食用更多且都是生用拌食。据统计，2015年该国人均预期寿命为74岁。摩洛哥如此高糖高油（高盐）饮食，在人口预期寿命世界排名中竟居前列、属长寿国家，其中最可能的原因是与当地气候炎热、人体（糖）代谢快有关，与不饱和脂肪酸含量高的高品质橄榄油生食方式有关。

（5）对外开放程度高

摩洛哥把鼓励和促进外国投资作为优先政策，以有效扩大国内就业。大进大出、经济开放程度高，是摩洛哥经济外向型发展的显著特征。为促进经济增长，该国与欧盟、美国、土耳其签订有双边自贸协定，并与突尼斯、埃及、约旦成立了四国自贸区。在该国的外资企业均享有国民待遇，贷款条件与当地企业相同。除磷酸盐等极少数战略产业外，所有行业均对投资者开放。该国土地国有、私有，农业用地外国人不许购买，只能租赁（最长期限40年），租金视土地位置、灌溉条件和面积用途而定，但可购买除农业用地之外的私人地产；该国建立的出口免税区和工（农）业园区，都制定有优惠税收政策以吸引投资企业入驻，但其中对于出口加工贸易，规定在该国加工贸易增值率超过40%才被视为本国产品，由该国工商会或海关出具原产地证明，方能规避贸易关税壁垒进入欧美市场；特别是投资额在1亿迪拉姆以上或创造250个就业以上的项目，均可获得政府提供的购买土地、基础设施建设及人员培训的补助优惠政策。在摩洛哥投资所取得的收益、分红、利息等收入，在缴纳该国法律规定的税赋后可自由汇出，不受数额和时间的限制。中国银行已与当地一家银行签署了人民币贸易结算协议，中资企业可通过这家协议银行进行跨境人民币贸易结算。

总的来看，摩洛哥属于人口数量少、农牧业用地多、淡水资源紧缺的传统农业国，有限的农用水资源配置于高收益的经济作物与林果，由此形成产出水平低的雨养农业与现代化程度较高的灌溉农业、设施农业并存，高价值产品出口和低价谷物进口同时并举的农业发展格局，以及适应当地炎热气候、长期衍化出的高糖高油地中海饮食结构。与现代化农业相比较，该国旱地种植水平低，谷物平均单产水平不及中国的40%，大宗作物种植仍是广种薄收；现代设施农业规模及数量有限；可开发的闲置耕地草地资源多；农业劳动力技术水平低。虽有个别地方引进工业园的做法，着手设立农业园区，吸引企业入驻，构建自生产基地到加工、出口的全产业链条，但对农业园区的统筹运营及管理不熟悉，缺乏相关成熟的做法借鉴，迫切需要中国等国家为其提供先进适用的规模化种养技术、食品加工制造技术及成套设备，并为其提供大量实用技术与运营管理培训。

4.7.3 中摩合作前景

摩洛哥早在1958年就与中国建立外交关系，两国政治友好不断加深，目前已是战略伙伴关系。摩洛哥现有的农业自然条件与中国西北地区类似，但中国西北大部地区雨养农牧业及设施农业、科技园区发展水平，都普遍高于该国。良种繁育、生物病害防控、规模化生产、节水灌溉、设施农业、农产品精深加工技术，都可为摩洛哥农业引进利用。该国地理区位突出，是中国一带一路战略进入北部非洲的最佳路径，建议中国相关科研单位与该国农业科研机构建立战略合作关系，构建整体合作架构和经费渠道；将摩洛哥纳入中国农业科研及教育机构非洲博（硕）士研究生招收的资助范围，为该国培养农业高技术人才；设立中摩农业技术培训中心和农业科技园区，共建农牧业技术示范基地，开展新品种选育与示范、新技术集成及应用；有效推进中资企业到该国投资农牧渔业及食品制造业，构建从新品种新技术应用到农产品出口贸易全产业链，实行关键项目无缝对接；鼓励和支持科技人员到摩洛哥参加学术交流与合作研究，开展重点产品研发，为摩洛哥食物有效供给提供先进技术、设备及管理，促进其现代农业发展。构建摩洛哥农业与食物生产、加工及其科技、金融、保险等方面的信息平台和数据库，为国内企事业机构提供走出去支持。

4.8 白俄罗斯

4.8.1 白俄罗斯经济社会基本情况

白俄罗斯国土面积20.76万平方千米，人口946.8万人（截至2014年），共有100多个民族，其中白俄罗斯族占81.2%，俄罗斯族占11.4%，波兰族占3.9%。其他少数民族有乌克兰族、犹太人等。截至2014年，城市人口的数量为720万人，占共和国人口总数的76.8%。从城市人口的比重来看，白俄罗斯接近于发达国家水平（西班牙77%、德国74%、法国78%）。根据2009年的人口普查数据，劳动适龄年龄段人口的数量为455万人，占共和国城市人口总数的64.4%。与中国丰富的劳动力相比，白俄罗斯劳动力总数要低得多，但平均劳动力素质较高。

白俄罗斯经济运行总体平稳。1991年独立后，白俄罗斯在苏联加盟共和国中率先克服了经济危机并实现了经济快速复苏。1996年以来，经济稳步增长。

2002年，白俄罗斯提出“白俄罗斯发展模式”，追求渐进改革，建立强有力的国家政权和可调控的面向社会的市场经济体系，实现了GDP年均6%的增长。2008年以来全球经济放缓，白俄罗斯经济也遭受冲击，但经过努力，2010年以来白俄罗斯经济逐步复苏式增长，2012年全年GDP增速为1.7%，2013年为0.9%，2014年为1.6%。白俄罗斯经济运行总体平稳，一直保持低速增长态势。

工业产品和食品出口比重较高。白俄罗斯近60%的工业产品出口。出口最高的产业是：机械制造业，化学和石化工业，食品和燃油工业。近50%的出口销往独联体国家市场，首先是俄罗斯。这一市场中机械制造、化学和石化产品、食品业出口占优势。另外50%的出口销往远邻国家，首先是欧盟。这一市场中石油加工制品、轧钢、无机肥料和化纤产品占优势。近年，白同100多个国家和地区有贸易关系。2013年出口商品结构：矿产品（占出口总额的33.0%），机械、设备和交通设施（19.1%），化工产品和橡胶（15.2%），食品和农原料（10.6%），黑色及有色金属（6.3%），其他（11.2%）；2013年进口商品结构：矿产品（占出口总额的30.1%），机械、设备和交通设施（27.1%），化工产品和橡胶（13.8%），黑色及有色金属（10.6%），食品和农业原料（9.5%），其他（8.9%）。

外资投资环境逐步优化。在世界银行最新公布的《2017年营商环境报告》中，白俄罗斯在参与评选的190个国家中位居第37位，比2015年有所上升。该报告排名依据是：一国与商业经营相关的十大领域法律法规的健全度和有效性。2008年以来白俄罗斯陆续采取一系列措施，减少政府对经济的行政干预。取消了实行11年之久的国家参与管理企业的特权——“金股”制度，保护白俄罗斯本国和外国投资者的权益，避免国家机构对投资行为进行过多干涉。目前，白俄罗斯对外资实行积极开放和鼓励的政策，外资不仅可以参股创办合资企业、购买已有企业、房产，还可以创办独资企业、开办外国法人的分支机构、购买土地和自然资源使用权以及购买其他产权。从1996年开始，白俄罗斯借鉴中国经验，先后在全国建立了布列斯特、戈梅利—拉顿、明斯克、维捷布斯克、莫吉廖夫和格罗德诺等6个自由经济区，为区内企业的经营活动提供了较为优惠的条件，包括：税收、关税、注册手续等；政府投入巨资发展自由经济区基础设施：建设和修缮道路、桥梁及地下管线等，并组建了物流中心、海关、商检等服务机构。并对企业在自由经济区内的投资实行一定的税收和政策优惠。

白俄罗交通网络十分便利。地处欧洲中心的白俄罗斯是俄罗斯及中亚国家联系欧洲的重点通道，为欧亚陆路交通的必经之地，素有交通枢纽之国。白俄罗斯拥有发达的铁路和公路交通网，是欧洲交通走廊的组成部分。白俄罗斯公路网的全长 8.36 万千米，其中 1.54 万千米为国道，6.82 万千米属地方公路。白俄罗斯目前国内的国际公路线共 75 条，其中有两条主要的国际运输通道：2 号欧洲交通走廊（柏林—华沙—明斯克—莫斯科—下诺夫哥罗德），9 号欧洲交通走廊（赫尔辛基—圣彼得堡—莫斯科/普斯科夫—基辅—基什讷乌—布加勒斯特—季米特洛夫格勒—亚历山德鲁波利斯）及其全长达 1 513 千米的 B9 号支线（加里宁格勒/ 克莱佩达—考纳斯—维尔纽斯—明斯克—基辅）。白俄罗斯境内长途运输以铁路为主，铁路总长 5 512 千米。白俄罗斯有 7 个国际机场，内河运量约 200 万人千米，它保证了长达约 2 000 千米的国内水路客、货运输，通过 10 个河港，将旅客和货物运到沿河各居民点和货物加工点。

4.8.2 农业发展情况

（1）农业是白俄政府优先支持发展的产业

白俄政府对农业生产及食品供应实行计划经济，通过控制利润率的方式对农场、食品企业、农资企业进行价格调控，政府制定价格要求农场低价出售原料、要求企业低价销售产品，计划外产品的市场价格在政府定价的基础上可上下变动 10%，实现了低工资低物价稳定的食品供应。农业被列为政府施政纲领的“四大优先计划目标之一”。通过投入倾斜、优惠贷款等措施扶持农业，白俄成为独联体国家中农业恢复性增长较早较快的国家之一，农业形势总体趋好。国家对农业征收税负，一是税率为 10%的农业增值税，二是税率为 1%的统一税。农业实行强制性保险，95%的保费由国家承担。农田灌溉免费，国家承担农场购买农业机械 90%的费用。

（2）农业是以国有农场为主导的高度计划经济

农业是白俄罗斯的优先发展产业，也是经济最具调节性的产业部门之一。白俄从事农业生产和经营的基层单位主要是国有农场。农业从业人数占 9.7%，农业比重占 GDP 总量的 7.7%（欧盟为 3%）。2014 年农产品生产较 2013 年增加 3.1%。农产品价格由白俄政府管理，农业种植产品（粮食作物、粮用豆类作物、油料作物、马铃薯、多年生和一年生草本、亚麻、玉米）单独定价。农产品加工者所使用的加工原料的加工也由政府管理。每个大型企业有其固定的原料区，由附近地区的农业生产组织构成，原料区以地方执委会的相关决议形式确认归所有。加工者同原料提供者以预付款形式工作，从而完成农业企业的支持职能。政府高度重视农业的发展并给予大量补贴，农场工人平均月工资在300美元左右。农场生产的农产品15%~20%由政府计划收购，剩余部分可浮动价格销售给相关加工企业。

（3）气温条件比较适宜粮食和饲料作物生产

白俄罗斯气候属温带气候，从海洋性向大陆性气候过渡地带，北部相对凉爽，南部相对温暖，西风和西北风偏多。从平均气温来看，一月北部-9℃，南部-4℃，7月北部17℃，南部19.5℃；农作物生长期温度的显著波动量从2 100~2 500℃，活跃生长期为190~205天。平均降水量在中部和东北部为600~650毫米，在南部和西南部为500~600毫米。白俄蕴含泥炭和钾肥，可提高土地肥沃性。白俄的这种气候条件决定了作物一季一熟（个别饲料作物可以一季三熟），适宜小黑麦、燕麦、小麦及冬春油菜生产。2014年入库粮食产量950万吨，同比增长25.8%，甜菜产量480万吨，同比增长10.6%，马铃薯产量630万吨，增长6.2%。2014年粮食和豆类作物单产为3 660千克每公顷，甜菜46 300千克每公顷。

（4）土地资源丰富

白俄国土面积2 076万公顷，农业用地881.7公顷，其中耕种面积为573.9公顷，占农业用地的65%，未开垦的或条件不佳的土地（沙、灌木、沼泽）占总土地面积的15%。土壤以生草灰化土为主，其中生草石灰土占0.2%，生草灰化土43.4%，生草沼泽灰化土24.5%，生草和生草沼泽石灰土9.4%，水泛生草土5.4%，泥炭沼泽地17.1%。近期通过土壤改良，白俄粮食单产每公顷提高了3吨，饲料作物单产更是提高了70%；全国改良土地总面积343.41万公顷，其中旱地340.36万公顷，湿地3.05万公顷；明斯克州24.9%，布列斯克州19.5%，戈梅利州14.6%，玛吉廖夫州12.3%，维捷勃斯克州12.7%，哥罗德涅斯克州15.9%。

（5）种植业服务于畜牧业产品的生产

白俄罗斯农业种植以温带地区传统作物为主，主要谷物有：小麦、大麦、小黑麦、马铃薯、饲料作物。从面积上看，粮食和粮用豆类45%，油菜7%，马铃薯5%，甜菜2%，蔬菜1%，亚麻1%，其余39%。由于能源结构转换和再生能源导向的原因，白俄罗斯扩大了豆类和油料作物的种植，白俄罗斯集中了世界亚麻种植总量的16%，欧洲大陆的20%。在白俄罗斯，农业种植业在相当程度上是服从于畜牧业的需要，大量农业企业专业生产畜牧产品。由于气候条件符合农业种植要求，在遵守标准化生产的情况下，农作物单产量可以达到相当高的水平。白俄罗斯用于饲料生产所需的农业用地占35%。每年牛饲料和禽饲料超过2 000万吨。除了粮食作物外，基于饲料种植的还有多年和一年草本、玉米和块茎植物。饲料作物中最有效的种植模式是单种和混种三叶草，其潜力每公顷可达10饲料单位吨和1.4吨植物蛋白。

（6）鼓励农产品加工品出口

2014年，白俄罗斯粮食和豆类种植面积250万公顷，收购入库产量950万吨，人均谷物1 009千克、马铃薯663千克、蔬菜183千克、肉类113千克、奶类707千克，国内食品供应充裕。白俄罗斯积极开展农产品国际贸易，出口种子、菜籽油、亚麻、马铃薯、蔬菜等总计4.18亿美元，俄罗斯为白俄农产品主要出口市场，2013年向俄罗斯出口农产品达2.51亿美元，同比2012年增加了19.4%。白俄罗斯大概有320家农产品和食品出口企业，其中有40余家为大型出口商，出口额均超过2 000万美元。为实行农产品和食品的出口，许多企业正在建立自己的商品营销网。目前，这种网络渠道已经有130个，出口额占20%，大约4%的食品出口通过交易所完成。出口商品中，畜产品和禽类产品超过95%，植物产品出口有种子、菜籽油、亚麻纤维、马铃薯和蔬菜。除俄罗斯外，出口到独联体其他国家的农产品总值为340万美元，同比减少75.1%。2013年，出口到其他国家的农产品总值为1.63亿美元，是2012年的2.1倍。白俄罗斯进口农产品呈现多元化状态，除独联体外还有其他国家，从独联体国家（俄罗斯和乌克兰）主要进口粮食和油料籽产品。

4.8.3 农业科学技术

白俄罗斯是独联体中科学技术（包括农业科学技术）较发达的国家。白俄罗斯科学院是国家最高的科研机构，包括基础科学研究和应用科学研究。白俄罗斯国家科学院成立于1929年，设有50个研究所、科学组织和中心，分属于6个学部。现有科研工作人员10.6万人，其中包括院士76人、通信院士105人。该科学院与60多个国家签订了政府间、科学院间、院所间的科技合作协定和协议。此外，白俄罗斯共国内有482家企业机构从事科研开发事业，有28 000名员工从事科研工作。

白俄罗斯相关农业研究机构都设在国家科学院内。全院共有30多家农业研究所，与种植业关系密切的有6家、试验地5.5万公顷。调研走访了种植业科学应用中心、土壤和农业化学研究所、灌溉研究所、农业系统研究所、食品加工所。种植业科学应用中心自建立以来，已自主研发360多个新品种，为白俄80%以上的农场提供良种，是白俄罗斯在生物育种、种植技术指导及管理领域最权威的科研单位。该中心共有1 200多名职工，试验地1.5万公顷，年制种能力1.5万吨。明斯克州土壤有60.1%为沙壤土，20.5%为沙质黏土，保肥保水性能差，土壤和农业化学研究所自1980年以来已完成13次耕地肥力分析，为农场提供测土配方施肥服务，开展耕地水蚀、风蚀治理。灌溉研究所负责由国家投资的灌溉系统设计和施工建设，积累有全国60多年的气象数据，农业系统研究所为农业提供生产布局方案及其效益分析测算，食品加工所立足深度加工开发，已形成马铃薯饮料、面包、薯片等系列产品。

4.8.4 农业发展问题

（1）农产品附加值较低

白俄罗斯农业自然资源条件较好，农业产业在白俄罗斯的经济中占有较大比重；但白俄罗斯农业发展缓慢，主要原因在于农产品加工环节薄弱，无法用优质的农产品生产高附加值产品，使白俄的农业经济整体低迷。具体体现在：一方面农产品以大宗产品为主，与周边国家类似，附加值较低、竞争力较弱，如小麦、牛奶等；另一方面，当地畜牧业在大量进口农业生产原料，如赖氨酸、饲料等；同时产出品虽然品质较高但本地市场已饱和，出口销路不畅，如奶粉等。

（2）农业存在一定风险

一是低温冷害发生频率高。冬油菜、冬小麦等主要越冬作物存在较大风险，如明斯克州5年发生1次严重低温冷害，2015年全州种植有12万公顷冬油菜，其中5万公顷冻死，改种春作物。二是土壤肥力低且存在风蚀水蚀风险。白俄罗斯全国90%的土壤为沙壤土，有机质含量低、保水保肥能力差，耕地存有几十米的坡度，风蚀水蚀对土壤表土耕作层破坏较大。此外，还有10%的泥炭土，分布在低洼地带，排水差，易形成涝害。三是降水年际间变动较大致使产量波动，白俄农业基本上为雨养农业，项目区农作物缺乏灌溉条件，降水是产量的主要限制因子，如明斯克州1991年降水量为541毫米，1998年为965毫米。

（3）技术支持不足

自前苏联解体以来，白俄罗斯农业技术水平下降严重，其国内农业新品种、新技术研发水平不断下降，基层农业技术推广体系基本瓦解，农业技术推广人才大量流失，无法对在白俄罗斯农业投资企业提供有效的技术支撑，限制了对白俄罗斯农业投资企业生产效率的提高。

4.8.5 中白合作概况

（1）中白经贸合作成效显著

中白建交22年来，两国关系始终保持健康稳定发展。白俄罗斯是中国在独联体地区重要的经贸合作伙伴，是丝绸之路经济带上的重要节点国家，与中国经济合作发展迅速。双方政治互信高，经济互补性强，合作潜力巨大。近年来，在两国领导人的直接关怀和推动下，中白经贸合作迅速发展，合作规模逐年扩大，合作水平不断提高，在双边贸易、工程承包、金融合作、相互投资、园区建设及国际贸易通道等领域的合作成效显著。

目前，中国已成为白俄罗斯第五大贸易伙伴及在亚洲最大贸易伙伴。2014年，中白贸易额18.49亿美元，同比增长27.3%。其中，中方出口11.1亿美元，同比增长27.3%，中方进口7.39亿美元，同比增长27.3%。两国合作项目涉及工业园区、农业、电力、新能源、建材、通信、交通和工业基础设施、造纸、化工、家电制造、航天航空、智能物流、酒店及房地产开发等多个领域。

2013年7月，中白两国宣布建立全面战略伙伴关系，标志着两国关系发展到了新的水平。2014年1月，白总理米亚斯尼科维奇访华期间，两国领导人一致同意推进中白全面战略伙伴关系发展，宣布实施《中白全面战略伙伴关系发展规划（2014—2018），并建立中白副总理级政府间合作委员会，将统筹推进中白工业园区、经贸、投资、高技术、金融、交通运输等领域的合作。

随着俄白哈三国关税同盟，统一经济空间以及即将建立的欧亚经济联盟等欧亚经济一体化进程的逐步深入，中白经贸合作将面临新的机遇。

（2）中白合作标志性项目—中白工业园

白俄政府把中国列为优先合作的国家之一，中白工业园是两国间最大的投资合作项目。工业园由中国和白俄罗斯合资建设，地处白俄罗斯首都明斯克市，紧邻国际机场的大型园区项目；中白工业园两国企业分别占股60%和40%，园区总体规划面积91.5平方千米，土地使用期限99年，重点发展精细化工、电子信息、生物医药、高端制造、物流仓储，通过逐步完善生活、科研、医疗、旅游度假等功能，最终建成集生态、宜居、兴业、活力、创新五位一体的国际新城。白俄政府高度重视中白工业园项目建设，卢卡申科总统于2012年6月签署总统令，规定了入园企业在税收、土地等方面享有优惠政策，承诺头十年税收全免，后十年税收减半。

2015年5月12日，国家主席习近平在白俄罗斯总统卢卡申科陪同下，专程考察了中白工业园并强调，该园是双方务实合作的新探索，也是构建丝绸之路经济带的标志性工程；希望双方对接好入园项目，同时规划长远，以中白工业园为中心，打造具有国际竞争力的产业。目前，中方股东央企中工国际工程股份有限公司作为总包方，正在牵头园区总体布局及项目施工建设，与白方共同加快推进企业入园工作及项目规划实施。

2016 年 6 月 24 日，中国国家主席习近平在塔什干会见白俄罗斯总统卢卡申科，再次强调要以中白工业园项目为抓手，深化大项目合作，带动两国贸易、投资、金融、地方合作全面发展，推动“一带一路”建设。卢卡申科总统表示，白方愿密切同中方经贸、地方、高技术合作，积极参与“一带一路”建设，把中白工业园打造成为“一带一路”标志性项目，这为园区建设及项目实施打下了坚实基础。

4.8.6 中国对白俄罗斯农业投资的建议

（1）发挥政府的引导和推动作用

中国政府应将农业投资作为中白合作的重要内容，进一步加大对白俄罗斯农业投资的扶持力度，加强政府间农业投资协商，推动白俄罗斯进一步放开农业投资领域，减少白俄罗斯政府对企业经营的干预，减少中国赴白俄罗斯劳务限制，加强对中国农业投资者保护，为中国对白俄罗斯农业投资创造良好的宏观环境。

改革对外投资审批制度，简化程序，放宽条件，鼓励企业对白俄罗斯农业投资。通过政府担保等方式，引导政策性银行和商业银行增加对境外农业企业贷款，通过关税减免、纳入配额等方式降低农产品回运的限制，引导国内农业科研单位、农业技术推广单位与在白俄罗斯农业投资企业建立合作关系，增强技术支撑能力。

（2）培育壮大对外农业投资龙头企业

农业对外投资的风险明显大于国内，往往需要更雄厚的实力和抗风险能力。中央企业和农垦系统在资金、人才、技术、管理和农业生产经营方面具备强大的实力，国家应出台政策，引导中央企业和农垦系统“走出去”，作为中国对白俄罗斯农业投资的龙头，带动中小企业和个人对白俄罗斯农业投资。针对企业经营风险，及时了解国家有关政策和经济形势的变化，密切关注相关行业和企业的发展动态，及时调整产品结构，努力提高产品的产量和质量，转变营销方式，积极开拓区域国际市场，在生产过程中将严格控制成本、加强资金管理、提高资源使用效率，化解风险。

（3）加强市场风险意识

目前，白俄罗斯已经建立了6处自由经济区，有超过280个商家，6.1万多名工作人员，吸引了来自30多个国家超过3.6亿美元的外国投资资金。白俄政府提供了优厚的税收政策以及便捷的生产服务来吸引外资及先进技术的方式来推进其他地区的快速发展。因此，自由经济区成为国外资本进入的首选，中国企业要充分认识到进入白俄投资的市场竞争风险。

5 农业“走出去”合作潜力及合作机制

5.1 合作潜力

在“一带一路”倡议下，我国与沿线国家的农业合作不断深化，各国农业发展潜力与产业特色明显，未来合作空间巨大。沿线国家农业资源丰富、农业产能潜力很大，与我国有较强的农产品贸易互补性，在确保我国“谷物基本自给、口粮绝对安全”的前提下，从实际出发，兼顾各方利益，使各国农业发展优势聚集，合作潜力被充分挖掘，以便进一步强化各大经济走廊农业合作。

5.1.1 具有前景广泛的技术交流与合作

改革开放走过40年来的发展，我国的农业生产在诸多方面已具备相当优势，例如机耕、机种、机收、植保和农田水利设施建设等方面，与此同时在制度创新、组织模式创新、生产经营方式创新、农技研发与推广等方面农业生产积累了较多成功的经验，中国与“一带一路”沿线国家农业技术交流与合作前景广阔。此外，不同于农产品贸易和农业投资涉及面广、过程繁琐、易于造成摩擦和纠纷的是，农业技术交流与合作对提高各国农业技术水平和农产品综合生产能力十分有利，也易于被各国政府和民众接受，并且沿线国家农产品尤其是粮食生产效率的提升对区域和全球粮食不安全问题有助于缓解，同时对冲全球粮食价格波动，长远角度来看，有利于我国粮食生产和进口。

5.1.2 农产品贸易强互补性，多品类农产品贸易拥有巨大潜力

在农产品年进出口贸易总额方面我国与“一带一路”沿线国家呈现出递增的态势，其中在农产品双边贸易尤其是进口贸易方面，仍存在较大的提升空间。现今植物油、谷物、棉花、林产品和畜产品等作为沿线国家向我国出口的主要产品，而我国则主要向沿线国家出口蔬菜、水果、水产品及部分特色林果产品，由此可见双方农产品贸易结构上基本没有重叠，有较强的互补性，利于

双边贸易的开展。我国与沿线多个国家和地区在多种农产品上存在较大的贸易空间，且主要以农产品进口为主，因此在农产品贸易方面潜力巨大。

5.1.3 土地密集型农产品贸易具有较大合作潜力

长期以来，农业资源的匮乏尤其是耕地面积的不断减少，成为制约我国农业发展的瓶颈，而良好的资源、优越的地理位置、熟练勤劳而又价格低廉的农业劳动力则是沿线国家农业发展的优势。可以通过沿线国家的农业发展优势缓解国内农业生产的资源、环境压力，同时满足国内需求，保障主要农产品的稳定供给。我国快速增长的肉蛋奶等畜产品需求，激增的作为油脂和重要饲料来源的土地密集型农产品的需求，有限的国内土地面积，已接近极限资源环境承载力，与此相较的是地广人稀、耕地资源丰富，农业生产条件相对较好，土地密集型农产品生产和出口潜力巨大的沿线许多国家和地区。

5.1.4 沿线国家具有显著的农业产能提升潜力

“一带一路”沿线国家多为发展中国家，拥有较我国几倍甚至数十倍的人均耕地面积，所以耕地利用效率和种植结构方面存在较大的提升空间。但在缺乏基础条件的大部分沿线国家，是否能有效利用这些潜在产，与之相对的具有先进的农业技术、资金、设备与经验的我国可以开发这些潜在产能。以粮食生产为例，高于东南亚一倍以上的我国粮食单产，高于中亚的一倍以上的小麦、棉花单产，无论是粮食耕地还是棉花耕地资源，事实上我国都不如东南亚与中亚地区。中亚五国各国机械化程度占比都在10%以下，还远远不能达到有效利用中亚地区丰富的土地资源和优良的农业气候的水平。再以棉花产业链为例，在棉花种植技术方面尤其是在棉花生长、遗传育种及栽培等方面中亚五国有较深的研究，但在仍欠缺一定的整条产业链上的技术实力，所以可以利用农业技术优势实现我国与中亚五国的合作。

5.1.5 农业投资前景广阔

我国农林牧渔对外直接投资流量虽然年均递增，且涌现出一大批具备一定影响力的农业投资企业，但主要投资直接流向农业的占比还较低，在农业投资合作方面我国与沿线国家仍处于起步阶段。由于政局不稳、经济增长动力不足、投资环境差、投资回报率低等原因，沿线许多发展中国家吸引和利用海外投资的能力相对较弱。但与此同时，沿线国家对农业技术研发和推广、农田基础设施建设、农产品生产、加工、仓储、物流交通等方面都投资需求巨大，所以面对我国与沿线国家十分广阔农业领域的投资前景，要做好政策衔接、风险防控，注重培育投资主体、创新投资方式。

5.2 合作机制

积极利用现有双多边合作机制，推动“一带一路”农业科技发展，促进区域农业科技合作蓬勃发展。紧紧围绕粮食安全、资源安全、生态安全等国家重大战略需求，以提高国家农业科学研究的自主创新能力和国际竞争力为基本目标，从服务于“一带一路”倡议出发，根据我国农业科技资源和人才基础，在“一带一路”沿线国家建立一批农业科研前沿的农业科技产业联盟、联合实验室、国际技术转移中心、现代农业示范区，推广一批具有自主知识产权的技术成果，推动科技人员更好交流，对重大科技攻关开展合作，共同提升科技创新能力。

5.2.1 建设国际农业科技创新战略联盟，促进科技与经济结合

依托农业大学、农业科研院所、企业等主体，围绕农业战略性新兴产业的发展需要，以构建产业技术创新链为任务，以技术创新需求为纽带、以契约关系为保障的技术创新战略联盟。联盟将聚集签约各方的科技资源，加强产学研的紧密结合，在专业化合理分工的基础上，依托联盟成员间已有的技术经济实力积极争取政府引导资金及政策扶持的优势，以多样化、多层次的自主研发与开放合作创新相结合。开展科研成果、科技开发、成果转化与推广、科技产业等方面的推广和促进工作，并为重点行业科技政策领域提供咨询和建议，推进国际重大科技项目的引进与输出，根据区域经济发展需要，联合投融资机构为企业提供援助。

5.2.2 共建联合实验室，搭建国际农业科研合作创新平台

充分利用现有的国家和部门重点实验室、科研基地等条件，积极打造“以我为主”的国际合作平台。鼓励国内相关科研机构、大学与国外学术机构、跨国公司在国内共建联合实验室，鼓励相关国际组织在我国设立办事处。结合各自优势和特色，在“优势互补、平等互利”的原则下，合作共建非实体性科研平台，以确保联合实验室拥有与明确的研究方向、配套的组织管理制度及稳定运行的经费保障。如在海南—东盟热带作物科技合作基地的基础上，共建中国—东盟热带作物科技联合研究中心；在南亚与斯里兰卡共建中国—斯里兰卡热带农业科技园；与东盟国家在热带作物种质资源保护与创新利用上面加强合作研究。

5.2.3 建设国际农业技术转移中心，推进农业成果转化应用

根据地区优势和产业特色，建设区域性、枢纽性的国际农业技术转移中

心，汇聚国际科技资源，积极开展国际合作交流活动，构筑国际化的农业技术资源整合与转移平台；推动参与国际农业科技园与高技术企业的对接，加强国际间农业科技转移及创新合作，促进农业科技创新成果的转移，增强科技创新能力。重点建设国家级、区域性和特色性的技术转移中心。依托中国农业科学院的国家级科研单位优势，建设“一带一路”农业科技转移中心。依托已经建设的“一带一路”技术转移中心，建设区域性农业技术转移重心；例如在广西南宁建设中国—东盟农业技术转移中心，在新疆乌鲁木齐建设欧亚农业技术转移中心，在湖北武汉建设鄂泰农业技术转移中心。新建一批具有区域特色和产业特色的农业技术转移中心，例如在宁夏建设中阿农业技术转移中心。

5.2.4 扶持科技型企业走出去，发挥带动作用

在国际农业科技合作中注重企业的主体作用，进一步增强涉农科技企业技术研发能力和产业核心竞争力，更好落实税收减免、企业研发费用加计扣除、高新技术优惠等政策，支持企业加强技术研发和升级，同时对企业联合科研机构共同申请、承担国家各类科技项目予以鼓励，使自主创新能力进一步增强。通过设立专项基金，积极引导科技企业“走出去”，与此同时积极开展合作研究或创办海外研发机构，使市场潜力更好开发、农产品技术含量提高；对农业高科技企业科技园在海外的建立予以鼓励，对具有自主知识产权及高附加值的高新技术企业的跨国经营优先发展。

5.2.5 建立中国现代农业示范区，推进农业产业化

根据各国的资源特色、区位优势和产业特色，在“一带一路”沿线国家铁路沿线、国际港口等重要交通枢纽地区建立中国现代农业示范区。以“一带一路”发展中国家为主要目标国，选择我国具有技术优势的领域，如杂交水稻技术、小型农业机械技术等，围绕目标国农业重大问题，开展农业技术配套组装，推进农业技术模式“一揽子”转移，开发境外农业科技市场、产品市场，拓展农业发展空间，放大我国农业科技的内外效应。

6 农业“走出去”的政策建议

作为国民经济发展重要基础的农业发展，对饥饿和贫困问题的解决、对粮食安全与营养的保障，“一带一路”沿线大部分国家愿望强烈，沿线国家共同诉求开展农业合作。农业国际合作在“一带一路”倡议下，成为沿线国家共建利益共同体和命运共同体的最佳结合点之一。高度关联的中国农业与世界农业，推进“一带一路”建设农业合作意义重大，同时也是中国扩大和深化对外开放和世界农业持续健康发展的需要，对推动形成全球农业国际合作新格局及沿线各国发挥比较优势更加有利，对区域内农业要素有序流动、农业资源高效配置、农产品市场深度融合，推动沿线各国实现经济互利共赢发展形成有利推动。长期来看，中国农业农村发展自改革开放以来取得了巨大的成就，同时对世界粮食安全做出了重大贡献。中国愿意在力所能及的范围内承担更多责任义务，与沿线国家分享中国经验，为国际粮农治理体系建设贡献更多中国智慧，为全球农业发展和经济增长做出更大的贡献。

推进形成“一带一路”农业走出去的政策支持，是建设“一带一路”利益共同体和责任共同体的前提、关键和保证，更是构建“一带一路”命运共同体的必由之路。强有力的政策能充分保障发挥“一带一路”沿线各国资源禀赋优势，经济互补性较强优势，挖掘更大的合作潜力和空间，为保障国家粮食安全和扩大农业国际合作保驾护航。

6.1 产业政策建议

6.1.1 农业产业“走出去”要服务国家粮食安全

粮食安全是全球性问题，引起了世界各国高度重视。中国人的饭碗主要盛中国自己产的粮食，为中央把粮食安全上升为国家新战略鼓与呼，以我为主，舍我其谁，立足国内，自力更生，守住底线，保住饭碗，适度进口，海外屯田，巧用资源，适量调剂，科技支撑，政策扶持，提高产能，小麦、稻米口粮完全自给，谷物基本自给，方是国家粮食安全新战略。

2016 年“一带一路”沿线 64 国家拥有占全球人口的 43.4%的人口总数 32.1 亿人，全球粮食安全水平受全球近一半人口对粮食需求波动的直接影响，。作为沿线国家的主要粮食作物的水稻、小麦是，全球稻米贸易量最大的地区是亚洲，生产、消费以及进出口都位居全球第 1。其中 2016 年稻米产量占全球的 89.9%，为 43 483.9 万吨。稻米的主要出口地区东亚、南亚和东南亚，其中主要稻米出口国印度、泰国、越南、巴基斯坦等，在 2016 年占全球出口总量的 80.9%，粮食问题的重要性毋容置疑。

我国要统筹利用两种资源、两个市场，牢牢掌握粮食安全的主动权。要把握“多”与“少”“质”与“量”的关系，增加优质粮油产品供给，由增产导向转为提质导向。要把握生产与流通、当前与长远的关系，促进生产、储备、加工等环节协同联动，进一步提高整体保障能力。良好的农业生产要素是“一带一路”沿线许多国家具有资源优势，通过与这些国家和区域建立良好的合作关系，来更好提高我国粮食安全保障能力。

6.1.2 农业产业走出去要坚持双赢原则，努力提升农业生产力

拥有丰富的农业资源的同时“一带一路”沿线许多国家农业发展水平和程度差异较大，耕地面积不足以及土地生产率低下是许多国家面临的双重矛盾。我国农业走出去要坚持双赢的原则，力争最大范围的实现优势互补。从耕地资源来看，尽管耕地面积几乎占到了全球耕地面积的一半，但若考虑人均占有的耕地面积，“一带一路”65 个国家则低于世界平均水平，耕地资源短缺问题尤其在中东和北非地区更为突出。从单位面积耕地产出来看，斯洛伐克、斯洛文尼亚、罗马尼亚、波兰、匈牙利等“一带一路”沿线中东欧国家单位面积土地生产力水平较高，而单位面积产量水平均较低的是“一带一路”沿线的俄罗斯、蒙古、中亚 5 国、西亚、南亚诸国，其中以是蒙古、哈萨克斯坦、土库曼斯坦等国家最突出的，其仅与中国的 1/4 单位面积农产品产量水平相当。由此可见，“一带一路”沿线国家农业发展对提高农业科技水平和农业用地生产率的迫切需求。在有些虽然粮食基本自给的国家，但仍然存在较大的安全隐患。

农业生产基础设施条件较差，电力设施保障不足，水利设施老旧匮乏，仓储设施远远不能满足需求，物流体系尚不发达，交通运输条件恶劣是“一带一路”沿线许多国家存在的客观情况。改善“一带一路”沿线国家的农业生产条

件和生产环境，从农业和农村基础设施建设入手，，可以提高在气候变化、自然灾害、极端天气问题方面农民的应对能力，使农业生产风险大大降低。不仅农业服务体系建设普遍滞后，“一带一路”沿线国家农产品市场信息渠道不畅通，农业机械化服务水平不高。因此，农业信息化服务体系建设要想加强，项目的筹备与建设阶段应该有更多农业相关主体参与进来，在农业项目设计上，能够将关农业政策、社会经济和自然环境、农产品品种、农业生产、流通、市场等农业信息数据库自下而上建立起来，为农民提供适应性、可持续性的社会化服务的同时，着力促进优化农业全产业链服务的软件环境。与“一带一路”基础设施建设的改善、农业农村社会化服务体系的完善相伴的，将大大改观农业生产条件和环境，提高相应地粮食生产能力，进而通过农业资源互补、调剂余缺，使“一带一路”沿线各国粮食安全问题有所缓解。

6.1.3 农业产业发展要在“一带一路”倡议下与各国的战略对接

立足于沿线国家的发展战略或愿景，“一带一路”倡议从谋划到实施，沿线各国融和一体、共谋发展的美好愿景无不体现在从蒙古的“草原之路”、哈萨克斯坦的“光明之路”到土耳其的“中间走廊”计划，从越南的“两廊一圈”、文莱的“2035宏愿”到埃及的“苏伊士运河走廊经济带”计划等方面。近年来，中国的“一带一路”倡议与上述国家规划积极对接已经实现，进一步的释放国家之间的合作潜力，其中农业合作占有重要的位置的如中蒙俄经济走廊、中巴经济走廊等是我国“一带一路”倡议与这些国家战略的完美对接。此外，以农村发展为基础，以农业发展为支撑，“一带一路”农业规划的设计与工业、交通、运输、服务业等其他类项目的设计相互衔接，同时与其他产业的建设发展相得益彰，“一带一路”可持续发展的内在机制由此形成。

6.1.4 农业走出去要突出重点国家和重要产业

“一带一路”国家众多，国家间政治制度不同，资源禀赋不同，资源要素优势各异，农业发展程度和潜力各异。围绕共同关切的重点区域、主导产业、重要产品共同开展顶层设计，要努力寻求农业合作利益契合点和最大公约数。创新推动“一带一路”农业合作持续发展，要充分利用沿线已有合作机制。要重点发展与我国政治经济关系良好，资源禀赋优良，合作意愿强烈的国家重点开展农业合作，共同挖掘合作潜力，在促进合作国家粮食增产农民增收的基础上，扩大农业进出口贸易，保障国家粮食安全。

我国农业产业发展存在不平衡性，农产品供求关系由总量平衡向总量基本平衡、结构性短缺、长期偏紧转变。农产品供求出现一种失衡，一方面进口很多农产品，特别是需要进口大量的大豆；另一方面有些农产品出现了过剩，比如玉米，目前玉米的库存在 3 亿吨左右，一年的需求约为 2 亿吨多，这就导致玉米价格持续下跌。我们开展一带一路农业合作要突出重点的产业合作，密切配合好农业供给侧结构性改革。充分利用好国际的大市场，保障比较优势较低的农产品进口，也适当出口一些有较好比较优势的农产品。在开展国际农产品业务合作中，要注重发挥龙头企业作为农业产业的带动作用，成为引导农民发展现代农业重要的带动力量。充分发挥龙头企业在技术、资金等方面具有显著优势，将小农户与大市场通过龙头企业庞大的营销网络连接起来，实现产供销、种养加、贸工一体化经营。

6.1.5 农业产业走出去要致力于更大范围推进一二三产业的融合

二三产业创新的前提是农业产业的稳定发展与转型升级。提升沿线区域农村基础设施建设能力、改善交通运输条件、提高农村服务能力和创新农村金融服务是“一带一路”国家农业产业的整体发展要求。而相较于“一带一路”沿线国家，经过近 40 年的改革开放，我国农业具有很强的比较优势，在育种技术、种植技术、农业机械化等方面可以为一些沿线国家开展基础培训。也可以利用我国的电商优势，支持“一带一路”国家加强物流体系建设，在融合中协调发展一二三产业，充分利用“一带一路”沿线国家的优势资源，得以实现互惠共赢的发展目标。

“一带一路”建设会推进农业产业链的国际化进程，充分优化利用各国农业生产资源，育种育苗科研等国际合作得到广泛开展，在市场角逐中提高农产品加工技术，全面提升区域贸易规则制定能力。具有不同的要素资源优势的“一带一路”国家，在建设中使各国农业资源优化利用的步伐加快的同时，加快农业产业链的国际化趋势。“一带一路”国家在新一轮的国际农业产业链大融合中，要充分利用自己农业发展的相对优势，提升农业核心技术，促使农产品贸易规则制定能力提高，使世界农业一体化进程加快推进。

6.2 科技政策建议

中国农业科技走出去以经济发展新常态下农业供给侧结构性改革为契机，统筹“一带一路”农产品多元市场，整合农业科技先进技术与装备，充分发挥我国农业科技比较优势，积极开拓“一带一路”农业科技走出去新领域。

6.2.1 加强顶层设计，推进农业科技国际合作

当前，我国已与“一带一路”沿线国家建立共 30 个政府间部级及司局级

双边农业合作机制。将现有 G20 农业部长会议、农业对外合作部际联席会议作为基础，顶层设计进一步强化，农业科技国际交流与合作进一步推进。具体来讲，一是以“一带一路”国际合作高峰合作论坛为依托，抢抓农业科技走出去窗口，宣传与推介加大，农业科技国际合作强化；二是多双边农业科技国际合作机制达成，以 APEC 农业技术合作平台、联合国粮农组织（Food and Agriculture Organization，FAO）、国际农业研究磋商组织（Consultative Group on International AgriculturalResearch，CGIAR）、全球农科院院长高层研讨会等为借助；三是建议为充分发挥农业科技合作先导作用，设立“一带一路”农业科技发展国际平台，通过与“一带一路”沿线国家一道探讨农业科技合作优先领域、关键内容和配套制度与规则构建，完成“一带一路”农业科技合作规划，确定实施细则的制定，将一批成熟、代表性强的先进农业技术作为试点开展，使“一带一路”农业科技国际合作的深度与广度逐步扩宽，紧密关注科技前沿，加强“一带一路”农业国际科技合作，促进农业科技创新。

6.2.2 完善农业科技走出去的政策法律体系

一为适应“一带一路”完善《促进科技成果转化法》《种子法》《农业技术推广法》等法律，加强农业科技“走出去”法制环境建设；二主要是建立“一带一路”农业科研国际融合制度，营造国际国内便利高效的农业科研政策环境，建设“一带一路”农业科技创新联盟，改革农业科技体制机制，挖掘创新潜力；三是“一带一路”发展中国家农业科技援助计划的制定；四是提供政策支持与保障帮助农业企业研发关键技术和产品，充分发挥农业企业科技创新先导作用，对企业进行“一带一路”农业科技投资与开发予以鼓励，同时农业科技创新领域开放金融等社会资金进入，对天使投资、股权投资和债权投资等融资服务体系进行完善，农业企业增强创新能力进一步增强。

6.2.3 建设“一带一路”农业科技合作平台

目前将已有 APEC 农业技术合作工作组主席在内的多个国际合作平台作为基础，加强建设一批农业科技对外合作窗口平台。一是为集中展示我国先进农业实用技术，促进技术及产品的外销，参与国际组织机构或其他国家共同发起多双边国际合作重大科技任务。在“一带一路”沿线，国家分批次建立海外农业科学联合实验室。二是在有针对性地研究和了解各国科技资源的基础上，对多元化、综合型“一带一路”农业科技合作平台进行建设。推动农业科技走出去布局，实现高效配置和共享资源、信息与技术，与此同时对农业科技合作联合实验室、试验示范基地等一批农业科技合作国家级国际联合实验室和联合研究中心重点推进，推动农业先进技术推广应用、再创新以及产业孵化进一步促进。

6.2.4 建立农业科技创新要素的协调联动机制

一是新技术的研发，资助程序要简化，优质人力资源和物力、财力持续投入，开展组织化研发；二是整合优势研究，调动大学、科研机构和企业的顶尖研究力量，从整合不同学科优势打破从基础研究到应用研究，再到开发研究的单一线性模式，使基础研究、应用研究、开发研究平行与需求对接；三是实行管理改革，建立商业化机制。具体为采取项目经理人事制度，负责项目寻找、项目分析、制定短期和长期的工作计划、管理采购和财政事务、雇佣和组织人员、寻求合作方、协调资源和关系、技术商业化操作等，增加在国家科技计划中农业科技走出去相关的项目支持，农业科技国际合作奖励措施更加完善；四是为“一带一路”农业科技走出去提供人才支撑，农业科技国际综合人才更加注重培养，为引进海外高层次人才多举措并行。

6.3 财政政策建议

6.3.1 明确财政和税收政策导向

通过政策向公众展示政府的工作意图或下阶段目标是政府制定财政政策的宗旨，因此，将只对“一带一路”的推进有贡献的企业或个人施行财政补贴或者财政资金支持，首先要在之前制定的与“走出去”相关的优惠政策基础上突出其工作目标，作为针对“一带一路”的财政支持政策运用。

首先，重点扶持的对象要明确。根据资料显示，当前相较于我国进行对外投资的企业中国有企业比重逐年下降，非国有企业比重相对逐年上升，而且与此同时中小名营企业作为非国有企业发展势头非常强劲，因此，中小民营企业应将作为我国“一带一路”建设中的重点扶持对象。在沿线国家投资设厂、高新技术研发、新产品展销等活动方面，对符合条件的民营企业给予资金上的支持或费用上的补贴。其次，扶持的产业要突出重点。为了扶持建筑行业、通讯设施行业的企业积极进行沿线国家的投资，针对“一带一路”国家基础设施建设比较落后情况，应当设置专门的扶持基金对其进行扶持，并且适当补贴其如贷款补贴等融资的成本。与此同时，纵观第三产业在我国对外投资总额构成产业中占比最多，尤其是作为对亚洲国家投资的主力军服务行业，因此，对服务行业比如对外设计咨询、专利申请、工程承包等行业我国也要进行重点扶持。最后，重点扶持的区域要突出。除进行费用补贴外，对这些企业按照项目的规模设立基金，进行一定数量资金的奖励，鼓励企业加快进入沿线的发展中国家进行贸易和投资，充分显示出财政政策对“一带一路”的支持。

税收政策和财政政策类似，制定出适当的税收政策，明确对产业和领域扶持导向。基础设施建设项目、服务行业还以与沿线国家的商品贸易应当成为“一带一路”的税收优惠政策应当作为主要扶持对象。降低企业在沿线国家开展业务的税负，可以发挥多种税收优惠手段协调作用。进行一定限额和年限的税收减免或优惠对企业的同时，可以在所得税中就某些费用采取加倍扣除或可以抵免应纳税额、扩出口退税的范围和比例等。既要对产业明确导向，同样也要对区域导向进行明确，，比如企业在大部分亚洲国家还与中东、中欧、非洲等沿线国家税收优惠集中的区域开展业务，可以适用较低的税率或免税，而且其费用加倍扣除，或者企业的应纳税所得额不计算在这些国家的所得。

6.3.2 完善财政补贴方式

第一，综合发现，价格补贴、利息补贴、居民生活补贴、企业亏损补贴，这些都是以转移支付的形式直接进行补贴的几种方式，构成我国传统的财务补贴。当前应该借鉴发达国家用奖励的形式发放补贴等增加间接补贴机制的成功经验，完善我国的财政补贴形式。第二，对与沿线国家有贸易往来和对沿线国家进行投资的企业，在财政贴息方面，要加大对其贷款贴息力度，主要有扩大允许可以申请财政贴息的产业范围和企业形式范围、加大申请贴息的许可时间范围等。尽量使那些想要开拓沿线国家市场的企业，尤其是那些以承接对外承包工程业务为主的企业，通过政府的优惠政策不会因为资金缺乏的问题而受到阻碍。对相对有庞大的资金需要量类企业予以扶持，全额补贴其因筹集项目资金而支付的利息。加大经营工程承包的企业补贴力度之外，财政部门还应将购置设备、租赁场地、可行性研究支出等费用纳入补贴的范围，对那些“走出去”过程中前期耗费巨大的企业，特别是对沿线发展中国家的投资的中小民营企业增加财政补贴。第三，“一带一路”倡议是为了我国经济能够继续保持持续增长而提出的惠及全民的伟大策略，因此其本质还是具有公共产品的特性，对整个战略的实施过程，包括规划设定、各部门工作投入和计划实施所发生的投入，财政应当进行全力支持。

6.3.3 优化财政政策环境

中国改革开放 40 年来，对外贸易不断增长，但贸易摩擦同样一直伴随，其中有关“反补贴调查”类案件发生最多。为应对这一问题，政府应设立专项基金以帮助企业。企业为了应对国外“反补贴调查”，既要聘请律师进行案情的梳理和辩护，也要组织其他相关部门进行共同应对，还要按照外事标准对国外到达国内处理该案件的官员进行接待，以至于总体费用相对比较庞大，给开展国际业务的企业带来沉重的负担，因此，专项基金在提高企业对外贸易的积极性的同时，又为企业分担了“走出去”过程中的一项重大难题，同时，还可给予一定比例的补贴或奖励，对在国际贸易中打破常见的反倾销、贸易壁垒等其他经济纠纷制裁手段做出特殊贡献的企业做出支持。

6.3.4 制定财政支持总体规划

除了进行改进财政政策工具，财政部门还应从包括全局层面、区域层面、机构层面等各个层面做好财政对“一带一路”建设的总体支持规划。首先，应当在宏观上制定一个展示财政支持“一带一路”的总体计划和计划实施时间表，以及需要达到目标全局的规划；其次，区别对待，根据各个经济区域其各自不同特点和优势产业进行区别对待，为了将他们的优势都发挥到最大可争取运用财政激励手段；最后，细分下放各级财政部们的工作，有效结合预算机制，以严格遵守新预算法规定为前提，合理安排各项财政补贴资金。

6.3.5 政府投资与社会投资融合，丰富政府购买的形式

由于“一带一路”沿线国家大多为经济不发达的发展中国家，大多基础设施匮乏且自然环境比较恶劣，因此需要开展的大量公共设施建设工程项目涉及资金非常庞大，单靠企业进行投资比较困难，因此政府和社会的资本进行合作的PPP模式应当被运用，将财政资金直接建设一些规模庞大且惠及“一带一路”沿线国家的公共设施项目中去。

购买商品、劳务和进行公共设施的建设是大多人对政府购买的局限认识，其实除去政府购买这些常见的形式之外，我国将对“一带一路”沿线国家会进行铁路、公路、通讯设施的投资，而这些前期规划需要耗费大量的资金和劳动力的投资项目，企业单独完成这一任务基本不可能，以修建跨境公路前期的设计为例，需要对道路沿线的土地成分、地理地貌进行分析考察，同时周边的经济发展情况、风俗人情等等都要进行周密的考察，是一个非常复杂的过程。为保障整个工程项目的顺利进行，政府可以出面运用财政资金完成这一部分工作。

6.4 金融政策建议

在开放的背景下，国内金融市场及与所有的利益共同体一起去国际金融市场融资，直接融资或间接融资，离岸人民币、美元、欧元或者相关国家的货币

都可以，都是“一带一路”融资要考虑的。笔者建议，应发行人民币计价“丝路债券”补充亚投行和丝路基金的本金，也可以发行满足“一带一路”项目的融资需求；丝路债券在国内金融市场与国际债券市场均可发行；想要吸引国际金融机构、项目东道国金融机构参与，还可通过设立 SPV 等方式，做好风险隔离。

6.4.1 加强货币合作

朝着更加快捷、低成本的方向推进人民币从区域化迈向国际化国际贸易的结算的发展，同时也将逐渐取代不同的币种计价及结算方式。为了保证国际贸易的顺利进行，减少交易成本，寻求实现人民币资本项目可兑换的方法成为我国应当努力的方向。比如在使用本币结算方面，与”一带一路”倡议沿线国家交易时支持使用本币结算，积极推进跨境个人人民币结算，鼓励境内的银行为境外的银行办理人民币贷款类业务。使用规模方面，将贸易范围从边境贸易拓展到一般贸易，增大与“一带一路”沿线国家所签双边本币互换协议的规模，扩大人民币在境外的使用范围。

6.4.2 加强和完善各国金融政策的沟通与协调机制

为实现合作共赢，我国应积极参与各类金融合作机制，了解各国的金融政策和金融环境，提升我国在亚太区域的话语权。各国金融环境、经济发展水平的一致性成为金融合作的重点。因此构建完善的金融政策的沟通和协调机制，如我国与沿线国家之间的金融政策协调机制、合作机制和财长对话机制，成为提升国际金融合作的水平，促进区域经济共同发展的必须。除金融政策以外，为了建立全面的协调机制、减少在金融合作阻力，各国还应注重建立与金融人才的培养、金融项目库的建设、金融信息的交换与共享相关的协调机制。

6.4.3 完善区域金融安全网

我国应积极参与如东亚及太平洋中央银行行长会议组织（EMEAP）和东盟与中日韩金融合作机制等各类区域金融合作机制，推进区域金融市场的良好发展，持续完善区域性金融安全网，与此同时在 EMEAP 机制下，使货币与金融稳定委员会职能进一步丰富，区域危机管理机制更加健全，对宏观经济的监测进一步强化，进一步发展亚洲债券市场。在“10+3”机制下，不断优化和细化储备库操作程序。

6.4.4 构建国际金融监管合作体系

实现区域金融安全稳定的重要保障是健全的金融监管制度。一方面，合作共建区域金融风险监测机制、金融风险预警机制及金融风险的应急处理机制是

"一带一路"沿线国家必须要做的。相互合作的各国征信部门，相互交流的各评级机构。对沿线区域严密监控，对潜在风险做好预警和处理，确保及时发现风险，排除安全隐患，营造稳定安全的金融环境。在区域风险发生时，应对风险、化解风险需要各国要加强紧急合作，使"一带一路"沿线区域的金融安全得到保障。另一方面，"一带一路"沿线区域的监管协调机制的构建与完善，可以通过现有的 EMEAP 及"10+3"金融合作机制使"一带一路"沿线国家监管当局之间的沟通和协调加强，各国的监管标准更加协调，减少因监管标准不同带来的问题，提升各国监管机构在重大问题上的政策协调和监管的一致性，逐步在沿线区域内建立起高效灵活的监管协调沟通机制。

6.4.5 推进创新型金融合作

进一步深化一带一路背景下的金融合作离不开金融创新能力的提高，金融创新能力有助于金融行业的内在潜力激发，区域经济的发展水平提升。金融机构的创新方面，应建立"一带一路"高效、便捷的互联网金融机构体系，同时借助互联网的新平台建立金融合作，让金融机构提供的跨境金融服务安全通畅得以更好保障。而从金融业务创新方面来看，合理配置资金、实施多轮驱动是沿线国家间的金融合作要注重的，同时充分利用直接融资来拓宽融资渠道，减少对银行类金融机构的依赖，增加资金来源，减少融资成本，提高金融机构抗风险能力的重要性不言而喻。在金融市场的创新模式方面，应着手于机构及人才建设、金融业务、区域金融中心建设方面。

附件 “一带一路”相关政策支持

一带一路”（英文：The Belt and Road，缩写 B&R）是“丝绸之路经济带”和“21 世纪海上丝绸之路”的简称。它将充分依靠中国与有关国家既有的双多边机制，借助既有的、行之有效的区域合作平台，一带一路旨在借用古代丝绸之路的历史符号，高举和平发展的旗帜，积极发展与沿线国家的经济合作伙伴关系，共同打造政治互信、经济融合、文化包容的利益共同体、命运共同体和责任共同体。

为更好地推动一路一带倡议的合作与交流，中央部委和地方政府先后出台了一系列的政策文件，来指导支持多领域多层次的具体实践，取得了良好的效果。

附件 1 国家层面的政策支持

（1）《规范对外投资合作领域竞争行为的规定》，商务部，2013 年 3 月 18 日

（2）《关于启用对外投资合作在外人员信息管理系统的通知》，商务部，2013 年 5 月 6 日

（3）《对外投资合作境外安全事件应急响应和处置规定》，商务部、外交部、住房城乡建设部、卫生计生委、国资委、安全监管总局，2013 年 7 月 1 日

（4）《对外投资合作和对外贸易领域不良信用记录试行办法》，商务部、外交部、公安部、住房城乡建设部、海关总署、税务总局、工商总局、质检总局和外汇局，2013 年 7 月 5 日

（5）《中国（上海）自由贸易试验区总体方案》，国务院，2013 年 9 月 18 日

（6）《国家工商行政管理总局关于支持中国（上海）自由贸易试验区建设的若干意见》，国家工商行政管理总局，2013 年 9 月 26 日

（7）《关于加强对外投资合作在外人员分类管理工作的通知》，商务部，2013 年 10 月 15 日

（8）《落实“三互”推进大通关建设改革方案》，国务院，2014 年 12 月 26 日

（9）《国家旅游局关于支持中国（福建）自由贸易试验区旅游业开放意见的函》，国家旅游局，2015 年 3 月 19 日

（10）《中国（福建）自由贸易试验区总体方案》，国务院，2015 年 4 月 8 日

（11）《中国（广东）自由贸易试验区总体方案》，国务院，2015 年 4 月 8 日

（12）《中国（天津）自由贸易试验区总体方案》，国务院，2015 年 4 月 8 日

（13）《自由贸易试验区外商投资备案管理办法（试行）》，商务部，2015 年 4 月 8 日

（14）《关于进一步做好对外投资合作企业环境保护工作的通知》，商务部，2015 年 4 月 13 日

（15）《海关总署关于支持和促进中国（福建）自由贸易试验区建设发展的若干措施》，海关总署，2015 年 5 月 5 日

（16）《国务院关于推进国际产能和装备制造合作的指导意见》，国务院，2015 年 5 月 13 日

（17）《最高人民法院关于人民法院为“一带一路”建设提供司法服务和保障的若干意见》，最高人民法院，2015 年 6 月 16 日

（18）《商务部：境外经贸合作区服务指南范本》，商务部，2015 年 8 月 4 日

（19）《加快海关特殊监管区域整合优化方案》，国务院，2015 年 8 月 28 日

（20）《国家卫生计生委关于推进“一带一路”卫生交流合作三年实施方案（2015—2017）》，国家卫生计生委，2015 年 10 月 15 日

（21）《关于调整重大技术装备进口税收政策有关目录及规定的通知》，国家税务总局，2015 年 12 月 1 日

(22)《国务院关于支持沿边重点地区开发开放若干政策措施的意见》，国务院，2015 年 12 月 24 日

(23)《中国银监会关于进一步加强银行业金融机构境外运营风险管理的通知》，中国银监会，2016 年 3 月 24 日

(24)《国家质量监督检验检疫总局“一带一路”计量合作愿景与行动》，国家质量监督检验检疫总局，2016 年 6 月 21 日

(25)《国务院关于在自由贸易试验区暂时调整有关行政法规、国务院文件和经国务院批准的部门规章规定的决定》，国务院，2016 年 7 月 1 日

(26)《推进“一带一路”建设科技创新合作专项规划》，科技部，2016 年 9 月 20 日

(27)《国防科工局发展改革委关于加快推进“一带一路”空间信息走廊建设与应用的指导意见》，国防科工局发展改革委，2016 年 10 月 22 日

(28)《中国多个省区市“一带一路”建设实施方案汇总》，中国一带一路网，2016 年 11 月 22 日

(29)《中央企业境外投资监督管理办法》，国务院国有资产监督管理委员会，2017 年 1 月 7 日

(30)《中央企业投资监督管理办法》，国务院国有资产监督管理委员会，2017 年 1 月 7 日

(31)《关于发展涉外法律服务业的意见》，司法部，2017 年 1 月 9 日

(32)《关于扩大对外开放积极利用外资若干措施的通知》，国务院，2017 年 1 月 12 日

(33)《建筑工程设计招标投标管理办法》，中华人民共和国住房和城乡建设部，2017 年 1 月 24 日

(34)《国务院关于加快发展服务贸易的若干意见》，国务院，2017 年 1 月 28 日

(35)《关于印发〈推进国家标准公开工作实施方案〉的通知》，国务院标准化协调推进部际联席会议办公室，2017 年 2 月 3 日

(36)《关于外资银行开展部分业务有关事项的通知》，中国银监会，2017 年 3 月 10 日

(37)《中国（河南）自由贸易试验区总体方案》，国务院，2017 年 3 月 15 日

(38)《中国（湖北）自由贸易试验区总体方案》，国务院，2017 年 3 月

15日

(39)《中国（辽宁）自由贸易试验区总体方案》，国务院，2017年3月15日

(40)《中国（陕西）自由贸易试验区总体方案》，国务院，2017年3月15日

(41)《中国（四川）自由贸易试验区总体方案》，国务院，2017年3月15日

(42)《中国（浙江）自由贸易试验区总体方案》，国务院，2017年3月15日

(43)《中国（重庆）自由贸易试验区总体方案》，国务院，2017年3月15日

(44)《共同推动认证认可服务“一带一路”建设的愿景与行动》，国家认监委，2017年3月16日

(45)《税务总局关于落实“一带一路”发展战略要求做好税收服务与管理工作的通知》，国家税务总局，2017年3月16日

(46)《推进共建“一带一路”教育行动》，教育部，2017年3月16日

(47)《中西部地区外商投资优势产业目录（2017年修订）》，商务部，2017年3月16日

(48)《国家外国专家局人力资源社会保障部外交部公安部关于全面实施外国人来华工作许可制度的通知》，国家外国专家局、人力资源社会保障部、外交部、公安部，2017年3月28日

(49)《关于印发外国人来华工作许可服务指南（暂行）的通知》，国务院，2017年3月29日

(50)《全面深化中国（上海）自由贸易试验区改革开放方案》，国务院，2017年3月30日

(51)《关于印发〈“十三五”国家科技人才发展规划〉的通知》，科技部，2017年4月13日

(52)《关于进一步明确营改增有关征管问题的公告》，国家税务总局，2017年4月20日

(53)《中国保监会关于保险业服务“一带一路”建设的指导意见》，中国保监会，2017年4月27日

(54)《关于提高科技型中小企业研究开发费用税前加计扣除比例的通

知》，财政部、税务总局、科技部，2017 年 5 月 2 日

（55）《关于印发〈科技型中小企业评价办法〉的通知》，科技部、财政部、国家税务总局，2017 年 5 月 3 日

（56）《全国海洋经济发展“十三五”规划》，国家发改委，2017 年 5 月 4 日

（57）《最高法发布第二批涉“一带一路”建设典型案例》，最高人民法院，2017 年 5 月 16 日

（58）《工业和信息化部办公厅财政部办公厅关于发布 2017 年工业转型升级（中国制造 2025）资金工作指南的通知》，工业和信息化部、财政部，2017 年 5 月 24 日

（59）《关于印发自由贸易试验区外商投资准入特别管理措施（负面清单）（2017 年版）的通知》，国务院，2017 年 6 月 5 日

（60）《国有企业境外投资财务管理办法》，财政部，2017 年 6 月 12 日

（61）《“一带一路”建设海上合作设想（七语言版本）》，中国一带一路网，2017 年 6 月 20 日

（62）《国家重点研发计划管理暂行办法》，科技部、财政部，2017 年 6 月 22 日

（63）《外商投资产业指导目录（2017 年修订）》，国家发改委、商务部，2017 年 6 月 28 日

（64）《“一带一路”体育旅游发展行动方案（2017—2020 年）》，国家体育总局，2017 年 6 月 29 日

（65）《内地与香港关于建立更紧密经贸关系的安排经济技术合作协议》，商务部，2017 年 6 月 30 日

（66）《内地与香港关于建立更紧密经贸关系的安排投资协议》，商务部，2017 年 6 月 30 日

（67）《中长期油气管网规划》，国家发改委，2017 年 7 月 13 日

（68）《两部门关于开展支持中小企业参与“一带一路”建设专项行动的通知》，工业和信息化部、中国国际贸易促进委员会，2017 年 7 月 27 日

（69）《国务院关于扩大对外开放积极利用外资若干措施的通知》，国家发改委，2017 年 7 月 27 日

（70）《中华人民共和国商务部令 2017 年第 2 号关于修改外商投资企业设立及变更备案管理暂行办法的决定》，商务部，2017 年 7 月 30 日

（71）《国务院关于促进外资增长若干措施的通知》，国务院，2017 年 8 月 8 日

（72）《关于进一步引导和规范境外投资方向的指导意见》，国家发展改革委、商务部、人民银行、外交部，2017 年 8 月 18 日

（73）《会计师事务所执业许可和监督管理办法（财政部令第 89 号）》，财政部，2017 年 8 月 20 日

（74）《关于外商投资企业知识产权保护行动方案》，知识产权局、公安部等，2017 年 9 月 20 日

（75）《中国国际经济贸易仲裁委员会国际投资争端仲裁规则（试行）》，贸易仲裁委员会，2017 年 9 月 26 日

（76）《关于做好“对外投资”监管方式海关申报的通知》，商务部，2017 年 10 月 25 日

（77）《“走出去”税收指引》，国家税务总局，2017 年 10 月 30 日

（78）《关于加强对外经济合作领域信用体系建设的指导意见》，国家发改委，2017 年 10 月 31 日

（79）《国家标准委、国家发展改革委、商务部关于印发外商投资企业参与中国标准化工作的指导意见的通知》，国家标准委、国家发展改革委、商务部，2017 年 11 月 6 日

（80）《铁路“十三五”发展规划》，国家发展改革委，2017 年 11 月 20 日

（81）《关于做好对外承包工程项目备案管理的通知》，商务部，2017 年 11 月 23 日

（82）《中国社会组织推动“一带一路”民心相通行动计划（2017—2020）》，中国民间组织国际交流促进会，2017 年 11 月 27 日

（83）《对外劳务合作管理条例》，商务部，2017 年 12 月 2 日

（84）《民营企业境外投资经营行为规范》，国家发展改革委、商务部、人民银行、外交部、全国工商联，2017 年 12 月 6 日

（85）《关于在北京市暂时调整有关行政审批和准入特别管理措施的决定》，国务院，2017 年 12 月 10 日

（86）《内地与澳门 CEPA 投资协议和 CEPA 经济技术合作协议》，商务部，2017 年 12 月 18 日

（87）《关于境外投资者以分配利润直接投资暂不征收预提所得税政策问题的通知》，财政部税务总局、国家发展改革委、商务部，2017 年 12 月 21 日

（88）《企业境外投资管理办法》，国家发改委，2017 年 12 月 26 日

（89）《关于进一步完善人民币跨境业务政策促进贸易投资便利化的通知》，中国人民银行，2018 年 1 月 6 日

（90）《关于改进和加强海洋经济发展金融服务的指导意见》，中国人民银行、国家海洋局、发展委、工业和信息化部、财政部、银监会、证监会、保监会，2018 年 1 月 26 日

（91）《中国的北极政策》，国务院新闻办公室，2018 年 1 月 26 日

（92）《关于发布企业境外投资管理办法配套格式文本（2018 年版）的通知》，发改委，2018 年 2 月 12 日

（93）《关于发布境外投资敏感行业目录（2018 年版）的通知》，发改委，2018 年 2 月 12 日

（94）《中国人民银行公告〔2018〕第 7 号外商投资支付机构有关事宜公告》，中国人民银行，2018 年 3 月 22 日

（95）《国家口岸管理办公室关于印发提升跨境贸易便利化水平的措施（试行）的通知》，国家口岸管理办公室，2018 年 3 月 23 日

（96）《国家邮政局关于推进邮政业服务”一带一路“建设的指导意见》，国家邮政局，2018 年 3 月 26 日

（97）《关于支持香港全面参与和助力“一带一路”建设的安排》，国家发展和改革委员会、香港特别行政区政府，2018 年 3 月 29 日

（98）《关于引导对外投融资基金健康发展的意见》，国家发展改革委、财政部、商务部、人民银行、中国银行保险监督管理委员会、证监会，2018 年 4 月 12 日

（99）《国家发展改革委财政部关于完善市场约束机制，严格防范外债风险和地方债务风险的通知》，发改委，2018 年 5 月 18 日

（100）《关于做好自由贸易试验区第四批改革试点经验复制推广工作的通知》，国务院，2018 年 5 月 24 日

（101）《进一步深化中国（福建）自由贸易试验区改革开放方案》，国务院，2018 年 5 月 24 日

（102）《进一步深化中国（广东）自由贸易试验区改革开放方案》，国务院，2018 年 5 月 24 日

（103）《进一步深化中国（天津）自由贸易试验区改革开放方案》，国务院，2018 年 5 月 24 日

（104）《国务院关于积极有效利用外资推动经济高质量发展若干措施的通知》，国务院，2018 年 6 月 15 日

（105）《外商投资准入特别管理措施（负面清单）（2018 年版）》，国家发改委、商务部，2018 年 6 月 28 日

（106）《商务部关于修改〈外商投资企业设立及变更备案管理暂行办法〉的决定》，商务部，2018 年 6 月 29 日

（107）《自由贸易试验区外商投资准入特别管理措施（负面清单）（2018 年版）》，国家发改委、商务部，2018 年 6 月 30 日

（108）《关于扩大进口促进对外贸易平衡发展的意见，国务院办公厅转发，2018 年 7 月 2 日

（109）《“一带一路”国家外汇管理政策概览，国家外汇管理局，2018 年 7 月 30 日

（110）《国务院关于同意在北京等 22 个城市设立跨境电子商务综合试验区的批复，国务院 2018 年 7 月 24 日

附件 2　地方层面的政策支持

（1）《中国（上海）自由贸易试验区境外投资开办企业备案管理办法》，上海市人民政府，2013 年 9 月 30 日

（2）《上海市发改委：对境外投资项目的初审转报及备案》，上海市发展和改革委员会，2015 年 2 月 26 日

（3）《中国（福建）自由贸易试验区境外投资项目备案管理办法》，福建省发展和改革委员会，2015 年 4 月 15 日

（4）《中国（天津）自由贸易试验区管理办法》，天津市发展和改革委员会，2015 年 4 月 18 日

（5）《中国（福建）自由贸易试验区境外投资开办企业备案管理暂行办法》，福建省商务厅，2015 年 4 月 22 日

（6）《工商总局关于支持中国（福建）自由贸易试验区建设的若干意见》，福建省工商行政管理局 2015 年 4 月 30 日

（7）《湖南对接国家" 一带一路" 战略工作方案》，湖南省政府办公厅，2015 年 8 月 19 日

（8）《甘肃省参与“一带一路”建设实施方案》，甘肃省发改委，2015 年 12 月 9 日

(9)《泉州市建设21世纪海上丝绸之路先行区行动方案》，海上丝绸之路先行区建设推进协调领导小组，2016年1月20日

(10)《陕西省“一带一路”建设2016年行动计划》，陕西省人民政府，2016年5月26日

(11)《河南省参与建设“一带一路”实施方案》，河南省发改委，2016年10月9日

(12)《江西省参与丝绸之路经济带和21世纪海上丝绸之路建设实施方案》，江西省发改委，2016年10月9日

(13)《广东省参与丝绸之路经济带和21世纪海上丝绸之路建设实施方案》，广东省人民政府，2016年10月19日

(14)《广西参与建设丝绸之路经济带和21世纪海上丝绸之路的思路与行动》，广西发改委，2016年10月19日

(15)《北京市外国留学生“一带一路”奖学金项目管理办法（试行）》，北京市教育委员会、北京市财政局，2016年11月18日

(16)《成都市融入“一带一路”国家战略推动企业“走出去”五年行动计划》，成都市人民政府，2016年11月19日

(17)《河北省推进共建“一带一路”教育行动计划》，河北省教育厅，2016年11月19日

(18)《西安市“一带一路”建设2016年行动计划》，西安市发改委，2016年11月22日

(19)《福建省21世纪海上丝绸之路核心区建设方案》，厦门市人民政府，2016年12月1日

(20)《福建省人民政府关于印发贯彻落实国务院扩大对外开放积极利用外资若干措施实施方案的通知》，福建省人民政府，2017年3月7日

(21)《湖北省人民政府关于扩大对外开放积极利用外资的实施意见》，湖北省人民政府，2017年3月18日

(22)《江苏省人民政府关于扩大对外开放积极利用外资若干政策的意见》，江苏省人民政府，2017年4月7日

(23)《深圳市人民政府关于印发进一步扩大利用外资规模提升利用外资质量若干措施的通知》，深圳市人民政府，2017年4月10日

(24)《厦门市人民政府关于印发贯彻落实国务院扩大开放积极利用外资若干措施工作方案的通知》，厦门市人民政府，2017年4月20日

（25）《上海市人民政府关于进一步扩大开放加快构建开放型经济新体制的若干意见》，上海市人民政府，2017 年 4 月 26 日

（26）《安徽省人民政府关于进一步做好招商引资工作的意见》，安徽省人民政府，2017 年 5 月 8 日

（27）《河南省发展和改革委员会关于印发扩大对外开放积极利用外资有关政策措施的通知》，河南省发改委，2017 年 5 月 16 日

（28）《辽宁省人民政府关于进一步扩大对外开放积极利用外资的实施意见》，辽宁省人民政府，2017 年 5 月 18 日

（29）《江西省人民政府关于进一步扩大开放打造招商引资新优势的实施意见》，江西省人民政府，2017 年 5 月 22 日

（30）《四川省人民政府印发关于扩大开放促进投资若干政策措施意见的通知》，四川省人民政府，2017 年 6 月 4 日

（31）《广东省海洋经济发展"十三五"规划》，广东省人民政府，2017 年 6 月 8 日

（32）《浙江省人民政府关于扩大对外开放积极利用外资的实施意见》，浙江省人民政府，2017 年 6 月 9 日

（33）《北京市"一带一路"国家人才培养基地项目管理办法（试行）》，北京市教育委员会、北京市财政局，2017 年 6 月 20 日

（34）《河北省人民政府关于落实国务院扩大对外开放积极利用外资若干措施的意见》，河北省人民政府，2017 年 6 月 22 日

（35）《新疆维吾尔自治区人民政府关于贯彻落实国务院扩大对外开放积极利用外资若干措施的实施方案》，新疆维吾尔自治区人民政府，2017 年 6 月 23 日

（36）《山西省人民政府关于贯彻落实国务院扩大对外开放积极利用外资若干措施的实施意见》，山西省人民政府，2017 年 7 月 7 日

（37）《山东省人民政府关于新时期积极利用外资若干措施的通知》，山东省人民政府，2017 年 7 月 16 日

（38）《关于印发丝绸之路经济带核心区交通枢纽中心建设规划（2016—2030 年）的通知》，新疆维吾尔自治区人民政府，2017 年 7 月 17 日

（39）《河南省人民政府办公厅关于印发推进郑州—卢森堡"空中丝绸之路"建设工作方案的通知》，河南省人民政府，2017 年 9 月 12 日

（40）《河南省人民政府关于印发郑州—卢森堡"空中丝绸之路"建设专

项规划（2017—2025 年）的通知》，河南省人民政府，2017 年 9 月 18 日

（41）《郑州—卢森堡“空中丝绸之路”建设专项规划（2017—2025 年）》，河南省人民政府，2017 年 9 月 18 日

（42）《浙江省发展改革委关于印发宁波“一带一路”建设综合试验区总体方案的通知》，浙江省发展和改革委员会，2017 年 9 月 20 日

（43）《上海服务国家“一带一路”建设发挥桥头堡作用行动方案》，上海市发展和改革委员会，2017 年 10 月 11 日

（44）《关于印发贯彻落实习近平总书记重要讲话精神加快推进丝绸之路经济带核心区建设的意见的通知》，新疆维吾尔自治区推进丝绸之路经济带核心区建设工作领导小组办公室，2017 年 10 月 13 日

（45）《贯彻落实习近平总书记重要讲话精神加快推进丝绸之路经济带核心区建设的意见》，新疆维吾尔自治区推进丝绸之路经济带核心区建设工作领导小组办公室，2017 年 10 月 13 日

（46）《天津市“一带一路”科技创新合作行动计划（2017—2020 年）》，天津市科委，2017 年 11 月 2 日

（47）《广东省人民政府关于印发广东省进一步扩大对外开放积极利用外资若干政策措施的通知》，广东省人民政府，2017 年 12 月 1 日

（48）《甘肃省人民政府关于进一步加强招商引资促进外资增长若干措施的通知》，甘肃省人民政府，2017 年 12 月 5 日

（49）《中国（陕西）自由贸易试验区管理办法》，陕西省人民政府，2017 年 12 月 14 日

（50）《湖南省推进国际产能和装备制造合作三年行动计划（2018—2020 年）》，湖南省人民政府，2017 年 12 月 21 日

（51）《青海省文化和新闻出版厅关于印发青海省丝绸之路文化产业带发展规划及行动计划（2018—2025）的通知》，青海省文化和新闻出版厅，2017 年 12 月 21 日

（52）《中国（浙江）自由贸易试验区条例》，浙江省第十二届人民代表大会常务委员会，2017 年 12 月 27 日

（53）《陕西省发展和改革委员会关于印发进一步支持中国（陕西）自由贸易试验区建设的若干意见的通知》，陕西省发展和改革委员会，2017 年 12 月 29 日

（54）《广西壮族自治区人民政府办公厅关于印发广西加快推进中新互联互

通南向通道建设工作方案（2018—2020 年）的通知》，广西壮族自治区人民政府，2017 年 12 月 31 日

（55）《陕西省关于加强和规范“一带一路”对外交流平台审核工作的通知》，陕西省清理和规范庆典研讨会论坛活动工作领导小组，2018 年 1 月 10 日

（56）《陕西省推进绿色“一带一路”建设实施意见》，陕西省环境保护厅、陕西省人民政府外事办公室、陕西省发展改革委员会、陕西省商务厅，2018 年 1 月 29 日

（57）《甘肃省人民政府办公厅关于印发甘肃省合作共建中新互联互通项目南向通道工作方案（2018—2020 年）的通知》，甘肃省人民政府办公厅，2018 年 2 月 28 日

（58）《陕西省“一带一路”建设 2018 年行动计划》，陕西省人民政府办公厅，2018 年 3 月 9 日

（59）《重庆市人民政府办公厅关于印发中国（重庆）自由贸易试验区产业发展规划（2018—2020 年）的通知》，重庆市人民政府，2018 年 3 月 23 日

（60）《江西省 2018 年参与“一带一路”建设工作要点》，江西省发展改革委办公室，2018 年 4 月 27 日

（61）《福建省开展 21 世纪海上丝绸之路核心区创新驱动发展试验实施方案》，福建省人民政府，2018 年 5 月 30 日

（62）《福建省人民政府办公厅关于印发福建省开展 21 世纪海上丝绸之路核心区创新驱动发展试验实施方案的通知》，福建省人民政府，2018 年 5 月 30 日

（63）《中国（辽宁）自由贸易试验区条例》，辽宁省人大，2018 年 7 月 25 日

（64）《辽宁“一带一路”综合试验区建设总体方案》，辽宁省委、省人民政府，2018 年 9 月 10 日